Groß-Berliner Tagebuch
1920-1933

Von

FRIEDRICH C. A. LANGE
Stadtsyndikus und Erster Bürgermeister a.D.

WESTKREUZ-VERLAG BERLIN/BONN

2. Auflage 1982
Westkreuz-Verlag Berlin/Bonn
Herstellung: Westkreuz-Druckerei Berlin/Bonn
ISBN 3-922131-19-0

VORWORT

In die Zeit von der Geburt der Einheitsgemeinde Groß-Berlin am 1. Oktober 1920 bis zum Tode der Demokratie im Frühjahr 1933 fallen die schwierigsten und erfolgreichsten Jahre Groß-Berliner Kommunalpolitik.

Diese zwanglosen Tagebuchnotizen sollen für alle meine vielen noch lebenden Mitarbeiter in der Berliner Verwaltung die Erinnerung an unsere gemeinsame Arbeit wachhalten und dazu allen denen, die nach dem Zusammenbruch neu in die Stadtverwaltung eingetreten sind, einige Anhaltspunkte für die Behandlung und Entwicklung der zahlreichen kommunalen Probleme in der Vergangenheit geben.

Die politischen Parteien Groß-Berlins bedürfen für ihre kommunale Arbeit in erster Linie unserer Jugend. Mögen diese Notizen auch ihr ein kleines Anschauungsmaterial bieten für die ungeheure kommunalpolitische Arbeit, die von den demokratischen Parteien Berlins in den Jahren 1900—1933 und besonders in dem wechselvollen Auf und Nieder von 1920—1933 geleistet worden ist.   L.

Meinem alten Weggenossen
Stadtrat a. D. Wilhelm Ahrens

1920

1. 10. Heute ist das preußische Gesetz über die Bildung einer neuen Stadtgemeinde Berlin durch den Zusammenschluß von 94 Einzelgemeinden mit einer Gesamtfläche von 88 000 Hektar in Kraft getreten. Damit hat das seit Jahrzehnten umstrittene Problem eines Groß-Berlin seine vorläufige Lösung gefunden, nicht geschaffen aus der Willkür einer Parlamentsmehrheit, sondern aus dem Zwang einer wirtschaftlichen und kommunalpolitischen Entwicklung.

Bei allen von Berlin angestrebten Eingemeindungen hat die wechselvolle Haltung der preußischen Staatsregierung eine besondere Rolle gespielt. Wie im Jahre 1861 bei der Eingemeindung des Weddings und Moabits unterstützte der Staat nach dem gewaltigen Aufschwung der Hauptstadt in den siebziger Jahren den Plan des Ministers Hobrecht, Berlin mit seiner weiteren Umgebung zu einer Provinz zu vereinigen, was am Widerstand der Konservativen scheiterte. Mit der schnellen kommunalen Entwicklung Berlins in den ersten zwanzig Jahren nach dem Kriege 1870/71 hatten die meisten Vororte nicht Schritt halten können. Zu Beginn der neunziger Jahre bot deshalb die Regierung Berlin eine großzügige Eingemeindung der Vororte an, die leider aus engherzigen finanziellen Bedenken abgelehnt wurde, wie schon 1891 der Antrag Charlottenburgs auf Eingemeindung.

Die Regierung förderte nunmehr das Entstehen eines „Kranzes blühender Vororte", die sich ihrerseits trotz ihres räumlich und wirtschaftlich immer engeren Zusammenwachsens mit Berlin gegen dieses wie gegeneinander in einem immer grotesker werdenden kommunalen Wettbewerb abschlossen. Von der Regierung wurde zwar jetzt jede Eingemeindung grundsätzlich abgelehnt, aber sie mußte sich doch 1911 zur Bildung des Zweckverbandes entschließen, der eine reine Verlegenheitslösung bedeutete und völlig außerstande war, den immer dringender werdenden Lastenausgleich zwischen Berlin, den Arbeitervororten des Nordens, Ostens und Südens und den wohlhabenden Gemeinden des Westens zu schaffen. Für deren steuerkräftiges Bürgertum wurde als ausgesprochene Kampforganisation gegen die in den Verhandlungen des Zweckverbandes immer lebhafter betonten Forderungen der Proletariergemeinden an der Peripherie schon 1912 von Prof. Dr. *Leidig* der „Bürgerbund" Groß-Berlin gegründet, dessen Ziel mit Rücksicht auf die gegenseitigen Eifersüchteleien nur ein Zusammenschluß auf föderativer Grundlage war.

Der Krieg trieb die Entwicklung weiter. Unter Führung von *Dominicus,* des fortschrittlichen Oberbürgermeisters von Schöneberg, bildete sich der „Bürgerausschuß Groß-Berlin", dem die Westgemeinden bald darauf die „Vorortgemeinschaft im Kreise Teltow" gegenüberstellten. Die Haltung der Staatsregierung blieb unfreundlich. Im Februar 1918 machte der Oberpräsident der Provinz Brandenburg den Versuch, den Lastenausgleich durch einen vom Provinziallandtag in verdächtiger Eile bewilligten Fonds von 4 Mill. M. zur Unterstützung der notleidenden Berliner Vororte herbeizuführen, ohne mit seinem Gegenzuge die erhoffte Wirkung zu erzielen. Im Juni 1918 veröffentlichten dann *Dominicus* und *Lohmeyer* ihre „Grundzüge zu einem Gesetz betreffend die Bildung einer Gesamtgemeinde Groß-Berlin", eine sehr unglückliche Konstruktion mit Kompetenz-Kompetenz, Bestehenbleiben des Wirkungskreises der einzelnen Gemeinden und eigenem Steuerrecht dieser wie der Gesamtgemeinde.

Der Novemberumsturz machte dem Widerstande der Regierung gegen eine wirkliche Lösung des Problems Groß-Berlin ein Ende. Volksbeauftragter für das Innere wurde ein führender Großberliner Kommunalpolitiker der Sozialdemokratischen Partei, *Paul Hirsch*, Charlottenburg, der sofort mit der Vorarbeit zu einer Verfassung Groß-Berlins begann. Noch Ende 1918 hatten der Charlottenburger Oberbürgermeister und einige seiner Kollegen allen Ernstes die Idee propagiert, Berlin in den vier Himmelsrichtungen mit ebenso vielen Großstädten zu umgeben, in denen die Vororte aufgehen sollten.

Die Situation wurde kompliziert durch die Verordnung vom 24. 1. 1919, die auch in den Städten das reaktionäre Dreiklassenwahlrecht durch das allgemeine gleiche Wahlrecht ersetzte. Jetzt bekam die Groß-Berliner Frage eine politische Färbung. Man mußte mit einer sozialistischen Mehrheit in der Stadtverordneten-Versammlung rechnen und befürchtete eine sozialistische Wirtschafts- und Finanzpolitik. Die bürgerliche Presse bekämpfte jetzt nicht nur die Einheitsgemeinde, sondern auch die Gesamtgemeinde. Die Regierung ließ durch den Unterstaatssekretär *Freund* den Entwurf für eine dezentralisierte Einheitsgemeinde ausarbeiten, der aber das Gesamtgebiet zu eng begrenzte und die Selbstverwaltung der Bezirke nicht genügend berücksichtigte, so daß eine Umarbeitung erforderlich wurde. Anfang November beschloß das Staatsministerium, den Entwurf der Verfassunggebenden Preußischen Landesversammlung zugehen zu lassen.

Bei dem Auf und Ab der Beratung des Entwurfs im Parlament und besonders im Ausschuß ergab sich, wie zu erwarten, die grundsätzliche Ablehnung durch Deutschnationale, Volkspartei und Zentrum bei geteilter Auffassung der Demokraten, bis schließlich in dritter Lesung das Gesetz mit einer schwachen Mehrheit der sozialistischen Parteien und der Demokraten angenommen wurde.

Der Kompromißcharakter des Gesetzes, manche Unklarheiten der Formulierungen und die grundsätzliche Gegnerschaft der drei Rechtsparteien werden dem ersten Magistrat der neuen Stadtgemeinde Berlin die Arbeit nicht erleichtern. Seine wesentlichste Aufgabe wird es sein, die sozialpolitischen Errungenschaften Alt-Berlins und der Westbezirke auch den übrigen zukommen zu lassen, eine großzügige Wohnungs-,

Siedlungs- und Verkehrspolitik einzuleiten und durch kluge Pflege des Eigenlebens der früheren Vorortgemeinden und eine gesunde Finanzpolitik das Mißtrauen der Gegner der Einheitsgemeinde zu zerstreuen.

3. 10. Die Stadtverordneten-Versammlung mit ihren 225 Mitgliedern besteht nach der Wahl vom 20. Juni aus 86 Mitgliedern der Unabhängigen Sozialdemokratischen Partei, 39 der Sozialdemokratischen Partei, 38 der Deutschen Volkspartei, 26 der Deutschnationalen Volkspartei, 16 der Deutschen Demokratischen Partei, 12 der Wirtschaftspartei und 8 der Zentrumspartei. Die Wahlbeteiligung war mit nur 65 % der Wahlberechtigten auffallend niedrig.

Stadtverordneten-Vorsteher ist der zu den Unabhängigen gehörende Arzt Dr. *Weyl*.

7. 10. Der Magistrat der neuen Einheitsgemeinde soll nach dem Gesetz aus höchstens 30 Mitgliedern bestehen. Die Festsetzung der Zahl und die Verteilung der Sitze auf besoldete und unbesoldete Mitglieder war Aufgabe der Stadtverordneten-Versammlung. Sie hatte Ende August 1920 beschlossen, die Zahl der besoldeten Magistratsmitglieder auf 30 festzusetzen, und entgegen der unmißverständlichen Vorschrift des Gesetzes von der Wahl unbesoldeter Mitglieder ganz abgesehen. Das Magistratskollegium sollte sich danach zusammensetzen aus dem Oberbürgermeister, dem Bürgermeister, 8 Fachstadträten (Kämmerer, Syndikus, Medizinalrat, Schulrat und 4 Bauräten für Hochbau, Wohnungs- und Siedlungswesen, für Tiefbau, für Verkehr und für Maschinenbau, Kohlenwirtschaft und Wärmetechnik) sowie aus 20 politischen Stadträten.

Ende September waren darauf wiedergewählt worden Oberbürgermeister *Wermuth*, Stadtkämmerer *Böss* und Stadtbaurat *Ludwig Hoffmann*, neu gewählt der frühere Stadtrat *Ritter* zum Bürgermeister, der frühere Stadtmedizinalrat Dr. *Rabnow* für dasselbe Amt in Berlin, zum Stadtschulrat der Dozent Dr. *Löwenstein*, zu Stadtbauräten der frühere Neuköllner Stadtbaurat *Hahn* für Tiefbau, Dr. *Adler* für Verkehr, der Bergassessor a. D. *Horten* für Maschinenbau, zum Stadtsyndikus ich selbst, und zwanzig politische Stadträte. *Wermuth, Ludwig Hoffmann, Hahn, Dr. A. Adler* und *Horten* sollen parteilos sein. *Böss* ist Demokrat. Die übrigen Magistratsmitglieder gehören zu den Sozialdemokraten und Unabhängigen.

Die Wahlen sind, wie vorauszusehen war, nicht bestätigt worden. Die Preußische Landesversammlung hat vielmehr heute ein Abänderungsgesetz angenommen, wonach dem Magistratskollegium mindestens 12 nach den Grundsätzen der Verhältniswahl zu wählende unbesoldete Stadträte angehören müssen. Die Wahlen sämtlicher Magistratsmitglieder mit Ausnahme des Oberbürgermeisters, des Bürgermeisters und der 8 Fachstadträte sind deshalb zu wiederholen.

20. 10. Die Spaltung der Unabhängigen Sozialdemokraten hat sich auch in der Rathausfraktion ausgewirkt. Von den 86 Mitgliedern verblieben 65 bei Dr. *Weyl*, während 21 *Adolf Hoffmann* folgten.

28. 10. Von der Stadtverordneten-Versammlung ist dem Abänderungsgesetz entsprechend die Zahl der unbesoldeten Stadträte auf 12 festgesetzt worden. Zu besoldeten Stadträten wurden gewählt die früheren Stadträte *Brühl, Hintze, Koblenzer, Pötzsch, Weise* und *Wutzky*, der Redakteur *Schüning* und der Stadtverordnete *Stolt*, zu unbesoldeten u. a. die früheren Stadträte *Ahrens, Beneke, Sausse* und *Wege*, die frühere Stadträtin Frau *Klara Weyl* und der frühere Oberbürgermeister *Dominicus*.

6. 11. Streik der Elektrizitätsarbeiter. Berlin ist ohne Licht und Straßenbahn. Die äußerste politische Linke ist nach wie vor bemüht, Unruhe zu stiften.

12. 11. Die Mitglieder des ersten Magistrats der neuen Stadtgemeinde sind heute in der Stadtverordneten-Versammlung durch den Oberpräsidenten in ihr Amt eingeführt worden. Der Vorsteher Dr. *Weyl* verteidigte in seiner programmatischen Ansprache das Recht der Mehrheit, die besoldeten Magistratsmitglieder nach eigenen Maßstäben zu wählen, ein Recht, von dem die jetzige Minderheit im umgekehrten Falle ebenso unbekümmert Gebrauch gemacht hätte. Eine politische Minderheit legt, solange sie es ist, stets besonderes Gewicht auf demokratische Behandlung.

Wir haben unsere Plätze zu beiden Seiten des Büros der Versammlung und so einen guten Überblick über das Haus. Unter den Stadtverordneten einige bekannte Köpfe: bei den Sozialdemokraten *Hugo Heimann*, ein alter Parlamentarier und Vorsitzender des Auswärtigen Ausschusses des Reichstages; *Paul Hirsch, Pfannkuch, Frank* und *Wermuth*, bei den Unabhängigen *Adolf Hoffmann* und *Zubeil*, bei den Demokraten der temperamentvolle Justizrat *Dove* und der Fachschuldirektor *Merten*, bei der Wirtschaftspartei *Müller-Franken* und beim Zentrum der Lichtenberger Amtsrichter Dr. *Schmidt*. Dann die alten Feinde der neuen Einheitsgemeinde: bei den Deutschnationalen der Spandauer Justizrat *Lüdicke* und der frühere Zweckverbandsdirektor Dr. *Steiniger*, bei der Volkspartei Dr. *Leidig* und der frühere Oberverwaltungsgerichtsrat *von Eynern*. Man besichtigt sich mehr oder weniger ungeniert gegenseitig. Die freundliche Atmosphäre heute dürfte nach den vorangegangenen Sitzungen etwas trügerisch sein.

13. 11. Bei unserem Dienstantritt im Roten Hause leistete sich der Dezernent, ein deutschnationaler unbesoldeter Stadtrat, den Scherz, sechs neuen Magistratsmitgliedern einen Raum im Erdgeschoß zur Verfügung zu stellen, in dem sich kein weiteres Mobiliar als sechs Bürotische und sechs Stühle befanden. Ich selbst bin in ein kleines Zimmer mit dürftigster Einrichtung gesetzt worden. Als der hereintretende Bote, der mich nicht kennt, mir ein Paket Akten auf den Tisch legt „für Herrn Bürodirektor", stelle ich erst fest, daß ich mich im Vorzimmer meines eigenen Direktors befinde. Ich habe *Wermuth* gebeten, mir sofort ein anderes Zimmer anzuweisen, widrigenfalls ich meinen alten Arbeitsplatz im Neuköllner Rathaus wieder einnehmen würde. Eine Stunde später saß ich im Dienstzimmer meines Amtsvorgängers.

14. 11. Wermuth hat die neuen Magistratsmitglieder zu einer Besprechung gebeten, um die Dezernate zu verteilen, soweit es sich nicht um die Fachstadträte handelt. Es ergab sich hierbei die Schwierigkeit, daß alle Stadträte der Linksparteien sich um die Dezernate Wohlfahrt, Jugendwohlfahrt und Arbeit bewarben, so daß *Wermuth* sich die Entscheidung vorbehielt. Mir selbst übertrug er neben dem Syndikat das Generaldezernat der allgemeinen Verwaltung (Organisation der Zentralverwaltung und der Bezirksämter), das Generaldezernat Beamtenbesoldung einschließlich der Regelung aller Beamtenfragen und das Personaldezernat der Zentralverwaltung. Ein bißchen viel gerade für die Zeit des Neuaufbaues der Verwaltung. Manches davon wäre Aufgabe des Bürgermeisters.

Auffallend ist, daß *Wermuth* sich besonders um das Wohlwollen der Unabhängigen bemüht und in ihnen wie schon früher seine wesentliche politische Stütze sieht. Nicht sehr klug bei dem nun einmal durch die Wahlen geschaffenen Kräfteverhältnis.

16. 11. Das erste Zusammentreten des neuen Magistrats im Magistrats-Sitzungssaal. Ein unfreundlicher, dunkler, muffiger Raum mit vorsinflutlichen Heizsäulen, ohne jede Ventilation, dessen lastender Eindruck noch durch die überlebensgroßen Ölbilder früherer Hohenzollern und Oberbürgermeister an den Wänden verstärkt wird. Traditionspflege braucht nicht mit falscher Sparsamkeit und geschmackloser Unkultur verknüpft zu sein. Das Ganze paßt aber zu den kasernenartigen Treppen und Fluren dieses Hauses. Der Sessel des Oberbürgermeisters in der Mitte des großen Ovals auf einem Podest. Rechts von ihm der Platz des Bürgermeisters, links die Plätze des Stadtkämmerers, des Stadtsyndikus und der übrigen Magistratsmitglieder. Die Stimmung ist etwas frostig und förmlich, besonders dem Vorsitzenden gegenüber, der von den Unabhängigen devot mit Exzellenz angeredet wird. *Wermuth* selbst scheint immer noch Wert auf diesen Titel zu legen, den die übrigen Magistratsmitglieder bewußt vermeiden.

Die bisherigen Stadtverordneten-Versammlungen und Gemeindevertretungen der in der neuen Stadt zusammengeschlossenen Kommunen gelten nunmehr als aufgelöst, während die Magistrate, Gemeindevorstände und Vorsteher dieser Gemeinden als Organe des neuen Magistrats ihre Geschäfte weiterführen, bis der Magistrat ihre Auflösung anordnet.

24. 11. In der Magistratssitzung kam es zu dem, was kommen mußte. Schon vor drei Tagen hatte *Wermuth* nach einer erregten Debatte den Saal verlassen und dem Bürgermeister seine Demission übermittelt, sie aber auf Zureden zurückgezogen. Heute geriet er in einer Haushaltsfrage in eine gereizte Auseinandersetzung mit dem Kämmerer, den er törichterweise fragte, ob er etwa behaupten wolle, daß er den Berliner Haushalt nicht kenne. Die Antwort war: „Ich bedauere, Ihre Frage bejahen zu müssen." Da es im Anschluß hieran zu weiteren Angriffen gegen *Wermuth* kam, gab er den Vorsitz an Bürgermeister *Ritter* ab, der eine halbe Stunde später das Rücktrittsgesuch des Magistratsdirigenten in Händen hatte. Diesmal wurde es nicht zurückgefordert.

25. 11. Der Magistrat hat den Rücktritt von *Wermuth* genehmigt. In der anschließenden Stadtverordneten-Versammlung trotz des Hymnus des Vorstehers Dr. *Weyl*, in den bei den Sozialdemokraten *Hugo Heimann* mehr verbindlich als überzeugt einstimmte, eisige Ablehnung des so überraschend schnell aus seinem neuen Amte Scheidenden.

Der alte Magistrat hatte der Stadtverordneten-Versammlung die Schaffung von 16 zentralen Verwaltungsdeputationen vorgeschlagen, und zwar für Werke und Kohle; Güter und Forsten; Ernährungswesen mit Markthallen, Vieh- und Schlachthof; Allgemeine Wohlfahrt; Jugendwohlfahrt; Gesundheitswesen; Lohn- und Tariffragen; Arbeit und Gewerbe; Hochbau; Siedlungs- und Wohnungswesen; Tiefbau; Verkehrswesen; Schul- und Bildungswesen; Finanzwesen; Sparkasse; Anschaffungsamt und Bekleidungsstelle. Die Versammlung hat der Vorlage zugestimmt, obwohl man manches hier zusammenlegen konnte, aber noch für Kunstangelegenheiten, Museen, Stadtbibliothek, Volksbüchereien und Lesehallen die Schaffung einer Deputation für Kunst- und Bildungswesen beschlossen. Dann ein stundenlanges stürmisches Nachspiel zu dem von der äußersten Linken inszenierten Streik der städtischen Elektrizitätsarbeiter mit endlosen Geschäftsordnungsdebatten.

29. 11. *Artur Nikisch,* der seit Jahrzehnten die Philharmonischen Konzerte leitet, ist es bisher nicht gelungen, zu einem Gastspiel an der Staatsoper zu kommen. Die Musikdioskuren der Preußischen Kunstverwaltung, Prof. *Kestenberg* und Dr. *Seelig,* scheinen ihm nicht gewogen zu sein, und so mußte sich *Nikisch* damit begnügen, heute „Die Meistersinger" im Deutschen Opernhaus Charlottenburg zu dirigieren.

9. 12. Die bei den Unabhängigen seit einiger Zeit bestehende „Linke" hat nun den Trennungsstrich gezogen und firmiert als Vereinigte Kommunistische Partei Deutschlands, Sektion der III. Internationale. Ob die Unabhängigen nach dem Verlust ihres radikalen Flügels noch lange ihre Unabhängigkeit von der Mutterpartei werden aufrechterhalten können, bleibt abzuwarten, zumal von Mitgliedern der Volkspartei bereits im September beim Bezirksausschuß Klage auf Ungültigkeitserklärung der Wahlen vom 20. Juni erhoben worden ist.

16. 12. Nach Bildung der Verwaltungsdeputationen des Magistrats muß ihr Geschäftskreis durch Satzungen festgelegt und dabei zugleich die Abgrenzung der Verwaltungsgeschäfte zwischen der Zentralverwaltung und den Bezirksverwaltungen durchgeführt werden. Der Magistrat hat diese schwierige Aufgabe einem Ausschuß übertragen, in dem abgesehen vom Oberbürgermeister, seinem Stellvertreter und mir

leider lauter Interessenten sitzen, so daß sich die Beratungen sehr in die Länge ziehen und oft recht unerfreulich sind.

Grundsatz für die Abgrenzung der Zuständigkeiten muß vernünftigerweise sein, daß zentral nur diejenigen Dinge verwaltet werden, bei denen die Natur der Sache dies verlangt. Die eigentliche Verwaltungsarbeit, d. h. die Erledigung der sich aus den Beziehungen zwischen Verwaltung und Einwohnern ergebenden Aufgaben ist an der Front von den Bezirksverwaltungen zu leisten, die mit den örtlichen Besonderheiten besser vertraut sind, während der Magistrat sich hier mit der Aufstellung von Grundsätzen begnügen soll, um die Einheitlichkeit in den einzelnen Verwaltungszweigen zu sichern.

Hier das richtige Maß zu finden, ist nicht ganz leicht, da es an jeder Erfahrung fehlt. Jede öffentliche Verwaltung scheint nun einmal das Bestreben zu haben, ihre Zuständigkeit zu erweitern und immer neue Arbeitsgebiete an sich zu reißen. Hier fällt es umgekehrt den zentralen Verwaltungsdeputationen schwer, den Teil der Alt-Berliner Aufgaben, die jetzt nicht mehr in die Magistratsinstanz gehören, an die Bezirksverwaltungen abzugeben. Man kann sich von der gewohnten Kleinarbeit mit ihrem großen Apparat nicht trennen, statt sich im wesentlichen auf Führung zu beschränken. So wird verzweifelt um jede Materie gerungen.

Eine andere Frage spielt dabei im Hintergrunde eine Rolle, die das einzelne Magistratsmitglied meist nicht erkennt, die aber für seine Berater maßgebend ist: je umfangreicher die Verwaltung, desto mehr gehobene Planstellen der Dezernenten und Sachbearbeiter. Bei der Höhe einer Beamtenpyramide wirkt sehr viel Allzumenschliches mit.

22. 12. Die Bezirksämter sollen nach dem Gesetz aus sieben Mitgliedern bestehen, ihre Zahl kann durch Ortsgesetz erhöht werden. Das vom Magistrat verabschiedete Ortsgesetz sieht für den Bezirk Neukölln nicht weniger als zehn besoldete und sieben unbesoldete Bezirksamtsmitglieder vor. Für Charlottenburg, Wilmersdorf und Schöneberg acht besoldete und sieben unbesoldete, für die Berliner Innenbezirke, Steglitz und Lichtenberg sieben besoldete und sechs unbesoldete, für die übrigen Bezirke entsprechend abgestuft bis für Weißensee fünf besoldete und vier unbesoldete Mitglieder. Leider war es nicht möglich, die Zahl der besoldeten Mitglieder zumal in den völlig ausgebauten Bezirken niedriger zu halten. Sie ist reichlich hoch, selbst wenn man berücksichtigt, daß die Umorganisation in der ersten Zeit erhebliche Mehrarbeit verursachen wird, aber für den Magistrat waren bei allen Fraktionen mehr parteipolitische als sachliche Erwägungen maßgebend.

28. 12. Dem Verhalten des Rathausdezernenten in der Dienstzimmerfrage entspricht die Haltung der Beamtenschaft im Rathause, die uns in geschlossener Phalanx gegenübersteht und unsere Arbeit bewußt zu sabotieren sucht. Träger meiner Verwaltung ist das sogenannte Generalbüro, der eigentliche Generalstab der Zentrale. Ausgesucht tüchtige Beamte, fast durchweg mit Abitur, die dem neuen Chef mißtrauisch und abwartend entgegensehen. Man scheint sich auf eine gemeinsame Methode der Überprüfung des Neuankömmlings geeinigt zu haben, denn in meinem Aktenbock sammeln sich dickleibige Generalakten betreffend Besoldungsordnung, Beamtenseminar u. a., lauter schwierige Probleme, mit denen sich die Verwaltung schon in den beiden letzten Jahren beschäftigt hat. Die Anschreiben lauten in schöner Gleichmäßigkeit „Herrn Stadtsyndikus zur Entscheidung vorgelegt". Ich verfüge Aktenbericht und Votum des Dezernenten und — sehe die Akten nicht wieder. Aber so geht es natürlich nicht weiter. Ich habe deshalb einen zuverlässigen Beamten der Neuköllner Personalverwaltung, den Oberstadtsekretär *Hafekow*, in das Generalbüro versetzt unter lebhaftem Protest seines Bürgermeisters, der mir nicht mit Unrecht vorwirft, ich hätte ihm seinen besten Mann weggenommen, und der völlig verzweifelt ist, als zwei andere Magistratsmitglieder, die ebenfalls aus der Neuköllner Verwaltung stammen, dieselbe Methode anwenden.

1921

8.1. Die schlechte Finanzlage zwingt den Kämmerer zur Jagd auf neue Einnahmequellen. Die von ihm vorgeschlagene Hausangestelltensteuer wird zwar den Beifall der Linken finden, aber die Befreiungsmöglichkeiten sind so zahlreich, daß bei dem Ganzen nicht viel herauskommen wird, nicht zu reden von einer weiteren Verschlimmerung der Arbeitslosigkeit.

Nicht viel anders sieht es mit der vom Magistrat beschlossenen Wohnungsluxussteuer für die den Eigenbedarf übersteigende Zahl der Wohnräume aus. Man rechnet optimistisch, wie jede Steuerverwaltung bei der Vorlegung neuer Projekte, mit einem Ertrage von jährlich 25 Mill. M., der durch die Erhebungs- und sonstigen Verwaltungskosten starke Einbuße erleiden wird. Auf die einst von Friedrich I. eingeführte Perückensteuer kann man leider nicht mehr zurückgreifen, auch wohl nicht auf die Jungfernsteuer, die alle unverheiratete Weiblichkeit in Berlin zwang, ihre Jungfernschaft mit vierteljährlich 6 Groschen zu „veraccisen".

10.1. Die von Neukölln im vorigen Jahr geschaffene obligatorische Gartenarbeitsschule soll nun auch in anderen Bezirken eingerichtet werden.

13.1. Für den vom Oberpräsident nicht bestätigten Dr. *Löwenstein* ist der Hamburger Lehrer *Paulsen* aus der Gruppe der entschiedenen Schulreformer zum Stadtschulrat gewählt worden, von sämtlichen bürgerlichen Parteien schon vorher stark bekämpft.

15. 1. Stadtbaurat für Hochbau ist wieder *Ludwig Hoffmann* geworden, obwohl bereits 68 Jahre alt, der Erbauer des Reichsgerichts, des Virchow-Krankenhauses, des Märkischen Museums, des Stadthauses, der Bucher Anstalten und zahlreicher anderer städtischer Bauten, die er selbst als Geschmacksinseln bezeichnet hat. Leider nur Architekt, nicht Städtebauer, und das müßte ein Berliner Stadtbaurat gerade sein, dem für Bauaufgaben in Berlin genug Architekten von Rang wie *Tessenow*, *Pölzig* u. a. zur Verfügung stehen. Ein ausgesprochener Eklektiker, der bei der Rückkehr von seinen Studienreisen stets die genauen Abmessungen im Notizbuch heimbrachte. Für ihn bedeutet die Fassade alles, der Grundriß interessiert ihn nicht. Unter den bei ihm tätigen Architekten unterscheidet man, wie mir erzählt wird, zwei Gruppen: das auserwählte kleine Häufchen der „Fassaden-Raffaele" und die große Gruppe der Parias, der „Grundrißfritzen", die den Innenraum mit den Forderungen der im Gebäude unterzubringenden Verwaltung in Einklang zu bringen hatten — ein hoffnungsloses Unterfangen.

17. 1. Tagung des Vorstandes der Volkshochschule Berlin unter Vorsitz von *Sassenbach*, des alten Vorkämpfers der Idee. Die Hörerzahl ist auf 7600 gestiegen bei 145 Kursen und 84 Arbeitsgemeinschaften. Ich habe aber den Eindruck, daß bei der Zulassung der Hörer wie bei der Wahl der Unterrichtsstoffe eine gewisse Systemlosigkeit herrscht.

20. 1. Stadtkämmerer *Böss* ist heute zum Oberbürgermeister gewählt worden. Echter Demokrat, obwohl Gießener Corpsstudent, kam er 1910 aus der Eisenbahnverwaltung in den Berliner Kommunaldienst als Stadtrat in Schöneberg, wo er besonders Verkehrsangelegenheiten bearbeitete. Die Berliner Stadtverordneten, die ihn als Verhandlungsgegner schätzen gelernt hatten, wählten ihn zum Kämmerer, als der bisherige Inhaber dieses Amtes Direktor des neugebildeten Zweckverbandes wurde. Nach dem kurzen Gastspiel *Wermuths* übernimmt er im schwierigsten Zeitpunkt die Leitung der Berliner Verwaltung, die er als alter Kämmerer besser kennt als die einzelnen Magistratsmitglieder. Die Rechtsparteien schätzen ihn, aber lieben ihn nicht, zumal er den Mut hatte, schon vor dem Kriege aus der Landeskirche auszutreten.

27. 1. Der Bezirksausschuß hat auf Grund der gegen die Gültigkeit der Wahlen zur Stadtverordneten-Versammlung und zu den Bezirks-Versammlungen erhobenen Klage die ersteren Wahlen für ungültig erklärt. Gegen das Urteil wird die Versammlung Berufung einlegen.

2. 2. Die Direktion der Straßenbahnen hält die Einführung des Umsteigeverkehrs für praktisch unmöglich und sieht in der Erweiterung des Autobusverkehrs eine gefährliche Konkurrenz. Die vom Magistrat beschlossene Neubildung der Direktion wird hoffentlich moderneren und sozialeren Ideen Geltung verschaffen.

11. 2. Geschäftsordnungsdebatten in der Stadtverordneten-Versammlung sind immer besonders amüsant. Die Geschäftsordnung eines Parlaments pflegt für den größten Teil der Abgeordneten ein Buch mit sieben Siegeln zu sein, dessen genaue Kenntnis nur einige Auserwählte gewinnen, die diese Geheimwissenschaft zum Medizinmann ihrer Fraktion macht. Nicht jeder Abgeordnete bringt die dafür nötigen Fähigkeiten mit, denn ohne Hang zu tiefgründigem Grübeln und Rechthaberei, ohne angeborene Spitzfindigkeit verbunden mit der Freude an neckischer Behinderung des politischen Gegners ist der Geschäftsordnungsspezialist nicht denkbar. Wie er denn deshalb auch der Stolz und der Schrecken der eigenen Fraktion ist — je nachdem.

16. 2. Die Sinfoniekonzerte der Staatsopernkapelle dirigiert *Wilhelm Furtwängler*. Er wird von der Berliner Kritik sehr gefeiert.

23. 2. Zu den zahlreichen Ortsteilen an der Peripherie Groß-Berlins, die dem Landtage ihren Ruf „Los von Berlin!" übermittelt haben, gehört auch Wannsee. Man hat dort offenbar vergessen, daß die meisten Villen von in Berlin verdientem Geld erbaut wurden, wie auch in Grunewald und Nikolassee. Die Kirchturmpolitiker von Wilmersdorf haben sich der Bewegung angeschlossen. Daß Frohnau in diesem Chor der Mißvergnügten mitwirkt, ist nach seiner Entstehungsgeschichte nicht anders zu erwarten.

28. 2. Eine neugegründete „Freie Deutsche Künstlerschaft" eGmbH. in Berlin will die wirtschaftliche Verwertung des Kunstschaffens ihrer Mitglieder in die Hand nehmen. Die Hoffnungen ihres Gründers, *Hans Baluschek,* scheinen mir recht optimistisch zu sein.

1. 3. Während in den Vororten vor der Eingemeindung überall Gemeindewehren bestanden, wurde die Alt-Berliner Feuerwehr bisher von der Polizei verwaltet, die der Stadt lediglich die Kostenrechnung zur Begleichung übersandte. Jetzt hat sich der Staat endlich bereit erklärt, die Verwaltung der Feuerwehr der Stadt zu überlassen.

10. 3. In der ersten Sitzung der Vorstände der Städtetage nach der Eingemeindung entwickelte sich bei der Frage der Wahl des Vorsitzenden eine recht bemerkenswerte Diskussion. Bisher hatte Berlin ohne Widerspruch den Vorsitzenden in der Person seines Oberbürgermeisters gestellt. *Böss* machte diesen Anspruch auch jetzt geltend, stieß dabei aber ganz unerwartet auf lebhaften Widerstand besonders aus den Reihen der westdeutschen Oberbürgermeister. Die alte Abneigung der Rheinprovinz gegen Berlin kam dabei wieder einmal unverhüllt zum Ausdruck. Für das Kraftzentrum Mitteleuropa fehlt der Provinz eben jedes Verständnis. Man einigte sich schließlich auf ein Kompromiß dahin, daß der Berliner Oberbürgermeister jeweils alternierend mit einem anderen für ein Jahr den Vorsitz führt.

Die enorme Höhe des von Berlin zu leistenden Jahresbeitrages, und der Umstand, daß die ganze Einrichtung für Berlin einen nur sehr mäßigen Wert hat, könnte uns veranlassen, auf unsere Mitgliedschaft zu verzichten.

17. 3. Die durch die Wahl von *Böss* freigewordene Stelle des Kämmerers ist von der Stadtverordneten-Versammlung mit dem Flensburger Stadtrat Dr. *Karding* besetzt worden.

21. 3. Die Musikkritik klagt über Öde der Konzertprogramme. Gewisse Dirigenten könnten von der dritten Leonoren-Ouvertüre und der Fünften Sinfonie ihr ganzes Leben lang nicht loskommen. Man solle sich endlich der Jüngeren und Jüngsten annehmen, die in dem Programm der sogenannten Meisterkonzerte der Philharmonie ignoriert werden. *Nikisch* und *Furtwängler* wird nahegelegt, neben Korngold, Bruckner und Mahler auch einmal Schönberg und Strawinsky zu bringen.

26. 3. Besichtigungen städtischer Einrichtungen macht man am besten unangemeldet in aller Frühe. Was man nicht sehen soll, sieht man nur so lange, bis einen der alarmierte Verwaltungsdirektor, sich noch hastig den Schutzmantel zuknöpfend, nach längerer Jagd glücklich erwischt hat.

3. 4. Debatte über die Ladenschlußzeit in der Stadtverordneten-Versammlung. Die linke Mehrheit war für den 6-Uhr-Ladenschluß entgegen dem Wunsche sämtlicher Hausfrauenvereine, deren Interessen mit den gewerkschaftlichen Thesen nicht übereinstimmen.

15. 4. Dem Kämmerer hatte ich vorgeschlagen, nach dem Muster Neuköllns das Haftpflichtrisiko für die Stadt einschließlich der Versorgungsbetriebe durch eine städtische Eigenversicherung zu decken. Zur Bildung eines Versicherungsstocks als Deckungskapital wird diesem durch den Haushalt jährlich ein Betrag von 1 Mill. M. zugeführt. Der Magistrat hat zugestimmt. Wir haben nun bei der Regulierung von Haftpflichtschäden freie Hand und sind nicht mehr an die Weisungen des Versicherungsgebers gebunden, die leider manchen zweckmäßigen Vergleich vereitelt haben.

20. 4. Die Beisetzung der ehemaligen Kaiserin hat der deutschnationale Bezirksbürgermeister von Schöneberg zu einer Kundgebung gegen die verhaßte Republik benutzt. Er ließ auf dem Rathaus Schöneberg die alte Stadtflagge mit den beiden Hirschen und im Ortsteil Friedenau die Gemeindeflagge mit dem Engel hissen, von deren Existenz die meisten seiner Untertanen schwerlich etwas wußten. Bei der schwächlichen Haltung der Republik gegenüber ihren Todfeinden verfehlen monarchistische Aktionen leider nicht ihre Wirkung.

23. 4. Unser Gemeindeblatt hat, wie ich aus den Akten des Stadtarchivs feststellte, eine für die Presseverhältnisse vor 1874 kennzeichnende stürmische Vorgeschichte gehabt. Kaum war am 1. Juni 1860 das „Kommunalblatt der Haupt- und Residenzstadt Berlin" erschienen, als der Polizeipräsident schon den Magistrat darauf hinwies, daß bei der Veröffentlichung von Abhandlungen in dem Blatt eine Kaution zu leisten sei. Während die städtischen Körperschaften noch mit dieser

Frage beschäftigt waren, erhob die Staatsanwaltschaft Anklage gegen den als verantwortlicher Redakteur zeichnenden Stadtrat, der denn auch zu einer Geldstrafe von 20 Thalern verurteilt wurde. Zwei Jahre später sah die Sache schlimmer aus. Das Kommunalblatt hatte ein Protokoll der Versammlung abgedruckt, worauf Anklage wegen Amtsbeleidigung und „haßerregender Schmähungen von Anordnungen der Obrigkeit" erfolgte. Stadtgericht und Kammergericht waren aber weniger engherzig und sprachen den angeklagten Stadtrat frei. Erst das Reichspressegesetz machte diesem unerquicklichen Zustand ein Ende.

28. 4. Kriegsversorgungseinrichtungen haben ein zähes Leben. Im Juli vorigen Jahres hatte die Reichs-Fischversorgung GmbH. nur 100 000 Tonnen Salzheringe im Viehhof und Osthafen eingelagert. Der Antrag der städtischen Körperschaften, die Heringe schleunigst der Berliner Bevölkerung zu verbilligten Preisen zuzuführen, bevor sie verderben, ist vom Reichsernährungsminister abgelehnt worden. Warum soll man auch die Liquidation einer Gesellschaft mutwillig überstürzen, deren Personal vom Verkauf ihrer Sachwerte noch jahrelang leben kann.

30. 4. Die nationalistische Atmosphäre in Berlin verzeichnet immer noch Hitzegrade. Von der Rechtspresse wird die Erstaufführung von Gounods „Margarethe" im Deutschen Opernhause angegriffen. Die Kritik kann leider nicht verschweigen, daß auch das Werk eines französischen Komponisten vom Publikum mit Beifall aufgenommen wurde.

2. 5. Die kommunale Zersplitterung Groß-Berlins vor der Eingemeindung auf dem Gebiet des Arbeitsnachweiswesens zeitigte besondere Schäden. Alle Verhandlungen über einen inneren Zusammenschluß der Arbeitsnachweise scheiterten wie in vielen anderen Fragen an der Abneigung der größeren Gemeinden, auch nur einen Bruchteil ihrer Selbständigkeit aufzugeben. Erst nach Bildung des Berliner Landesarbeitsamtes war es möglich, eine vernünftige Verteilung der Arbeitskräfte über das Groß-Berliner Wirtschaftsgebiet herbeizuführen. Die am 1. April nach langen Verhandlungen geglückte Übernahme des Facharbeitsnachweises für die Metallindustrie in städtische Verwaltung ist bei der Bedeutung dieser Industrie für Berlin ein Markstein in der Entwicklung des Berliner öffentlichen Arbeitsnachweiswesens.

5. 5. Besichtigung der Wasserwerke Müggelsee, deren Anfänge in die neunziger Jahre zurückgehen. Eine weiträumige Anlage inmitten schöner Parkanlagen. Das aus dem Müggelsee entnommene Oberflächenwasser dient jetzt nur noch als Reserve. Für die Reinigung des aus Tiefbrunnen gewonnenen Wassers werden offene Filter in unterirdischen Gewölbeanlagen mit einer Grundfläche von 80 000 qm verwendet.

11. 5. Als erste zentrale Verwaltungen haben die Hochbau- und die Tiefbaudeputation dem Magistrat den Entwurf ihrer Satzungen zugehen lassen. Die übrigen werden in den nächsten Monaten folgen.

20. 5. Die Übernahme der Verwaltung durch die Bezirkskörperschaften läßt sich leider nicht im gleichen Zeitpunkt ermöglichen, da die Situation in den sechs Innenbezirken eine völlig andere wie in den übrigen Bezirken ist. Für die Bezirksämter des alten Berlin müssen zunächst Räume und das nötige Personal beschafft werden. Um die Übernahme der Geschäfte zu beschleunigen, hat der Magistrat bestimmt, daß als Termin der Übernahme der Tag der Einführung der Bezirksamtsmitglieder gelten soll, und hat gleichzeitig die Übertragung der Geschäfte der Hoch- und Tiefbauverwaltung, der allgemeinen Wohlfahrt und der Steuerverwaltung mit dem gesamten Personal angeordnet.

In den Außenbezirken liegen die Verhältnisse viel günstiger. Ihr gesamter Verwaltungsapparat ist bereits vorhanden, so daß jedes Bezirksamt sofort nach seiner Bildung zunächst alle Verwaltungsgeschäfte in dem bestehenden Umfange übernehmen konnte.

2. 6. Der Antrag der Deutschnationalen auf Vorlegung eines Gesetzentwurfs über die Stärkung der Selbständigkeit der Verwaltungsbezirke und die Beschränkung der Zentralgewalt ist gestern im Landtag von dem Abgeordneten Pfarrer *Koch*, dem enfant terrible der Rechten in der Stadtverordneten-Versammlung, mit den bei ihm gewohnten unehrlichen Angriffen auf die Einheitsgemeinde begründet worden, ohne eine klare Linie erkennen zu lassen. Die Anträge der Volkspartei, von dem Abgeordneten Dr. *Leidig* in vornehmerer und sachlicher Art erläutert, forderten Bezirksverwaltungen mit der Eigenschaft selbständiger juristischer Personen und eigener Steuerhoheit, völlig unvereinbar mit Sinn und Zweck der Einheitsgemeinde, daneben eine im Gesetz klar geregelte Feststellung der beiderseitigen Zuständigkeiten. Das Zentrum beantragte die Verweisung beider Anträge an einen Ausschuß.

4. 6. Das Bukett der Steuervorlagen ist durch eine Kraftdroschkensteuer erweitert worden. Dazu kommt noch eine Besteuerung der Personenbeförderung „durch tierische Kraft", die zwar Hunde und Ziegen wohlwollend verschont, nicht aber Maulesel und Maultiere. Katzenfeinde hatten an eine Katzensteuer gedacht, die man aber doch fallen ließ.

8. 6. Erste Rundfunkübertragung einer Aufführung der Staatsoper.

10. 6. Bei *Böss* wurde heute eine Abordnung von Bürgermeistern der Außenbezirke vorstellig, die ihm einen Stapel von Rundverfügungen der zentralen Deputationen an die Bezirksämter vorlegte, der tägliche Eingang. Wir haben dieser Befehlsfreudigkeit sofort ein Ende gemacht, indem an die Deputationen die Anordnung erging, daß sämtliche Rundverfügungen an die Bezirksämter zuletzt vom Stadtsyndikus und Oberbürgermeister zu zeichnen sind. Dieser Filtereinbau wird den Papierstrom erheblich eindämmen, allerdings auch zu einigen Auseinandersetzungen mit den Kollegen im Magistrat führen.

12. 6. Der Auskauf der Berliner Ladengeschäfte durch valutakräftige Ausländer nimmt zu. Man kommt in abgetragenem Anzug auf dem Stettiner Bahnhof an und verläßt ihn neu eingekleidet mit pompösen Lederkoffern.

16. 6. Das Oberverwaltungsgericht hat außer den Stadtverordneten-Wahlen auch sämtliche Wahlen zu den Bezirksversammlungen für ungültig erklärt.

18. 6. *Jessner* hat von seinem Vorgänger einige ihm höchst lästige Aufführungsverpflichtungen geerbt. Jetzt muß er nach einer Entscheidung des Bühnenschiedsgerichts zu seinem Kummer Sudermanns „Glück im Winkel" aufführen — ohne Treppe.

20. 6. Die meisten besoldeten Mitglieder des Magistrats und der Bezirksämter sind Neulinge in der Kommunalverwaltung, aber meist Arbeitersekretäre oder alte Gewerkschaftsführer und so fast durchweg mit einer guten Vorbildung versehen. Immerhin besteht bei ihnen die Gefahr, in eine gewisse Abhängigkeit von der sachkundigeren Beamtenschaft zu geraten. Im allgemeinen ist aber erfreulicherweise festzustellen, daß der weitaus größte Teil dieser Wahlbeamten sich mit bemerkenswerter Frische und ungeheurem Elan in die ihnen völlig neue Arbeit stürzt und eine Initiative entwickelt, die zahlreiche alte Kommunalbeamte der Westbezirke sehr vermissen lassen. Daß man dabei gelegentlich über Zwirnsfäden der Gesetze nicht stolpert und mit kecker Unbekümmertheit über Haushalt und andere Hindernisse hinweggaloppiert, ist nicht das Schlimmste. Besser ein fröhlicher Husarenritt, der mit linder Hand gestoppt werden kann, als ein lendenlahmer Amtsschimmel, der nur auf Peitsche reagiert.

Ein Typ dieser Neulingsgruppe ist der Bezirksbürgermeister von Berlin-Mitte, *Fritz Schneider*, der Benjamin seiner Kollegen. Früher Metallarbeiter, zuletzt Parteisekretär der SPD, intelligent, ehrgeizig, der in der schwierigen Berliner City mit ihren vielfältigen Problemen ein dankbares Feld für seine Aktivität gefunden hat. Ich verfehle nicht, ihn seinen Kollegen mit juristischer Vorbildung gelegentlich als Muster vorzuhalten, mögen sie auch die Nase dabei rümpfen.

6. 7. Der Landtag hat die Beratung über die Anträge der Rechtsparteien auf Änderung der Stadtverfassung heute fortgesetzt. Nachdem schon *Paul Hirsch*, der Schöpfer der Einheitsgemeinde, verlangt hatte, den Organen Berlins selbst die Regelung ihrer häuslichen Angelegenheiten zu überlassen, vertraten auch die Sprecher der Unabhängigen, der Demokraten, der Wirtschaftspartei und der Kommunisten übereinstimmend die Auffassung, daß man die in der Entwicklung begriffene Neuorganisation nicht durch verfrühte gesetzgeberische Maßnahmen stören solle. Das Plenum hat die Anträge einem Ausschuß überwiesen.

15. 7. Zu den besonderen Vorrechten der Ehrenbürger Berlins — eine Würde, die nur in wenigen Fällen verliehen wurde — gehört das Recht auf den Vortritt bei dem gemeinsamen Gang von Magistrat und Stadtverordneten zu einer ihrer Patronatskirchen und die Berechtigung, sich auf Kosten der Stadt einen Begräbnisplatz zu wählen. Zu einer praktischen Ausübung des ersten Rechts ist es wohl schon lange nicht gekommen, und der alte Stadtverordneten-Vorsteher *Cassel* brauchte deshalb keine ernsten Besorgnisse zu haben, als er einem orthodoxen Kollegen gegenüber die Befürchtung aussprach, er könnte an der Spitze des Zuges in alter lieber Gewohnheit nach der Oranienburger Straße abbiegen. Aber der Begräbnisfall ist wieder einmal akut geworden, und der Sachbearbeiter legte mir mit dem Antrag der Witwe den üblichen Verfügungsentwurf vor, dem er wohl aus praktischen Erwägungen ein Rundschreiben an sämtliche Berechtigte angehängt hatte — auch die Stadtältesten gehören dazu —, sie möchten uns ihre Wünsche betr. ihren Begräbnisplatz mitteilen. Da alte Herren bei Lebzeiten nicht gern an den Tod erinnert werden, habe ich diese Anfrage doch besser gestrichen.

20. 7. Die den städtischen Körperschaften unterbreitete Vorlage betr. Errichtung eines Verwaltungsseminars bringt eine einheitliche Regelung des Ausbildungs- und Prüfungswesens für die gesamte Berliner Beamtenschaft. Ohne Rücksicht auf ihre Schulbildung wird allen Beamten so der Aufstieg zu sämtlichen gehobenen Stellen zugänglich gemacht.

29. 7. Nach der Ungültigkeitserklärung der Wahlen ist durch Notverordnung die Weiterarbeit der ehrenamtlich tätigen Bürger gesichert worden. Daß die Wahlzeit der besoldeten Mitglieder des Magistrats und der Bezirksämter nicht der ihrer Wahlkörperschaft entspricht, gibt ihnen zwar gegenüber den politischen Parteien einen starken Rückhalt, ist aber doch ein politischer Anachronismus. Neuwahlen am 16. Oktober.

10. 8 Wieder einmal im Stadthause verlaufen. Die Gerüchte, daß man dort Halbverhungerte aufgefunden habe, die tagelang herumgeirrt seien, ohne einen Ausgang zu finden, sind sicher übertrieben. Aber das Raffinement, mit der Architekt den Zugang zu den Treppen getarnt hat, läßt auf einen ausgesprochen boshaften Charakter schließen. Man riet mir, das nächstemal eine Wäscheleine mitzunehmen.

Überhaupt das Stadthaus. Dieser Palazzo, der mit seinen düsteren Quadern inmitten der bescheidenen schönen Bauten der alten Klosterstraße nicht wie ein Bürogebäude, das er sein sollte, sondern wie eine mittelalterliche italienische Festung wirkt, hat infolge des morastigen Untergrundes und der allgemein kostspieligen Baumethoden seines Schöpfers ungeheure Summen verschlungen, was seinerzeit im Bauausschuß und in der Stadtverordneten-Versammlung zu schweren Angriffen gegen den Erbauer geführt hat. Schuld daran war nicht zum wenigstens das „Termche". Als *Ludwig Hoffmann* der Baudeputation die Pläne und Kostenanschläge für den Neubau des Stadthauses vorlegte, bemerkte er am Schluß so nebenbei, in dem in solcher Situation von ihm geschickt angebrachten einschmeichelnden Dialekt seiner hessischen Heimat, auf das Haus käme dann noch „e' Termche". Dieser Vorschlag schien in anbetracht der Kosten des Gesamtobjekts keinen Grund für die Forderung nach Erläuterungen zu bieten, und so nahm man das Türmchen mit in Kauf. Aber aus dem Türmchen wurde ein Turm, der immer machtvoller emporwuchs und schließlich infolge besonders schwieriger Fundamentierungsarbeiten, wie man mir berichtete, die Kleinigkeit von 2,5 Millionen M. kostete.

Der Stadtverordneten-Vorsteher *Cassel*, einer der schärfsten Gegner dieses Bauobjektes, hatte geschworen, das Haus nie zu betreten. Er blieb auch den Einweihungsfeierlichkeiten ostentativ fern. Immerhin konnte der Erbauer mit Horaz sagen: „exegi monumentum aere perennius."

17. 8. Das Sperrgesetz vom 21. Februar 1920 sollte verhindern, daß in den für den Zusammenschluß bestimmten Berliner Gemeinden Besoldungsänderungen von Magistrats- und Gemeindevorstandsmitgliedern zu Lasten von Groß-Berlin beschlossen wurden. In einer Reihe von Gemeinden sind trotzdem, zum Teil noch am Tage vor Inkrafttreten des Stadtgesetzes, solche Besoldungserhöhungen von einer nunmehr gebefreudigen Vertretungskörperschaft bewilligt worden, so daß jetzt von der Nachprüfung durch die städtischen Körperschaften Gebrauch gemacht werden muß.

22. 8. Wettkonzerne und Sportbanken, die seit einem Jahr in Berlin und von hier aus in ganz Deutschland ihr Unwesen trieben, sind nacheinander mit Passiven bis zu 60 Mill. M. zusammengebrochen. Die Leichtgläubigkeit der Wettenden, denen ein Gewinn von 50% ihrer Einlagen zugesichert wurde, ist erschütternd.

1. 9. Nach einer Vorlage des Magistrats sollten an unbesoldete Magistrats- und Bezirksamtsmitglieder, an Stadtverordnete, Bezirksverordnete und Bürgerdeputierte grundsätzlich Aufträge zu Arbeiten und Leistungen für die Stadt nicht erteilt werden. Wie zu erwarten, ist die Vorlage durch die Versammlung in der Fürsorge für die Fraktionsinteressenten stark verwässert worden, was zur Sauberkeit der Verwaltung nicht gerade beitragen wird. Eine zwischen den Parteien in solchen Fragen sich bildende Kameraderie ist immer besonders geeignet, Korruptionserscheinungen zu fördern.

10. 9. Die Hochbahn feiert ein Jubiläum: Vor 25 Jahren begannen Siemens & Halske Ecke Gitschiner und Alexandrinenstraße mit den Ausschachtungsarbeiten für die Träger des Viadukts.

14. 9. Für ein 20-Markstück zahlt die Reichsbank 390 Mark.

17. 9. In den Kammerspielen Hauptmanns Oberlehrerkomödie „Die Jungfrau vom Bischofsberg" mit *Gülstorff, Thimig, Edthofer* und *Brausewetter*.

20. 9. Die nach dem Kriege herrschende Wohnungsnot veranlaßte den Magistrat, sich an die zuständigen Reichsstellen wegen Überlassung von Kasernen zur Unterbringung obdachloser Familien zu wenden. Sowohl der Reichswehr- wie der Reichsfinanzminister haben den Antrag abgelehnt und bemühen sich in langatmigen Erlassen um den Beweis, daß die vorhandenen Kasernen eigentlich nicht einmal für den Bedarf von Schutzpolizei u. a. ausreichen. Immerhin — man bedauert sehr. Das ist wenigstens ein bedeutender Fortschritt in der Diktion, der hoffentlich erhalten bleibt.

22. 9. Der vom Philologen-Verband heiß ersehnte Oberstudienrat ist endlich Wirklichkeit geworden. Ein neues Ziel für interne Wettkämpfe in den Lehrerkollegien der höheren Schulen.

30. 9. In der Volksbühne Tollers „Masse Mensch" unter Spielleitung von *Jürgen Fehling*. — Das Schloßpark-Theater Steglitz wird demnächst sein „Großes Haus" für Theater- und Konzertaufführungen eröffnen.

3. 10. *George Baklanoff* sang im Deutschen Opernhause den Rigoletto, eine erschütternde Leistung. Endlich wieder einmal ein genialer Schauspieler auf der Opernbühne.

11. 10. Die silbernen Amtsketten des Magistrats und der Stadtverordneten, deren Vergoldung nach längerem Petitionieren beider Körperschaften Friedrich Wilhelm IV. gnädigst gestattete, sind jetzt eingezogen worden, da man sich über ihre Weiterverwendung nicht einigen konnte. Schade, denn auch der französische Maire trägt bei besonderen Gelegenheiten die dreifarbige Schärpe, von englischer Tradition nicht zu reden.

Man sollte diese Äußerlichkeiten, die nicht nur solche sind, nicht unterschätzen.

13. 10. Der Dollarkurs ist von 75 im Januar auf 140 geklettert. Die weitere Markentwertung führt zu Angstkäufen des Publikums in Textil- und Schuhwaren.

18. 10. Die Neuwahlen zur Stadtverordneten-Versammlung am 16. Oktober haben eine schwache bürgerliche Mehrheit von 115 Sitzen bei insgesamt 225 gebracht. Auf die Sozialdemokraten entfallen 46 Sitze, auf die Unabhängigen 43, die Kommunisten 21, die Demokraten 17, die Deutschnationalen 42, die Volkspartei 35, die Wirtschaftspartei 12, das Zentrum 8 und die Deutschsozialen 1 Sitz. An der Wahl haben sich auch diesmal nur 66% der Wahlberechtigten beteiligt.

28. 10. Die Wahlen zu den Bezirksversammlungen ergaben eine bürgerliche Mehrheit nur in 8 von den 20 Berliner Bezirken, nämlich in Mitte, Tiergarten, Charlottenburg, Wilmersdorf, Zehlendorf, Schöneberg, Steglitz und Pankow.

31. 10. Der Kampf um Schnitzlers „Reigen" dauert fort. Nachdem der Antrag der Hochschule für Musik auf Verbot der Aufführung vom Landgericht zurückgewiesen war, hat jetzt die Staatsanwaltschaft allen Ernstes Anklage gegen Direktor, Regisseur und Schauspieler erhoben wegen „Erregung eines öffentlichen Ärgernisses durch unzüchtige Handlungen". Reklame auf Kosten der Staatskasse.

10. 11. Die neue Stadtverordneten-Versammlung ist vom Oberbürgermeister in ihr Amt eingeführt worden. Die aus den Neuwahlen hervorgegangene bürgerliche Mehrheit quittierte das Verhalten der früheren sozialistischen Mehrheit bei der Wahl der besoldeten Magistratsmitglieder damit, daß sie in das Büro der Versammlung nur Mitglieder der bürgerlichen Fraktionen wählte. Vorsteher ist der Kammergerichtsrat Dr. *Caspari*.

12. 11. Der wochenlange Kellnerstreik zur Abschaffung des „beschämenden Trinkgeldes" ist beendet. Man nimmt es weiter.

15. 11. Dollarkurs 258.

23. 11. Die Rattenplage ist infolge der in den Häusern immer noch betriebenen Kleintierzucht unerträglich und gefährlich geworden, daher heute erster Rattenkampftag in Berlin. Man hat die Anwendung hinterlistiger Bakterienmittel abgelehnt und bietet den Gästen der Stadt eine ehrliche Hausmannskost von Meerzwiebelzubereitungen mit einer Phosphorlatwerge als Nachtisch. Hoffentlich entspricht ihr Appetit den in sie gesetzten Erwartungen.

26. 11. Der zunehmende Preiswucher hat zu Plünderungen von Bekleidungs- und Lebensmittelgeschäften geführt. Sämtliche öffentlichen Versammlungen und Demonstrationszüge sind darauf bis auf weiteres verboten worden.

28. 11. Devisenkurssturz. Dollar von 293 auf 183 gesunken. Auf dem Effektenmark Kursstürze bis zu 400 %. Die Spekulanten vom Liftboy bis zum Generaldirektor haben es nicht leicht. Für ein 20-Markstück zahlt die Reichsbank 720 M.

10. 12. In Berlin gibt es noch immer nicht Park-, Sport- und Spielplatzsysteme, wie sie in den amerikanischen Großstädten zu finden sind. Die vorhandenen Parks müssen deshalb durch Spiel- und Sportanlagen ergänzt, die Spiel- und Sportplätze mit Einrichtungen für die Erholung der Bevölkerung versehen werden. Diese Aufgabe nur aus Mitteln der Stadt zu lösen, ist gerade jetzt unmöglich. *Böss* hat deshalb in tiefer Sorge um die durch den Krieg gesundheitlich besonders geschädigte Jugend die Stiftung „Park, Spiel und Sport" ins Leben gerufen, deren finanzielle Grundlage durch reiche Spenden der Banken, der Industrie und des Handels geschaffen wurde. Ihr Arbeitsprogramm umfaßt nicht weniger als 59 Parks und Sportanlagen großen Stils.

15. 12. Als unbesoldete Magistratsmitglieder sind Amtsrichter a. D. Dr. *Richter*, Buchhalter *Letz*, Rechtsanwalt Dr. *Treitel* und Direktor *Busch* neu gewählt worden.

16. 12. Der Betriebsrat einer zentralen Verwaltung hatte in seinem Arbeitszimmer die Kranzschleife des erschossenen Streikführers Sylt aufgehängt. Der deutschnationale Dezernent für Verwaltungsgebäude hat die Entfernung dieser staatsgefährlichen Schleife angeordnet. Tant de bruit pour une omelette! Bei der Konservierung von Hohenzollernbildern ist der Kollege großzügiger.

19. 12. Generalprobe des Russisch-Deutschen Theaters „Der Blaue Vogel" mit dem charmanten Jushnij als Conferencier. Schon in ihrem äußeren Rahmen eine Kleinkunstbühne von ungewöhnlicher Wirkung mit einem eigenartigen mystischen Programm. Dazu in einem Farbenrausch schwelgend, den die Russen nur aus asiatischen Seidenbasaren geholt haben können.

22. 12. Nach dem preußischen Gesetz vom 8. Juli 1920 sind die Gemeinden verpflichtet, die Besoldung ihrer Beamten nach den für Staatsbeamte geltenden Grundsätzen zu regeln. Eine Sisyphusarbeit, wenn man bedenkt, daß die Beamten von 94 Gemeinden und Gutsbezirken, deren Besoldung erheblich voneinander abwich, nach einer neu aufzustellenden Besoldungsordnung in diese einzugruppieren waren. Erschwerend hierbei war die seit Jahren vom Alt-Berliner Magistrat betriebene engherzige Besoldungspolitik, die dazu geführt hatte, daß Tausende von Beamten ein Arbeitspensum hatten, das eigentlich Aufgabe eines Beamten in höherer Besoldungsgruppe gewesen wäre. Deshalb Bewertung einer Unzahl von Stellen, um die jeder Inhaber energisch kämpfte. Nach monatelangen Verhandlungen mit den Vertretern der Beamtenorganisationen, die zum großen Teil mein früherer Neuköllner Kollege Magistratskommissar Dr. *Fölsche* mit besonderer Sachkenntnis und unermüdlicher Geduld führte, heute am dritten Tag die Schlußberatung von Besoldungsordnung und Gruppenplan, die morgens begonnen hatte und mit kurzen Pausen erst nach Mitternacht zu Ende geführt wurde.

Ein makabres Schlußbild: in dem raucherfüllten Magistratssitzungssaal zahlreiche in den zu bequemen Sesseln erschöpft zusammengesunkene Organisationsvertreter. Eine Kiste Brasil und einige Grenadines mit genügend Himbeergeist halfen mir über jede Müdigkeit hinweg. Raucher sind bei langwierigen Verhandlungen immer im Vorteil.

Nun kann der Ansturm der Interessenten auf die Fraktionen beginnen.

28. 12. Nach den Neuwahlen bestehen sozialistische Mehrheiten in den Verwaltungsbezirken Wedding, Prenzlauer Berg, Friedrichshain, Kreuzberg, Neukölln, Treptow, Köpenick, Lichtenberg, Weißensee und Reinickendorf.

1922

10. 1. In den an der Weichbildgrenze liegenden Ortsteilen ist darüber geklagt worden, daß die Bevölkerung infolge der weiten Entfernung vom Sitz des Bezirksamtes und wegen der noch vielfach mangelhaften Verkehrsverbindungen große Unbequemlichkeiten bei der Erledigung ihrer privaten und staatsbürgerlichen Angelegenheiten habe. Wir haben deshalb veranlaßt, daß zunächst in den am ungünstigsten liegenden Ortsteilen besondere Ortsamtsstellen eingerichtet wurden, in denen die Einwohner den wesentlichsten Teil ihrer kommunalen Angelegenheiten erledigen können. Leider haben sich die zuständigen Reichs- und Staatsbehörden geweigert, auch für die Finanz-, Kataster- und Grundbuchämter entsprechende detachierte Verwaltungsstellen den Ortsamtsstellen räumlich anzugliedern.

15. 1. Besuch im Atelier von *Ernst Oppler*, Bruder des Bildhauers Oppler. Als mir eine Pastellstudie der *Pawlowna* im „Sterbenden Schwan" auffiel, zeigte er mir eine ganze Sammlung von Skizzen, Radierungen und Studien, die er von der Pawlowna geschaffen hatte, als sie auf Veranlassung der Berliner Sezession mit dem Petersburger Ensemble in der Krolloper tanzte. Oppler sprach heute noch mit einer für ihn seltenen Begeisterung von den Abenden, an denen er in fieberhafter Eile mit dem von ihm hierfür geschaffenen „leuchtenden Bleistift" gearbeitet hatte, um möglichst viel von diesem sinnverwirrenden Zauber festzuhalten.

20. 1. Die Sarotti-Werke sind niedergebrannt. Man wirft der Tempelhofer Feuerwehr vor, daß sie in ehrgeiziger Überschätzung ihrer eigenen Stärke die Alt-Berliner Wehr zu spät um Hilfe gebeten habe. Ausgeschlossen ist das nicht, denn vor kurzem hatten bei dem Dachstuhlbrand eines auf der Grenze zwischen Charlottenburg und Alt-Berlin stehenden Hauses die beiden von verschiedenen Seiten kommenden Brandmeister ihre Tätigkeit mit einer Diskussion über „ihr Feuer" begonnen. Höchste Zeit, daß das in der Deputationssatzung vorgesehene Feuerwehr-Zentralamt mit einheitlicher Kommandogewalt für Groß-Berlin dieser Krähwinkelei in den Bezirken ein Ende macht.

Das Durcheinander von Gemeindewehren, Betriebswehren und freiwilliger Feuerwehr in den einzelnen Ortsteilen zu ordnen, wird für den Dezernenten, Stadtrat *Ahrens*, eine schwierige Aufgabe werden. Er hat es schon nicht leicht mit der alten Berliner Feuerwehr, die noch in ihrer Führung von der Tradition als Kgl. Feuerwehr zehrt, und macht sich das Leben weiter dadurch schwer, daß er bei jedem Großfeuer auf der Brandstelle erscheint.

24. 1. *Artur Nikisch*, der seit 1895 das Philharmonische Orchester leitete, ist gestorben. Die Musikkritik meint, er sei unersetzlich. Nach meinen Beobachtungen wird dies regelmäßig beim Tode großer

Persönlichkeiten behauptet. Die Erfahrung lehrt aber, daß diese These auch für Prominente nicht haltbar ist.

26.1. Die Stromdiebstähle nehmen bei den steigenden Gebühren an Häufigkeit zu. Der wachsenden Findigkeit der Stromsünder entspricht die fortschreitende Technik bei ihrer Verfolgung.

11.2. Der Ausschuß der Stadtverordneten-Versammlung hat der Besoldungsordnung mit einigen Änderungen des Gruppenplans zugestimmt, die vielfach die wohldurchdachte Gesamtkonstruktion dieses komplizierten Bauwerks zu erschüttern drohen. Da keine politische Partei an Beamtenfreundlichkeit hinter der anderen zurückstehen will, kann man sich unsere Situation bei den Ausschußberatungen vorstellen. Oft verhinderte nur der Hinweis auf die zu erwartende Beanstandung durch die Aufsichtsbehörde ein zu weit gehendes Wohlwollen, das bei den Linksparteien sich auf die unteren Besoldungsgruppen beschränkte, während die bürgerliche Mehrheit ihre Liebe auf die Gruppen vom Stadtinspektor aufwärts und die Akademiker konzentrierte.

Ob die den Parteien gegebenen Informationen über die politische Zugehörigkeit der Mitglieder einzelner Besoldungsgruppen immer richtig waren, ist recht zweifelhaft. Die unglücklichen Sachbearbeiter der Fraktionen, bei denen in den letzten zwei Monaten ganze Stöße von Gesuchen und Beschwerden eingelaufen waren, sind heute völlig am Ende ihrer Kräfte und werden aufatmen, wenn die Versammlung die Vorlage verabschiedet hat.

Charakteristisch für die parlamentarische Behandlung solcher Mammutvorlage war es wieder, daß besondere Kämpfe um die Besoldung von Einzelpersonen entstanden. So konnten wir die Eingruppierung des Schöneberger Ratskellermeisters in die Besoldungsgruppe der Oberstadtsekretäre nicht verhindern. Die Gäste des Schöneberger Weinkellers hatten die Mehrheit.

15.2. Nach dem Eisenbahnerstreik jetzt bei der zunehmenden Teuerung auch Streikfieber in Berlin. Neben den Portiers, Heizern und Fahrstuhlführern streiken wieder einmal die Müllkutscher mit astronomischen Lohnforderungen. Unerfindlich übrigens, warum diese kräftigen Männer ihre Tätigkeit nur mit unglaublichem Krach ausüben können.

17.2. Auf Wunsch der Bezirksbürgermeister hat *Böss* regelmäßige gemeinsame Besprechungen mit dem Magistrat angeordnet. Eine sehr zweckmäßige Einrichtung, um grundsätzliche Entscheidungen des Magistrats vorzubereiten und anderseits den Bezirksämtern die Möglichkeit zu geben, ihre Wünsche und Beschwerden dem Plenum des Magistrats zur Kenntnis zu bringen. Daß dies manchmal in temperamentvoller und selbst aggressiver Weise geschieht — nicht alles kann vorher in der von den Bezirksbürgermeistern gebildeten losen Vereinigung abreagiert werden —, sollte den Magistratsdirigenten eigentlich nicht stören. Aber *Böss* läßt sich leicht dazu hinreißen, eine Debatte damit zu beenden, daß er schroff erklärt, der Magistrat werde beschließen. Bleibt dann für mich die unangenehme Aufgabe, hinter den Kulissen zu vermitteln, was wieder mit anderen Konzessionen beglichen werden muß. Allerdings ist zugunsten von *Böss* zu sagen, daß die Bezirksbürgermeister, soweit sie den Deutschnationalen und der Volkspartei angehören, oft nicht aus sachlichen Erwägungen Schwierigkeiten machen.

21. 2. Der Stadtverordnete *Hugo Heimann*, einst Inhaber der Verlagsbuchhandlung Guttentag, hatte jahrelang in seinem Hause in der Adalbertstraße eine Bibliothek sozialistischer Literatur von etwa 30 000 Bänden zu unentgeltlicher Benutzung für jedermann aus eigenen Mitteln unterhalten. Er hat diese Bibliothek jetzt der Stadt geschenkt und war nur mit Mühe zu bewegen, wenigstens die für die Räume ortsübliche Miete anzunehmen.

22. 2. Erst jetzt ist dem Reichstag der seit Jahren geforderte Entwurf eines Gesetzes zur Bekämpfung der Geschlechtskrankheiten zugegangen.

2. 3. Das Märkische Museum, von *Ludwig Hoffmann* in norddeutschem Backsteinbau unter Verwendung zahlreicher Kopien geschaffen, ist eines seiner wenigen Werke, die stilmäßig in ihre Umgebung passen. Hier haust als Direktor Prof. Dr. *Otto Pniower*, Germanist und Goetheforscher, der schon unter Geheimrat *Friedel*, dem Entdecker des Königsgrabes in Seddin, zusammen mit dem Kustos *Buchholz* an der Sammlung des Materials mitgewirkt und die Räume des Museums mit geschickter Hand zu einer ausgesprochenen Schausammlung gestaltet hat. Seine Mitarbeiter sind der Naturwissenschaftler Dr. *Hilzheimer*, der zur Zeit mit Eifer die Spur einer ausgefallenen Mäusegattung in der Mark verfolgt, und der sich stark teutonisch gebärdende Leiter der Prähistorischen Abteilung, Dr. *Kiekebusch*.

Ein unentbehrlicher Mitarbeiter des Museums ist der auf mehreren Forschungsexpeditionen geschulte Architekt *Kothe*, geschickter Restaurator und im Nebenberuf begabter Schöpfer von Tierplastiken.

9. 3. Der Verkehrsdezernent schlägt für Handel und Industrie eine Staffelung der Geschäftszeiten für Arbeitsbeginn und Arbeitsschluß vor, um die dann regelmäßig einsetzende Überlastung der Verkehrsmittel zu erleichtern. Sie wird sich kaum durchführen lassen.

12. 3. Das Ministerium für Volkswohlfahrt plant einen Kulturgürtel um Groß-Berlin herum, um die im Bereich der Vorortbahnen liegenden Ödländereien für die Versorgung Berlins nutzbar zu machen. Arbeitsmöglichkeit für unsere Erwerbslosen.

18. 3. Ein Erlebnis im Deutschen Theater: *Werner Krauss* als Cyrano, auch wenn er den schwadronierenden Gascogner etwas zu schwer nahm. Persönlich ein wenig sympathischer, recht arroganter Zeitgenosse.

22. 3. Die wiederholten Versuche der Finanzverwaltung, die Krankenhauskosten auf ein erträgliches Maß zu senken und die immer wieder in der Presse beklagte Bettennot zu mildern, scheitern an der mangelnden Energie der Gesundheitsverwaltung, die sich offenbar aus kollegialen Rücksichten nicht entschließen kann, einen schnelleren Bettenwechsel zu erzwingen. Die Bettenzahl der einzelnen Abteilungen der großen Krankenhäuser ist viel zu hoch, als daß der dirigierende Arzt, ohnehin nur mit den interessanten Fällen beschäftigt, sich um die Mehrzahl seiner Patienten kümmern könnte. So bleibt die Behandlung im wesentlichen den Assistenzärzten überlassen, die erklärlicherweise an lebhaften Neuaufnahmen mit Untersuchungen, Krankengeschichten usw. nicht gerade interessiert sind. Daß Kranke mit typischen Altersbeschwerden, an denen nichts mehr zu heilen ist, sechs Monate und länger teure Krankenhausbetten sperren, statt rechtzeitig an die billigeren Hospitäler abgegeben zu werden, ist nicht zu verantworten. Und wenn einmal die Abgabe erfolgt, dann sicher nur in letzter Minute, um die Statistik der Sterbefälle nicht zu verschlechtern. Ich habe dem Stadtmedizinalrat im Interesse der wirklich krankenhausbedürftigen Bevölkerung eine Durchkämmung besonders der Inneren Abteilungen empfohlen — bei den übrigen sieht es nicht viel besser aus —, aber Fachleute haben für Ratschläge von Laien immer nur ein überlegenes Lächeln. Also weiter Bettennot.

24. 3. Dollarkurs 326. Ein 20-Markstück 1200 M.

28. 3. Der Magistrat hat der Stadtverordneten-Versammlung eine Vorlage zur Beschaffung von Spiel- und Sportplätzen unterbreitet. Für den Osten wird ein Volkspark in der Wuhlheide und eine Sportanlage in Oberschöneweide an der Spree vorgeschlagen, für den Westen die weitere Ausführung des Volksparks in der Jungfernheide und eines großen Spielplatzes in Eichkamp. Für den Norden soll zunächst eine Wassersportanlage am Ufer des Plötzensees und ein Spiel- und Sportplatz im Bezirk Weißensee am Faulen See angelegt werden. Im Süden handelt es sich um die Erweiterung des Dominicusplatzes in Schöneberg und die Anlage eines großen Spiel- und Sportplatzes in Neukölln. *Böss* widmet diesem Großstadtproblem besondere Liebe und Energie.

31. 3. Die Berliner Rieselgüter werden immer mehr zu einem Schmerzenskind des Kämmerers. Schon 1873 hatte man damit begonnen, die Berliner Abwässer durch Pumpstationen nach den zu diesem Zweck erworbenen Gütern pumpen zu lassen, wo sie, zunächst von den gröbsten Sinkstoffen in Klärbecken gereinigt, auf die einzelnen Rieselfelder geleitet werden. Es handelte sich also nicht in erster Linie um einen Landwirtschaftsbetrieb auf durchlässigen Sandböden, sondern um das möglichst billige Herausbringen der Abwässer aus der Stadt. Erst im Kriege und später trat die landwirtschaftliche Ausnutzung der Rieselgüter in den Vordergrund. Ihre Wirtschaftsführung ist dadurch erschwert, daß die 11 700 ha Rieselland in nicht weniger als 45 000 Einzelstücke zerfallen, was die Verwendung landwirtschaftlicher Maschinen

sehr beeinträchtigt. Dazu kommen noch der starke Unkrautwuchs und die übermäßige Stickstoffdüngung.
Das städtische Rieselgut Tasdorf, vom Bezirk Lichtenberg übernommen, erforderte bereits 1917 einen Zuschuß von 75 000 M., der bis auf 190 000 M. im Jahre 1920 anwuchs. Jetzt bietet ein Landwirt für die 675 ha Naturland und 160 ha Rieselland des Gutes eine Pacht von 3750 Zentner Roggen. Endlich ein positives Ergebnis, das dem Kämmerer zu denken gibt.

4. 4. Bei Inkrafttreten des Berliner Stadtgesetzes gab es in Alt-Berlin ganze vier Schulzahnkliniken, nicht etwa städtische Einrichtungen, sondern Gründungen des deutschen Zentralkomitees für Schulzahnpflege, während selbst kleine Gemeinden wie Grunewald und Schmargendorf eigene Kliniken besaßen. Man beschränkte sich allerdings in der Regel auf die zahnärztliche Behandlung akuter Fälle. Eine systematische Sanierung, d. h. die Untersuchung ganzer Schuljahrgänge auf Zahnschäden, gibt es vorerst nur in Charlottenburg, Neukölln und Schöneberg. Sie für ganz Berlin durchzuführen und für jeden Bezirk mindestens eine Schulzahnklinik zu schaffen, gehört zu dem vordringlichen Programm der Gesundheitsverwaltung.

6. 4. Die Berliner Wohnhäuser gehen in steigendem Maße in die Hand von Ausländern über. Käufer sind besonders Schweden, Dänen, Schweizer und Holländer.

8. 4. Der Schweizer Nationalrat hat die Einführung einer sechsmonatigen Arbeitsdienstpflicht für die gesamte Jugend vom vollendeten 18. Lebensjahre an beschlossen. Ein Problem, dem man bei unserer Erwerbslosennot Beachtung schenken sollte.

12. 4. Der Stadtkämmerer und ich selbst bemühen uns bisher ohne großen Erfolg, die epische Darstellung des Tatbestandes in Rundverfügungen und in Vorlagen an die Stadtverordneten-Versammlung auf das unbedingt nötige zu kürzen und den geschraubten und durchweg unhöflichen Amtsstil — eine Verwaltung hält es unter ihrer Würde zu bitten, sie „ersucht" — zu verbessern. Auch das Büro der Stadtverordneten-Versammlung ist sprachlich noch rückständig. In der letzten Einladung zur Sitzung eine Notiz für die Stadtverordneten: „Ein Sonderfall gibt zu der Mitteilung Veranlassung ..." — Einleitung für den einst austrommelnden Amtsdiener.

30. 4. Für die Auseinandersetzung mit der Provinz Brandenburg und den Kreisen Teltow, Niederbarnim und Osthavelland war ein schiedsgerichtliches Verfahren vorgesehen, soweit nicht eine Verständigung erfolgte. Sie ist ohne Schwierigkeiten bei der Übernahme der Unterhaltung derjenigen Strecken der Provinz- und Kreis-Chausseen möglich gewesen, die innerhalb des Weichbildes Berlins liegen. Ebenso leicht gestaltete sich die Regelung des Verhältnisses der Stadt zur Provinz hinsichtlich der Anstalten und Einrichtungen.

Wegen der Anstalten der Kreise, die nach dem Gesetz von Berlin zu übernehmen waren, kam es zum Streit beim Schiedsgericht, dessen Zusammensetzung allein für Berlin schon ungünstig war. Es lehnte denn auch nicht nur die Übernahme der Aktien des Kreises Teltow an der Deutschen Gasgesellschaft und der Anteile des Kreises Niederbarnim an der Niederbarnimer Gasgesellschaft ab, sondern auch die Übernahme des Kreiskrankenhauses im Ortsteil Lichterfelde.

Provinz und Restkreise haben im übrigen wegen des Verlustes eines großen Teils ihrer Steuerkraft hohe Entschädigungen gefordert, deren Berechtigung nicht zu bestreiten ist. Wir haben deshalb vorschußweise an Teltow 14 Mill. M. und an Niederbarnim 4 Mill. M. gezahlt.

2. 5. Das Krematorium Wilmersdorf ist heute als erste Einäscherungsanstalt für den Berliner Westen eröffnet worden.

7. 5. Die Tumulte vor dem Rathause haben im Landtag zu dem Antrag geführt, eine Bannmeile um das Rathaus zu legen. Der Magistrat hält mit der Mehrheit der Stadtverordneten diese Maßnahme für überflüssig.

9. 5. Der Magistrat schlägt der Stadtverordneten-Versammlung weitere Spielplatzanlagen vor. Auf dem bisherigen Reitplatz Hippodrom am Zoologischen Garten soll ein großer Übungsplatz geschaffen werden, ebenso auf dem Gelände der Schützengilde in der Schönholzer Heide. Für Reinickendorf ist ein Spielplatz an der Scharnweberstraße vorgesehen, für Neukölln auf dem Gelände der alten Schießstände am Tempelhofer Feld. Der Bezirk Wilmersdorf soll nach dem Vorbild des Dominicusplatzes eine größere Übungsstätte im Ortsteil Grunewald erhalten, und für den Bezirk Steglitz wird eine Erweiterung des Spielplatzes an der Ringstraße vorgeschlagen. Bei der Ausführung der gesamten Spielplatzprojekte werden ca. 20000 Erwerbslose beschäftigt werden können.

11. 5. Erst heute konnte der Kämmerer in der Stadtverordneten-Versammlung den Haushalt für 1922 erläutern, da sich die Abgabe der Verwaltungsgeschäfte an die Alt-Berliner Bezirke bis in den Winter 1921 hingezogen hat. Die ständig fortschreitende Geldentwertung macht die Aufstellung eines Haushalts immer unmöglicher, da die Festsetzung von Einnahmen und Ausgaben nicht mehr auf Erfahrungsschätzungen, sondern nur noch auf vagen Vermutungen beruht. Dazu kommt noch, daß die wichtigste Einnahmequelle der Gemeinden, die Einkommensteuer, ihnen heute durch die Reichsfinanzreform verschlossen wurde und daß die Unterbringung von Anleihen immer schwieriger wird.

Deshalb Einschränkungen auf allen Gebieten: Schul- und Verwaltungsgebäude können nur noch jeden zweiten Tag gereinigt, die Straßenbeleuchtung nur noch mit einem Viertel des Umfanges durchgeführt werden, den man vor dem Kriege für notwendig hielt, die Straßenunterhaltung mit einem Sechstel. Von der dringend notwendigen Erhöhung der Vorbehaltsmittel der Bezirke mußte abgesehen werden. Als schwacher

Ausgleich ist den Bezirken eine gewisse Ellenbogenfreiheit dadurch gegeben worden, daß die Einzelansätze des Haushalts innerhalb eines bestimmten Gebiets nach Möglichkeit untereinander übertragbar gemacht wurden. Diese Regelung genügt keineswegs. Man sollte sich endlich entschließen, den Bezirkskörperschaften eine größere Selbständigkeit und Verantwortlichkeit innerhalb ihres Haushalts einzuräumen, statt sie kleinlich zu bevormunden.

23. 5. Zum Provinzialkonservator für Berlin ist Prof. Dr. *Pniower* ernannt worden.

24. 5. Das Philharmonische Orchester veranstaltete zur Feier seines 40jährigen Bestehens ein Brahms-Beethoven-Fest.

28. 5. Mitglied der Kunstdeputation ist *Käthe Kollwitz*. Die in Königsberg geborene stammt aus einem Elternhause, das auf ihre Entwicklung von stärkstem Einfluß gewesen sein muß. Ihr Vater lehnte es als Referendar ab, der Justiz des reaktionären Preußen unter Friedrich Wilhelm IV. zu dienen, wird Maurer und heiratet als Meister die Tochter des Garnisonpredigers *Rupp*, der unter dem Druck der pietistisch-orthodoxen kirchlichen Richtung Sprecher der von ihm gegründeten Freien Gemeinde geworden war. Schülerin von *Stauffer*-Bern, dann eine Weile gleichzeitig mit *Slevogt* in München, hat sie den Arzt Dr. *Kollwitz* geheiratet, der im Norden Berlins inmitten der Ärmsten praktiziert. In der Deputation meldet sich die Künstlerin sehr selten zum Wort. Mit ihrem auffallend ernsten Gesicht, den großen wissenden Augen, dem herb geschlossenen Mund betrachtet sie offenbar innerlich ablehnend den Fraktionsbetrieb dieses bunt zusammengewürfelten Kreises, der ihrem ganzen Wesen unendlich fremd sein muß.

Neben Käthe Kollwitz sitzt *Max Liebermann*. Ironisch, trocken, ein ausgesprochener Rationalist mit für einen Künstler überraschenden Verkaufstalenten. Einem meiner Bekannten aus der Industrie suchte er den Ankauf eines seiner Bilder dadurch schmackhaft zu machen, daß er ihm die Schenkung dieses Bildes an die Staatliche Gemäldegalerie empfahl, die durch Anbringung eines Schildes das Andenken des Stifters für die Nachwelt erhalten werde. Der von Liebermann geforderte Preis war aber so hoch, daß hierfür die Eitelkeit des Interessenten nicht ausreichte. Für die jüngere Künstlergeneration zeigt Liebermann bei Atelierbesuchen nicht das geringste Wohlwollen, während er bei der Besichtigung von Ausstellungen eifrig bemüht ist, den Ankauf-Ausschuß der Kunstdeputation auf eines seiner zahlreichen Selbstporträts aufmerksam zu machen. *Arthur Kampf* sagte ihm dabei einmal mokant: „Ick habe jar nicht jewußt, daß du Plierogen hast."

10. 6. Die ersten 10 000-Mark-Scheine.

20. 6. Die Abwicklung der Kriegsverwaltungen ist beendet. Sie war nur mit drakonischen Mitteln durchzuführen, da eine öffentliche Verwaltung von ihrer Überflüssigkeit schwer zu überzeugen ist. Das Gesamtergebnis der Kriegswirtschaft ist ein Fehlbetrag von 700 Mill. M. Die

Belastung aus der Wirtschaft der Außenbezirke weicht stark voneinander ab, je nach dem Umfang, in dem die Gemeinden Kriegswohlfahrtspflege und, wie der Kämmerer es sehr milde nennt, mit mehr oder weniger Glück ihre Lebensmittelwirtschaft betrieben haben.

24. 6. Zur Durchführung der produktiven Erwerbslosenfürsorge widmet das Landesarbeitsamt dem auswärtigen Arbeitsmarkt besondere Aufmerksamkeit. Bei der Überführung großstädtischer Arbeiter in die Landwirtschaft kommt allerdings nur die Vermittlung Lediger in Frage. Immerhin konnten im vorigen Jahre 7500 Stellen vermittelt werden. Daneben ist besonders aufnahmefähig der Bergbau und die Kali- und Torfindustrie. Unterstützt wurden die Maßnahmen vielfach durch Lieferung von Arbeitskleidung und Gerät.

26. 6. Dollarkurs 349.

28. 6. Im Großen Schauspielhaus „Die Maschinenstürmer" von Toller. Wirkung mäßig.

4. 7. Im April hatte ein ausländisches Konsortium ein sehr annehmbares Pachtangebot für die mit chronischem Defizit arbeitenden städtischen Güter gemacht, das vom Magistrat aus politischen Gründen abgelehnt wurde. Schon bei den Beratungen die überraschende Mitteilung, daß einige Gutsadministratoren bereit seien, die bisher von ihnen verwalteten Güter auf eigene Rechnung zu pachten. Jetzt hat der Magistrat beschlossen, u. a. das Gut Osdorf, das im letzten Wirtschaftsjahr mit einem Fehlbetrage von 1,2 Mill. M. abschloß, für 11750 Zentner Roggen jährlich an den früheren Administrator zu verpachten. Schwer, keine Satire zu schreiben.

12. 7. Ein Opfer der Inflation ist die Emilie-Rudolf-Mosse-Stiftung geworden, Erziehungsheim für Knaben und Mädchen in Wilmersdorf, deren Angebot, das umfangreiche Heim nebst Zubehör der Stadt zu „schenken", vom Magistrat angenommen worden ist. Die Stadt hat beschlossen, die Anstalt mit ihrer merkwürdig lieblosen Einrichtung in ein Haus der Jugend umzuwandeln und unter dem Namen Emilie-Rudolf-Mosse-Heim weiterzubetreiben.

20. 7. Eine Anfrage der KPD wünscht Auskunft vom Magistrat, ob er bereit sei, städtischen Beamten und Angestellten zu untersagen, im Dienst das Hakenkreuz zu tragen. Wir haben daraufhin das Tragen politischer Abzeichen während des Dienstes verboten.

31. 7. Dollarkurs 670.

6. 8. Die Beiwagen der Straßenbahn sind vom Polizeipräsidenten endlich als Raucherwagen freigegeben worden. Versuchsweise und zunächst nur für den Sommer. Auch ein sozialdemokratischer Präsident scheint sich von dem Banne altpreußischer Polizeitradition nicht frei machen zu können.

9. 8. Als Patient des Neuköllner Krankenhauses hatte ich einmal zu meinem Erstaunen feststellen müssen, daß der Dirigierende Arzt der inneren Abteilung nur zweimal in der Woche zur Visite erschien. Da auch jetzt darüber geklagt wurde, daß ein Teil der Dirigierenden Ärzte seine Tätigkeit auf ein tägliches Minimum beschränkt, das sich bei der dieser ärztlichen Gruppe durch ihre Wahl gegebenen lukrativen Visitenkarte in keiner Weise rechtfertigen läßt, hat der Magistrat auf Vorschlag der Personalverwaltung den leitenden Ärzten eine täglich mindestens vierstündige Anwesenheit zur Pflicht gemacht. Man ist empört. Bedauerlich, daß es soweit kommen mußte.

11. 8. Der Aufruf des Reichspräsidenten *Ebert* zum heutigen Verfassungstage schließt mit dem Rufe: „Es lebe die deutsche Republik!" Der Seiltanz der Rechtspresse zu diesem Thema macht einen recht gequälten Eindruck.

14. 8. Das Ergebnis der städtischen Steuerordnungen wird nicht nur durch die Inflation in Frage gestellt. Die Versammlung überweist die Vorlagen regelmäßig ihrem Steuerausschuß, der für die Beratung der dringlichen Vergnügungssteuerordnung nicht weniger als 10 Sitzungen benötigte. Die Langsamkeit der parlamentarischen Arbeit wird aber noch übertroffen durch das Tempo der Aufsichtsbehörden, die sich manchmal bis zur Genehmigung mehrere Monate Zeit lassen. Der Stadt gehen dadurch Millionen Goldmark verloren.

15. 8. Dollarkurs 1040.

24. 8. Aus der Vorlage des Kämmerers zur Aufnahme einer Anleihe von 1,5 Milliarden M. ergibt sich, daß nicht weniger als 465 Mill. Mark aus Berlin allein zur Last fallenden Verlusten der Kriegsverwaltungen zu decken sind. Den weitaus größten Anleihebedarf mit 400 Mill. Mark hat die vor der Übernahme durch den Zweckverband völlig heruntergewirtschaftete Berliner Straßenbahn.

28. 8. Der Aktien-Verein des Zoologischen Gartens, schon 1843 nach den Plänen von *Lichtenstein* auf dem Gelände der alten Fasanerie gegründet, befindet sich seit dem Kriege in dauernder Notlage. Trotz der laufenden Beihilfen von Reich, Staat und Stadt schloß das Betriebsjahr 1921 mit einem Verlust von 550 000 M. ab, so daß dem Verein eine Sonderbeihilfe von 400 000 M. bewilligt werden mußte.

1. 9. Die Große Volksoper beginnt ihre Spielzeit im Theater des Westens.

9. 9. Schon vier Monate nach Einbringung des Haushaltes muß der Kämmerer feststellen, daß die Geldentwertung der letzten Wochen den Haushalt völlig über den Haufen geworfen hat, und zur teilweisen Deckung des am 31. August vorhandenen Fehlbetrages von 2,4 Milliarden M. weitere Steuererhöhungen fordern.

12. 9. Im Bezirk Wedding sollen besondere Sammelschulen für vom Religionsunterricht befreite Kinder geschaffen werden. Die konfessionell gerichtete Presse ist empört.

16. 9. Dollarkurs 1460.

18. 9. Ein von vornherein unwirtschaftliches Unternehmen der ehemaligen Stadt Schöneberg, die Siedlung Lindenhof, muß infolge Überschreitung des Kostenanschlages und der kostspieligen Verwaltung der Kleinhäuser liquidiert werden. Die Siedlung ist von dem Gemeinnützigen Verein Siedlung Lindenhof für 38 Mill. M. gekauft worden.

20. 9. Der Antiquitätenhandel blüht. Das Kulturgut verarmter Familien wandert zum Händler, um dort von Ausländern und Neureichen gekauft zu werden.

25. 9. Die Große Berliner Straßenbahn, die Vorläuferin der Berliner Straßenbahn, hatte in den Jahren 1875 bis 1900 einen Staffeltarif von 0,10 bis 0,20 M., später mit der Vergrößerung des Liniennetzes und der Zunahme des Verkehrs den 0,10-M.-Einheitstarif. In der Stadtverordneten-Versammlung war mehrfach die Wiedereinführung eines Staffeltarifs gefordert worden. Jetzt hat der Magistrat in einer Vorlage, in der er sich für die Beibehaltung des Einheitstarifs ausspricht, die alte Streitfrage der Versammlung zur Entscheidung unterbreitet.

28. 9. Dem Vorschlage des Magistrats, die Bewirtschaftung der Rieselgüter einer Berliner Stadtgüter GmbH. zu übertragen, hat die Stadtverordneten-Versammlung zugestimmt. Auch diese Maßnahme wird an der Defizitwirtschaft der Güter nichts ändern. Richtig wäre es m. E., die reinen Rieselgüter der Kanalisationsverwaltung zu übergeben, für deren Zweck sie einst erworben werden mußten, und Unterschüsse durch die Gebühren zu decken.

3. 10. Debatten in der Stadtverordneten-Versammlung über Hundesteuer sind immer besonders reizvoll, da sie die Redner von einer ausgesprochen menschlichen Seite zeigen, und nur in dieser Frage eine völlige Dissonanz der Auffassung in den einzelnen Fraktionen zutage tritt, denn das Halten eines Hundes ist nun einmal keine rein kapitalistische Liebhaberei. Um das Für und Wider Hund wird mit einer Ausdauer und Erbitterung gestritten, die wichtigeren Fragen zu wünschen wäre, und kein Problem eignet sich mehr für humoristische Zwischenrufe und eine lebhafte Mitwirkung der Interessenten auf der Tribüne des Hauses.

Wie immer in Zeiten allgemeiner Not wird von einer kleinen Gruppe gut verdient. Die Zahl der luxussteuerpflichtigen Hunde steigt ständig, und die erhöhte Steuer von 6000 M. für den vierten und jeden weiteren Hund hindert einige Leute nicht, sich ein halbes Dutzend Luxushunde zu leisten.

17. 10. Der Minister für Handel und Gewerbe hat den Gemeinden die Ausgabe kurzfristigen Notgeldes unter Sicherstellung des Betrages anheimgestellt, um dem Mangel an Scheinen abzuhelfen. Auch die Handelskammer hat gebeten, 4 Milliarden Notgeldnoten in den Verkehr zu bringen. Der Magistrat beschloß deshalb, 2 Milliarden Großnotgeld in Scheinen von 100, 500 und 1000 M. herauszubringen. Da sich die Sammelleidenschaft bereits auf dieses neue Objekt gestürzt hat, kann mit einem Verschwinden erheblicher Teile dieses Notgeldes gerechnet werden.

21. 10. Für die Alt-Berliner Schulen hat die Verwaltung die Beschaffung von 45 schwarz-rot-goldenen Fahnen angefordert. Eine sehr verspätete und recht bescheidene Forderung, zumal die westlichen Bezirke hier Sabotage treiben.

24. 10. Dollarkurs 4000.

26. 10. Von der SPD ist eine Umorganisation der Pressestelle des Magistrats gefordert worden, die von dem bekannten Schriftsteller *Hans Brennert* geleitet wird. Auch ein neuer Mann in dieser Stelle wird dieselben traurigen Erfahrungen machen wie sein Vorgänger. Einmal wird aus den verschiedensten Gründen die zentrale Pressestelle von den einzelnen Verwaltungen nur sehr lässig mit Nachrichten versehen und dann — das ist das entscheidende — haben die Zeitungsredaktionen erklärlicherweise wenig Interesse für die an sämtliche Zeitungen gegebenen Nachrichten. Sie ziehen es vor, durch ihre Reporter unmittelbar bei den einzelnen Verwaltungen nach Neuigkeiten stöbern zu lassen, um sie als erstes Blatt bringen zu können. Das wird sich auch in Zukunft nicht vermeiden lassen und ist im übrigen für die öffentliche Kontrolle der Stadtverwaltung ganz wertvoll.

2. 11. Auch das Berliner Philharmonische Orchester ist notleidend geworden. Es ist hervorgegangen aus dem Orchester des Militärkapellmeisters *Bilse*, der im Konzerthause in der Leipziger Straße zum erstenmal in Berlin Berlioz, Schumann, Liszt, Wagner und andere Neuerer jener Zeit herausbrachte. Als bei Differenzen mit *Bilse* die Auflösung des Orchesters drohte, griff der Konzertagent *Hermann Wolff*, einst junger Mann in der Musikalienhandlung *Bote & Bock*, später Manager der Konzertreisen *Rubinsteins*, entschlossen ein und brachte ein Konsortium von Geldleuten zum Bau der Philharmonie in der Bernburger Straße zusammen, wo das am 1. Mai 1882 neu gebildete Berliner Philharmonische Orchester nun als GmbH., deren Anteile in den Händen der Orchestermitglieder waren, seine ständige Wirkungsstätte fand.

Schon vor dem Kriege war es dem Orchester trotz seiner Tätigkeit als Kurorchester in Scheveningen, um die konzertlose Sommersaison zu überbrücken, nicht möglich gewesen, Einnahmen und Ausgaben auszugleichen, so daß Berlin in den Jahren 1912 bis 1919 mit einer laufenden Beihilfe von 60 000 M. einspringen mußte. Hierfür hatte das Orchester eine Reihe volkstümlicher Konzerte zu niedrigen Eintrittspreisen veranstaltet. Der Magistrat hat jetzt eine Unterstützung von 700 000 Mark bewilligt.

16. 11. Dollarkurs 7500.

18. 11. Die städtischen Einrichtungen haben meist eine Wertklausel gefunden, um ihre Gebühren der Geldentwertung anzupassen. Da der Kokspreis zur Einäscherungsgebühr im Verhältnis 1 : 6 steht, erfolgt jetzt die Feuerbestattung nach der Koksklausel. Preisgrundlage: 1 Zentner Lichtenberger Schmelzkoks frei Krematorium, eine pietätlose Berechnung.

21. 11. Die verzweifelte Suche nach neuen Einnahmequellen führt zu immer wilderen Besteuerungsexzessen. Jetzt haben allen Ernstes die Minister des Innern und der Finanzen besonders den Großstädten und den Badeorten die Einführung einer indirekten Gemeindesteuer auf den „übermäßigen Verzehr" in Gast- und Schankwirtschaften empfohlen. Als übermäßig gilt der Verzehr, dessen Entgelt für eine Person und eine einmalige Bewirtung den vom Magistrat festgesetzten Höchstbetrag übersteigt. Erhebungsform: Quittungszwang mit Steuermarken. Aus der mühsamen Begründung unserer Steuerverwaltung geht hervor, daß sie sich nur unfreiwillig an diesem Unfug beteiligt, der schwerlich die Zustimmung der Stadtverordneten finden wird.

24. 11. Meliorationsarbeiten eignen sich neben ihrer volkswirtschaftlichen Bedeutung für die Steigerung der inländischen Erzeugung von Nahrungs- und Futtermitteln besonders zur Arbeitsbeschaffung für Erwerbslose. Sie stellen leider für die Träger der Unternehmen ein schwieriges Finanzierungsproblem dar, wenn auch erleichtert durch Zuschüsse aus der produktiven Erwerbslosenfürsorge. Trotz aller Schwierigkeiten können unter Mitwirkung des Berliner Landesarbeitsamtes größere Projekte im Roten Luch bei Dahmsdorf, im Havelländischen und im Wustrauer Luch durchgeführt werden.

28. 11. Die Krankenkassenärzte klagen über die verspätete Zahlung ihres Honorars, das für die Einzelbehandlung nur noch den Wert von zwei Straßenbahnfahrscheinen hat.

6. 12. Seit dem 1. April sind nach Durchkämmung der Verwaltungen 5200 Bürohilfskräfte entlassen worden. Für die Beteiligten hart, aber man kann nicht auf Kosten der Steuerzahler den Personalbestand der Lage des Arbeitsmarktes anpassen.

10. 12. Die Gedächtnisreden bei Beerdigungen und Einäscherungen, an denen man als Vertreter der Stadt teilzunehmen hat, sind meist für alle Anwesenden eine Qual, nicht zuletzt für die Familie des Toten. Was hier an Plattheiten von offiziellen Rednern wie von der dabei amtierenden Geistlichkeit den Hörern zugemutet wird, ist oft unerträglich und steigerte sich leider heute bei der im Rathause eines Bezirksamtes stattfindenden Begräbnisfeier für den Bezirksmedizinalrat zu einer Groteske. Hatte schon der Bürgermeister von dem Toten als von dem „Betreffenden" gesprochen, so begann der Mitarbeiter des Verschiedenen seine Rede mit den feierlichen Worten: „Hochverehrter Herr Stadtmedizinalrat!" Der ihm folgende Vertreter der Beamtenschaft, ein fanatisch-antisemitischer Deutschnationaler, hatte das Unglück, daß sein Blick zu Beginn seiner Rede auf den vor ihm sitzenden jüdischen Bezirksschulrat fiel, so daß er sich offenbar unter dem Einfluß eines Wunschgedankens versprach und dessen Namen nannte. Ich wollte schon aufstehen und endlich von dem Menschen und Künstler sprechen, der so lange unter uns gewirkt hatte. Aber dann fiel mir ein, daß das Programm der Feier sicher vorher festgelegt worden war, und ich so in das nun auch sofort einsetzende Quartettspiel hineingeraten wäre. Das hätte noch gefehlt. So konnte ich nur der Witwe und dem Sohn, dessen Cello dem Vater den letzten Gruß gesandt hatte, stumm die Hand drücken.

17. 12. Vorkämpfer der Forderung nach unentgeltlicher Rechtsauskunft für Minderbemittelte war der 1907 gegründete Gemeinnützige Verein für Rechtsauskunft in Groß-Berlin, in dessen Vorstand Prof. *Francke*, der Herausgeber der „Sozialen Praxis", eine besondere Rolle spielte. Wir hatten schon im gleichen Jahre in Neukölln eine öffentliche unentgeltliche Rechtsauskunftsstelle errichtet, die in diesem Vorort mit Arbeiter- und Angestelltenbevölkerung stark in Anspruch genommen wurde, da die Arbeitersekretariate der verschiedenen gewerkschaftlichen Richtungen in ihrer Besetzung nur für Auskünfte aus Arbeitsrecht und Sozialversicherung in Betracht kamen.

Alt-Berlin hatte sich um diese sozialpolitisch außerordentlich wichtige und einen wesentlichen Teil kommunaler Wohlfahrtspflege bildende Aufgabe sehr unzureichend gekümmert, während in den Städten im Reich längst eine Rechtsauskunftsstelle nach der anderen entstanden war, die sich im Verband der öffentlichen gemeinnützigen Rechtsauskunftstellen unter dem Vorsitz von Oberbürgermeister *Kaiser*, Neukölln, zusammenschlossen. Wir ließen den Berliner Verein aus Zweckmäßigkeitsgründen bestehen, gaben ihm einen Zuschuß in Höhe seiner Aufwendungen und sorgten dann dafür, daß in jedem Bezirk eine öffentliche Rechtsauskunftsstelle errichtet wurde, deren Leiter grundsätzlich ein Volljurist war. In der Stadtverordneten-Versammlung erfolgten einige Angriffe der Rechtsparteien gegen die Einrichtung, die offenbar aus sozialpolitisch rückständigen Kreisen der Rechtsanwaltschaft stammten. Die Kritik wird aber nun wohl verstummen, nachdem der Vorstand der Anwaltskammer festgestellt hat, daß von einer unlauteren Konkurrenz für die Anwälte bei den Einkommensverhältnissen der von den Rechtsauskunftsstellen beratenen Teile der Bevölkerung keine Rede sein kann.

20. 12. Im Deutschen Theater „Trommeln in der Nacht" von *Brecht* mit *Granach* und der *Ebinger* in den Hauptrollen. Starker Beifall.

27.12. Der notleidenden Straßenbahn muß aus verstärktem Holzeinschlag der städtischen Forsten, besonders in Lanke, ein Betrag von 1 Milliarde M. zur Verfügung gestellt werden.

1923

3.1. Durch die bevorstehende Fertigstellung des Westhafens werden die Hafen- und Speicheranlagen mehr als verdoppelt. Die beiden größten Berliner Anlagen, West- und Osthafen, haben dann 92000 qm gedeckte Lagerräume, eine Freilagerfläche von 38000 qm und eine Aufnahmefähigkeit von 152000 Tonnen. Die Einfuhr durch die Binnenschiffahrt ist in Berlin von 5,8 Mill. Tonnen im Jahre 1913 auf 1,8 Mill. Tonnen im Jahre 1921 gesunken. Um Berlin zu einem Umschlags- und Stapelplatz auch für den Transitverkehr zu machen, bedarf es einer Organisation, die einen starken Einfluß auf den gesamten Güterverkehr besitzt und in engster Verbindung mit See- und Binnenschiffahrt steht.

Der Magistrat hat deshalb beschlossen, der durch ein Konsortium zu gründenden Berliner Hafen- und Lagerhaus AG. ein Viertel des Aktienkapitals bei Begleichung durch Stadtschuldverschreibungen zu übernehmen, der Gesellschaft ein Erbbaurecht an sämtlichen Häfen bis 1972 gegen Zahlung von 2,5 Milliarden M. zu bestellen und ihr bis 1952 die städtischen Ladestraßen gegen die Verpflichtung zur Unterhaltung der Anlagen zu verpachten.

Schwer zu sagen, ob es nicht richtiger wäre, die Stabilisierung der Mark abzuwarten, statt jetzt schon auf so lange Sicht einen städtischen Betrieb aus der Hand zu geben. Das Ganze sieht stark nach einer societas leonina aus, denn das sichere Geschäft machen nur die Schenker & Co. AG. und die Firma C. J. Busch & Co. mit dem ihnen gegebenen Monopol. Aber letzten Endes ist der Betrieb bei ihnen doch in geschickteren Händen als bei der öffentlichen Hand.

5.1. Auf Grund des Preußischen Ausgrabungsgesetzes ist Dr. *Kiekebusch* vom Märkischen Museum zum Ausgrabungspfleger für Berlin bestellt worden.

9.1. Als Ring- und Stadtbahn den Anforderungen des ständig wachsenden Verkehrs nicht mehr genügten, hatten Siemens & Halske 1902 mit dem Bau der Hoch- und Untergrundbahn begonnen. Ihnen folgte 1912 die Stadt mit der von ihr selbst geplanten und gebauten Nord-Südbahn Seestraße—Ringbahnhof Neukölln, deren Fertigstellung durch den Krieg stark verzögert und deren Weiterbau in den

letzten Jahren außer mit eigenen schweren Opfern nur durch namhafte Zuschüsse aus der Erwerbslosenhilfe ermöglicht wurde.
Der Vorsprung von Siemens hatte die AEG zum Bau einer eigenen Schnellbahn verleitet. Krieg und Geldentwertung führten dazu, daß die AEG-Schnellbahn AG. schließlich die angefangenen Baustellen einfach liegen ließ. Jetzt ist die Gesellschaft vom Reichsgericht zum Weiterbau verurteilt worden.

10. 1. Die Denkmalspflege von Alt-Berlin ist ein trauriges Kapitel. In einer Zeit, als der Stadt reichlich Mittel zur Verfügung standen, besonders in den letzten zwanzig Jahren vor dem Kriege, wo der Berliner Haushalt im Drucksatz stehen bleiben konnte und der Kämmerer Mühe hatte, die Überschüsse zu verschleiern, ist vom Magistrat wenig genug getan worden, um historisch und künstlerisch Wertvolles vor der Spitzhacke zu retten. Man glaubte offenbar sein Gewissen damit beruhigen zu können, daß man kleine Erinnerungsstücke aus Abrissen für ein später zu errichtendes Museum in Verwahrung nahm. Wieviel hätte an den Ufern des alten Schleusengrabens, in der Friedrichsgracht, der Spree- und Petristraße, am Molkenmarkt, im Krögel und anderswo unter Schutz genommen werden müssen. Aber der Berliner Freisinn perhorreszierte nun einmal den Eingriff in das Privateigentum.

13. 1. Das immer dringender werdende Arbeitslosenproblem hat auch Berlin ohne Rücksicht auf die Finanzlage zur Einleitung von Notstandsarbeiten gezwungen, die einen geringen Materialaufwand, aber um so größere Ausgaben an Löhnen erfordern. Die Produktivität dieser Arbeiten tritt dabei leider oft hinter den Zwang zur Beschaffung von Arbeitsmöglichkeit zurück. Wenn auch die Notstandsarbeiten aus der produktiven Erwerbslosenfürsorge bezuschußt werden, bleibt doch für die Stadt noch ein erheblicher Anteil übrig. Für die Notstandsaktion Oktober 1920/Dezember 1922 hat Berlin einen Beitrag von umgerechnet 18,7 Mill. Goldmark geleistet. Hauptträger dieser Arbeiten war die Tiefbauverwaltung mit dem Bau der Nordsüdbahn und des Westhafens.

15. 1. Versuchsweise soll bei der Straßenbahn der Ein-Mann-Wagen nach amerikanischem Muster — pay as you enter car — in den Außenbezirken eingeführt werden. Für lebhaften Verkehr leider unmöglich.

18. 1. Dollarkurs 18200. Katastrophenhausse auf dem Effektenmarkt. Reichsbankdiskont 12%.

20. 1. Bei den Steuern ist eine völlige Verschiebung in der Bewertung eingetreten. Heute wird nur noch unterschieden zwischen Steuern, die mit dem Geldwert mitlaufen, und solchen, die ihm nachhinken. Daß die Beherbergungssteuer und die Lustbarkeitssteuer jede einmal soviel einbringen könnten wie die Grund- und Gebäudesteuer, hätte niemand für möglich gehalten. Ebenso liegt es mit der Umsatzsteuer und der Einkommensteuer, soweit sie durch Lohnabzug erhoben wird, seit Vorauszahlung zu leisten ist. Daß aber von dem Gesamtauf-

kommen der Einkommensteuer über 90% auf den Lohnabzug entfallen und kaum 10% auf diejenigen Einkommen, die früher den größeren Teil der Steuer aufgebracht haben, ist für die Steuermoral bezeichnend.

27.1. Das aus der Städtischen Überwachungsabteilung hervorgegangene Überwachungsamt hat die Aufgabe, Unregelmäßigkeiten und strafbare Handlungen in der Verwaltung, den Werken und Betrieben aufzuklären. Es ist keine Aufsichtsinstanz — Einrichtungen dieser Art neigen dazu —, sondern Hilfsorgan der das Amt in Anspruch nehmenden Stelle. Das Ganze eine Art Hauskriminalpolizei.

30.1. Die Nordsüdbahn hat ihren Betrieb auf der Strecke Hallesches Tor—Stettiner Bahnhof eröffnet.

1.2. Dollarkurs 48 000.

7.2. Die Geldknappheit wird immer drückender. Zinssatz für tägliches Geld ¼%, was einem Jahreszinssatz von 90% entspricht. Auf den Kirchhöfen mehren sich die Bronze- und Metalldiebstähle. Der Straßenbahn stiehlt man die zentnerschweren Weichendeckel.

11.2. Zur Erhöhung der Einnahmen wird weiter besteuert, diesmal das Halten von Wasserfahrzeugen mit motorischem Antrieb. Man schätzt den Jahresertrag auf 16,5 Mill. M., und das bei einem Dollarkurs von 50 000. Obwohl die Vorlagen an die Stadtverordneten im wesentlichen nur noch Erhöhungen der Löhne, Tarife und Steuern sowie Nachforderungen für Ausgabenansätze bringen, erfolgen die Zahlungen an die städtischen Kassen immer erst in einem Zeitpunkt, wo diese Zahlung längst weiter entwertet ist. Was soll da noch eine Gebührenordnung für Wohnungsvermittlung durch die Wohnungsämter helfen, die der Magistrat jetzt den Stadtverordneten vorlegt.

Ein charakteristisches Beispiel: Die Schlüsselzahl des Börsenvereins für Buchhändler, die am 15. Januar 700 betrug, ist auf 2000 gestiegen, d. h. ein Werk mit einem Verkaufspreis von 10,— M im Jahre 1914 kostet jetzt 20 000 M. Der Kämmerer fordert deshalb, die Gebühr für die Jahreskarte in den Groß-Berliner Stadtbüchereien von 20 auf 400 M zu erhöhen, und zwar vom 1. April ab. Wenn der Dollarkurs weiter steigt wie bisher, kann man sich die Wirkung dieser Gebührenerhöhung vorstellen.

16.2. Den kulturellen Einrichtungen der Stadt fehlt es heute bei den kümmerlichen Haushaltsmitteln an dem Nötigsten. Das Märkische Museum kann aber seine Arbeit weiterführen dank der großzügigen Hilfe der Witwe von *Julius Rodenberg,* die im glücklichen Besitz einer Rente in englischen Pfunden ist.

18.2. Die günstigen Erfahrungen mit den sehr viel billiger arbeitenden Leichtkrankenhäusern werden hoffentlich zu einem weiteren Ausbau dieses Krankenhaustyps führen, der für die großen Anstalten wesentlich entlasten würde.

21.2. Im Anschluß an die Beratungen der städtischen Körperschaften betr. die Satzungen der Werkdeputation war eine endgültige Organisation der Werke zunächst zurückgestellt worden, bis die vom Ausschuß gewählten Sachverständigen ihr Gutachten erstattet hatten. Es kam zu dem Ergebnis, daß die Werke der kommunalen Atmosphäre soweit wie möglich entrückt sein und die denkbar größte Handlungs- und Bewegungsfreiheit besitzen müßten. Wenn auch das Gutachten das Bild der Werke erheblich dunkler malt, als es in Wirklichkeit ist, kam man doch zu dem Ergebnis, daß eine freie, kaufmännischen Grundsätzen entsprechende Wirtschaftsführung der Werke nur in Form einer Gesellschaft möglich ist.

Dem Vorschlage des Magistrats, eine einzige Gesellschaft zu bilden, schloß sich die gemischte Deputation nicht an, so daß man sich schließlich auf eine Muttergesellschaft mit mehreren Tochtergesellschaften einigte. Die Muttergesellschaft, mit der ein Überlassungsvertrag abgeschlossen wird, errichtet für die drei Werkgruppen Gas, Wasser und Elektrizität je eine Aktiengesellschaft, deren Aktien in Händen der Stadt bleiben.

28.2. Die von den städtischen Körperschaften beschlossenen Deputationssatzungen und Grundsätze sollen jetzt, nachdem gewisse Erfahrungen mit der zunächst versuchsweise geschaffenen Organisation vorliegen, einer grundlegenden Revision unter Hinzuziehung von Vertretern der Bezirksämter unterzogen werden. Hoffentlich entschließt man sich jetzt, die Zentralverwaltung von allem zu befreien, was ohne Not den Bezirksämtern übertragen werden kann.

4.3. Dem Landtagsausschuß, der sich mit den Anträgen auf Änderung des Berliner Verfassungsgesetzes beschäftigt, ist eine gemeinsame Denkschrift der Landräte der Kreise Teltow, Niederbarnim und Ost-Havelland zugegangen. Die beiden sozialdemokratischen Landräte Arm in Arm mit der reaktionären Verwaltung von Teltow. Ihr Horizont ist nun einmal kreislich begrenzt.

5.3. Die AEG Schnellbahn-Gesellschaft hat ihre Liquidation beschlossen. Damit gehen die schon geschaffenen Bauten ohne Entschädigung in das Eigentum der Stadt über.

10.3. Das Schiller-Theater in Charlottenburg ist in Zahlungsschwierigkeiten geraten. Da das Haus Eigentum der Stadt ist, wird der Magistrat eingreifen müssen. Das künstlerische Niveau dieser Bühne ist ständig gesunken.

15.3. Die im August vorigen Jahres zur Vereinfachung der Verwaltung eingesetzte Kommission begann ihre Tätigkeit mit der Auflösung aller von den Expeditionen getrennt geführten Registraturen und Tagebücher unter Heranziehung des Expedienten zu erhöhter selbständiger und verantwortlicher Mitarbeit. Die Vereinigung von Expedition und Registratur in einer Hand ist auch auf die Generalregistraturen ausgedehnt worden. Die unter starkem Widerstand der Beamtenschaft durchgeführte Änderung hat weder das mir vorausgesagte Chaos der Verwaltung noch eine Personalvermehrung zur Folge gehabt. Ein besonderer Vorzug des neuen Verfahrens besteht darin, daß die Aktenführung nicht mehr durch den sachunkundigen Registrator erfolgt, und die Anlegung der Akten jetzt in sehr viel verfeinerter Form durchgeführt werden kann. Einige hundert Beamte wurden so für eine nutzbringende Tätigkeit frei.

Die Vereinfachungskommission hat dann systematisch die Dienststellen der Zentralverwaltung durchgekämmt, zahlreiche Restverwaltungen aus der Kriegszeit völlig aufgelöst, Dienststellen zusammengelegt und die Zahl der Arbeitspensen für jede Verwaltung festgesetzt. Die Beseitigung von etwa 1000 Arbeitsplätzen in der Zentralverwaltung bedeutet allein eine Gehaltsersparnis von 3 Milliarden M., nicht gerechnet die Ersparnis an Miete und Büromaterial. In den Bezirksämtern ist mit der Nachprüfung begonnen worden. Keine erfreuliche Arbeit, denn jeder beseitigte Arbeitsplatz vermehrt die Zahl der Erwerbslosen. Aber auf der anderen Seite kann es der Allgemeinheit nicht zugemutet werden, weiterhin die Kosten eines enorm aufgeblähten Verwaltungsapparates zu tragen.

19. 3. Der Personalkommission wurden vom Oberbranddirektor Uniformproben für die Feuerwehr vorgelegt. Auf meine Frage, warum die Kragen der Brandingenieure Gardelitzen aufweisen, antwortete man mir sichtlich verschnupft, die wären schon bei der alten staatlichen Feuerwehr vorhanden gewesen. Ich hätte mich nicht gewundert, wenn man für den Galarock auch noch Fangschnüre gefordert hätte.

28. 3. Die Einrichtung einer Berufsberatung mußte dem Alt-Berliner Magistrat erst durch Erlaß des Ministers für Handel und Gewerbe aufgetragen werden, während Charlottenburg, Schöneberg und Spandau längst Berufsberatungsstellen besaßen. Da die Abhaltung von Sprechstunden für Berufsberatung und Lehrstellen in den Bezirken ohne eigene Beratungsstellen sich als unzureichend erwiesen hat, plant die Deputation für Arbeit und Gewerbe eine Umorganisation, nach der die Berufsberatung durch das Berliner Landesberufsamt und sechs Bezirksberufsämter betrieben werden soll. An die Vorbildung der Berufsberater werden besondes hohe Anforderungen gestellt. Im übrigen arbeiten die Berufsämter in engstem Einvernehmen mit Schule, Gewerbe- und Schularzt und den städtischen Wohlfahrtsverwaltungen. Die im vorigen Jahre eingerichtete psychotechnische Eignungsprüfstelle ist zu einem unentbehrlichen Hilfsmittel praktischer Berufsberatung geworden.

7. 4. Die Reichspost hat sich bemüßigt gefühlt, gegen den Oberbürgermeister Strafantrag wegen Verstoßes gegen das Postregal zu stellen, da der Magistrat seine Briefsendungen an die Bezirksämter und Berliner Behörden mit eigenen Aktenwagen befördert. Eine nicht ganz einfache Rechtsfrage.

12. 4. Die Deutschnationalen ersuchen den Magistrat, unverzüglich eine Steuerordnung über die Besteuerung fremdsprachlicher Ankündigungen auf Reklamefirmenschildern und dergleichen vorzulegen. Andere Sorgen haben wir nicht.

17. 4. Eine Gruppe von Sachverständigen ist an mich mit dem Vorschlag herangetreten, vor Annahme von Beamtenanwärtern eine graphologische Beurteilung des Bewerbers herbeizuführen. Ich habe es abgelehnt, die Einstellung junger Menschen im wesentlichen von einer solchen Begutachtung abhängig zu machen.

22. 4. Der Umfang der Berliner Wohnungsnot ergibt sich aus einer Statistik der unbeliebtesten Berliner Behörden, der Wohnungsämter: auf der Vordringlichkeitsliste stehen nur 99 000 Familien. Hoffnungslos, was auf der Dringlichkeitsliste wartet.

24. 4. Ein Antrag der Sozialdemokraten, der Wirtschaftspartei und des Zentrums ersucht den Magistrat, beim Landtag dahin vorstellig zu werden, daß die Beratung über die Abänderung des Berliner Verfassungsgesetzes bis auf weiteres vertagt wird, um Erfahrungen mit der Reorganisation der Groß-Berliner Verwaltung zu gewinnen, die von den städtischen Körperschaften selbst auf Grund der Arbeit der hierfür gebildeten gemischten Deputation vorgenommen werden soll. Die Antragsteller betonen noch besonders, daß der Gebietsumfang und die Finanz- und Steuerhoheit der Einheitsgemeinde unter allen Umständen aufrechterhalten bleiben müssen.

26. 4. *Arno Holz* feiert seinen 60. Geburtstag. Der Revolutionär der lyrischen Dichtung, der Verfasser von „Phantasus", der „Blechschmiede" und von „Traumulus", hat erklärlicherweise nicht den äußeren Erfolg gehabt wie viele andere, die in ausgefahrenen Bahnen laufen. *Böss* ist bemüht, dem Dichter zu helfen, der vor 40 Jahren den Frühling der neuen Weltstadt und die Berliner Arbeit besungen hat.

28. 4. Der Kämmerer legt den neuen Haushalt vor, von dem jeder weiß, daß es bei der unaufhaltsam fortschreitenden Geldentwertung nur noch die Karikatur eines Haushaltes ist, dessen Endzahl von 13 Milliarden im Vorjahre jetzt auf etwa 500 Milliarden angewachsen ist. Wir haben nur noch das Gefühl zu schwimmen. Um den Bezirken einen größeren Spielraum für die Durchführung ihres Haushaltes zu geben, sind ihre Vorbehaltsmittel verdreifacht und dazu die sächlichen Ausgabeposten desselben Titels in sämtlichen Haushaltsabteilungen für übertragbar erklärt worden.

30. 4. Seit dem 5. Mai 1922 dürfen in Deutschland wieder Flugzeuge für den normalen Personen- und Postverkehr mit einer Höchstgeschwindigkeit von 170 km/Stunde und einer Nutzlast von 600 kg gebaut werden. Inzwischen haben mehrere deutsche Großstädte, besonders Leipzig, Flugplätze errichtet. In Berlin schweben zwar schon seit einem Jahr Verhandlungen mit verschiedenen Reichsbehörden wegen Über-

lassung des Tempelhofer Feldes. Um aber im Wettbewerb mit den anderen Städten keine Zeit zu verlieren, hat die Stadt mit den beiden Luftverkehrsgesellschaften Deutscher Aero-Lloyd und Junkerswerke einen Vertrag über die Anlage und den Betrieb eines vorläufigen Flughafens auf dem Tempelhofer Feld geschlossen. Die Ausführung und den Betrieb übernehmen die Junkerswerke. Wenn die Stadt selbst einen Flughafen anlegt, übernimmt sie die vorhandenen Anlagen zum Buchwert. Die Benutzung des Flughafens steht allen am regelmäßigen internationalen Luftverkehr beteiligten Gesellschaften offen.

2. 5. Die Zahl der durch die Inflation verarmten Kleinrentner schätzt man auf etwa 30 000. Davon haben nur 8000 öffentliche Hilfe in Anspruch genommen. Der Rest lebt also von der Verschleuderung seiner letzten Sachwerte. Ein 20-Markstück kauft die Reichsbank für 125 000 M.

5. 5. Die wirtschaftlichen Schwierigkeiten der deutschen Gemeinden werden dank der Lässigkeit von Regierung und Reichstag immer größer. Seit drei Jahren wartet man auf das Finanzausgleichsgesetz, wissen die Gemeinden noch immer nicht, mit welchen Steueranteilen sie rechnen können. So wird mit Vorschüssen auf diese Anteile und mit kurzfristigen Krediten des Staats gearbeitet. So steigt die schwebende Schuld, nur mit dem Unterschied, daß Gläubiger nicht mehr private Geldgeber sind, sondern Reich und Staat, die wieder ihrerseits nicht das erhalten, was die Gemeinden an sie abzuführen haben. Es wird weitergewurstelt, ein unwürdiger Zustand.

9. 5. Im Landtag ist der Kultusminister Dr. *Boelitz* für die Einheitsschule eingetreten, um „die latenten Kräfte in allen Volksschichten zu entwickeln". So soll jedem Menschen der Aufstieg zu der ihm erreichbaren höchsten Bildung ermöglicht werden.

11. 5. Die Durchführung des Spielplatzprogramms ist durch die Finanzlage der Stadt ins Stocken geraten. Die Sportvereine haben sich deshalb zur Selbsthilfe entschlossen. Die Erweiterung des Spielplatzes im Friedrichshain werden die dort spielenden Vereine selbst vornehmen mit Zuschüssen der Stiftung „Park, Spiel und Sport".

14. 5. Nach einer Vorstandssitzung des Preußischen Städtetages noch ein nächtlicher Spaziergang mit Oberbürgermeister *Bracht,* Essen. Er hatte, wie er sagte, das dringende Bedürfnis, sich auszulüften, und befaßte sich dann mit der Rolle, die einige rheinische Oberbürgermeister nach dem Umsturz gespielt haben. Da er damals als Reichskommissar in der Rheinprovinz fungierte, hatte er wohl reichlich Gelegenheit, Interna kennen zu lernen, die der Öffentlichkeit kaum jemals bekannt werden dürften, jedenfalls nicht durch den Zentrumsmann Bracht. Dem Kölner Oberbürgermeister scheint er mit derselben Antipathie gegenüberzustehen wie seine meisten rheinischen Kollegen, die von der besoldungsmäßigen Eingruppierung ihres undurchsichtigen Kölner Rivalen beim Nachtisch nicht ohne einen gewissen Neid behaup-

teten, seine Besoldungsstufe liege zwischen dem Reichskanzler und dem lieben Gott, aber mehr nach dem lieben Gott hin.

17. 5. Auch hochverzinsliche Markanleihen sind bei dem ständigen Steigen des Dollarkurses für das Publikum nicht mehr attraktiv. Sein Interesse hat sich jetzt den Sachwertanleihen zugewandt. Da nach den Erfahrungen der letzten Zeit Roggenwertanleihen einen guten Markt fanden und mehrfach überzeichnet wurden, bringt Berlin nun auch eine Anleihe bis zu 200 000 Ztr. Roggen durch Ausgabe von Schuldverschreibungen auf den Inhaber heraus, zumal die Stadt in den auf Roggenbasis zu zahlenden Pachteinnahmen der verpachteten Güter eine geeignete Grundlage für diese Anleiheform besitzt. Die Anleihe ist mehr als hundertfach überzeichnet worden.

19. 5. Zur Verbilligung der ungeheuer gestiegenen Beerdigungskosten soll jetzt ein Massentransport bis zu vier Särgen erfolgen. Die Toten werden sich nicht daran stoßen, für ihre Angehörigen weniger erfreulich.

24. 5. Nach langen Verhandlungen zwischen dem Städtebauamt und dem Reichswehrministerium ist es gelungen, ein 160 ha großes Gelände auf dem Ostteil des Tempelhofer Feldes zu erwerben gegen Übereignung von 94 ha städtischer Güter und eine Barzahlung von 725 Mill. M. Die Verhandlungen mit dem Reichsfinanzministerium wegen wegen weiteren Geländes konnten bei der noch schwebenden Auseinandersetzung mit Preußen noch nicht abgeschlossen werden. Es ist beabsichtigt, den größten Teil des Tempelhofer Feldes als Freifläche für die Bevölkerung zu erhalten und einen Teil als Flughafen für den Personenverkehr zu verwenden.

1. 6. Katastrophenhausse an der Börse, Dollarkurs 75 000. Die Großbanken stocken auf, um ihr anwachsendes Personal unterbringen zu können.

2. 6. Die Mitglieder des Magistrats und der Bezirksämter, Beamte und Ehrenbeamte der Stadt haben Vergütungen und Tantiemen für ihre Tätigkeit als Aufsichtsratsmitglieder von Gesellschaften, an denen die Stadt beteiligt ist und in deren Aufsichtsrat sie mit Rücksicht auf ihr Amt oder Ehrenamt gewählt worden sind, an die Stadtkasse abzuführen.

4. 6. Im Sitzungssaal der Stadtverordneten war der 50 cm hohe Normalsarg, der sogenannte Nasenquetscher, ausgestellt, für den die einfache Gebühr zu zahlen ist. Wer höher hinaus will, hat das Zwei- und Dreifache zu entrichten.

11. 6. Immer wieder Bestechungsfälle bei den Wohnungsämtern und sicher nur ein kleiner Bruchteil derer, die zu unserer Kenntnis kommen.

16. 6. Dollarkurs 107 000.

21. 6. Das Schiller-Theater ist von der Pächterin, der Schiller-Theater AG., auf fünf Jahre an die Generalverwaltung der Staats-Theater verpachtet worden.

27. 6. Die Baupläne für das schon lange geplante Turmhaus Friedrichstraße sind endlich genehmigt, an eine Ausführung des Projektes ist aber vorläufig nicht zu denken.

3. 7. Der Landtagsausschuß zur Abänderung des Berliner Gesetzes hat Ortsbesichtigung in den Bezirken Zehlendorf und Köpenick beschlossen, um zu den Anträgen auf Ausgemeindung Stellung zu nehmen.

9. 7. Im Bezirk Neukölln ist die Walter-Rathenau-Schule eröffnet worden. Der wesentlich erweiterte Volkspark Jungfernheide wurde freigegeben.

23. 7. Zunehmende Lebensmittelknappheit, die den Magistrat veranlaßt, bei der Reichsregierung vorstellig zu werden.

30. 7. Dollarkurs 1,1 Mill. M.

8. 8. Der Kurs der Mark ist ins Bodenlose gestürzt. Die Devisenkurse schwellen zu phantastischen Ziffern an. Dollarkurs 4,7 Mill. M.

10. 8. Zwischen der Stadt und der AEG-Schnellbahn AG. ist es zu einer Einigung gekommen. Untergrundbahnen sind selbst dort, wo sie wie in London und Paris in einem viel günstigeren Baugrund bergmännisch angelegt werden konnten, nie ein sehr rentables Unternehmen gewesen, und selbst die Londoner Gesellschaft hat ihr Kapital zweimal zusammenlegen müssen, um eine bescheidene Dividende zu ermöglichen. Die Berliner Untergrundbahnen, die richtiger nur Unterpflasterbahnen sind, haben bei den teuren Absteifungen in lockerem Sandboden und den noch kostspieligeren Anlagen beim Unterfahren bebauter Grundstücke und von Wasserläufen so enorme Herstellungskosten erfordert, daß wohl mit 50 % der Kosten als verlorenem Zuschuß zu rechnen ist, zumal bei jedem Bau zahlreiche Grundstücke in wertvollster Lage angekauft werden müssen. Mit solchen Kosten eine Betriebsgesellschaft zu belasten ist unmöglich. Finanztechnisch gesehen wird man deshalb die Tunnels als unterirdische Straßen behandeln müssen mit allen sich hieraus ergebenen Schlußfolgerungen.

14. 8. Der von den Kommunisten geforderte Generalstreik ist gescheitert.

17. 8. Die Delegationen von Magistrat und Stadtverordneten zu den Hauptversammlungen der Städtetage bilden eine recht umfangreiche Karawane, deren Zusammensetzung in den Fraktionen, wie man hört, zu recht amüsanten Wettkämpfen führt. Das Ganze wird von den meisten Beteiligten als fröhliche Unterbrechung des parlamentarischen

Einerleis betrachtet, zumal das gesellige Programm dieser Tagungen immer reichhaltiger wird.

25. 8. Heute wurde der letzte Pferdeomnibus außer Dienst gestellt.

27. 8. Leo Blech hat das Kapellmeisterpult der Staatsoper, das *Erich Kleiber* übernimmt, mit dem des Deutschen Opernhauses in Charlottenburg vertauscht, dem ein neuer Operndirektor dringend nötig tut.

29. 8. Das Finanzausgleichsgesetz vom 23. Juli ermächtigt die Gemeinden zur Besteuerung des örtlichen Verbrauchs von Wein, weinähnlichen und weinhaltigen Getränken, von Schaumweinen, Bier, Trinkbranntwein, Mineralwässern und künstlich bereiteten Getränken. Der Magistrat legt deshalb die erste Getränkesteuerordnung vor, die Mineralwässer und künstlich bereitete Getränke von der Besteuerung ausnimmt und die Steuer nach dem Kleinhandelspreis bemißt.

1. 9. Dollarkurs 10,6 Mill. M.

3. 9. Der Westhafen ist heute eröffnet worden.

6. 9. Die Interventionsversuche am Devisenmarkt sind ergebnislos verlaufen. Die Berliner Presse vermerkt mit Empörung, daß das Rheinland besonders stark am Aufkauf der deutschen Substanz beteiligt ist.

10. 9. Die Wirtschaftsführung der Berliner Straßenbahn wird dadurch erschwert, daß sie im Gegensatz zu anderen Städten gezwungen ist, infolge der scharfen Konkurrenz mit den anderen Verkehrsunternehmungen ständig mit entwerteten Tarifen zu fahren. In den letzten Wochen hat sich die wirtschaftliche Krise bei der Straßenbahn gesteigert. Sie fuhr zuletzt mit einem täglichen Fehlbetrag von 90 Milliarden Mark, so daß der Magistrat sofort handeln mußte. Er legte vorgestern im Einvernehmen mit der Verkehrsdeputation den Betrieb still, nahm die erforderlichen Kündigungen von Angestellten und Arbeitern vor und gründete eine Berliner Straßenbahn-Betriebs-GmbH., die heute den Betrieb wieder begonnen hat.

Der Wunsch, sämtliche Berliner Verkehrsunternehmungen in einer Hand zu vereinigen und so eine Angleichung der Tarife und Fahrpläne zu erzielen, wird wohl immer am Widerstand der Reichsbahn scheitern. Der Vereinigungsplan wird deshalb ohne sie weiterbetrieben werden müssen.

14. 9. Dollarkurs 106 Mill. M. Die Großbanken nehmen Schecks unter 50 Mill. M. nicht mehr an.

21. 9. Die Not der Bevölkerung infolge der Markentwertung führt zur Plünderung der Kartoffeläcker und zur Selbstversorgung mit Brennholz in den städtischen Forsten, während die Reichsregierung endlich das Problem der Marktstabilisierung berät.

3. 10. Die Schulgesundheitspflege war bis zur Eingemeindung in Spandau, Schöneberg, Lichtenberg, Steglitz, Pankow und Reinickendorf durch hauptamtliche Schulärzte ausgeübt worden. In dem sozialpolitisch rückständigen Alt-Berlin und in den wohlhabenden Gemeinden Charlottenburg und Wilmersdorf begnügte man sich mit nebenamtlich angestellten Ärzten. Immerhin kannte Charlottenburg jährliche Reihenuntersuchungen, während Alt-Berlin bei dem primitivsten System der Untersuchung der Schulanfänger und Schulentlassenen verblieben war. Die Finanzlage der Stadt hat es leider bisher verhindert, den Verhältnissen der Großstadt entsprechend überall das System hauptamtlicher Schulärzte zur Durchführung zu bringen. Die schrittweise Umwandlung ist in Aussicht genommen.

4. 10. Dollarkurs 440 Mill. M.

11. 10. Das Geld für die nun schon wöchentlich erfolgenden Gehaltszahlungen wird in Waschkörben auf einem LKW von der Reichsbank geholt. Der Trubel dort spottet jeder Beschreibung.

14. 10. Die Brotkarte ist verschwunden. Dollarkurs 3,8 Milliarden. Vor dem Rathaus Erwerbslosentumulte, in der Stadt Lebensmittelunruhen. Die Prominenz der Berliner Bühnen weilt nur noch vorübergehend hier, sonst auf Devisenjagd im Auslande.

17. 10. Auf Grund des Ermächtigungsgesetzes ist die Verordnung über die Errichtung der deutschen Rentenbank ergangen. Die Papiermark bleibt noch gesetzliches Zahlungsmittel, neben ihr aber soll voraussichtlich Anfang November die Rentenmark eingeführt werden.

23. 10. Dollarkurs 56 Milliarden M.

29. 10. Berlin hat heute wertbeständige Stadtkassenscheine (Stadtgoldscheine) in Verkehr gesetzt, besonders zur Zahlung von Gehältern und Löhnen. Im Durcheinander der Übergangszeit sind neue Zahlungsmittel noch Goldanleihestücke und Dollarschatzanweisungen.

1. 11. Dollarkurs 142 Milliarden M.

5. 11. Bei den Arbeitsämtern sind 210 000 Erwerbslose eingetragen. In den Straßen Hungerkrawalle. Bäckereien und Lebensmittelgeschäfte werden gestürmt. Die Brotkarte muß vorübergehend wieder in Kraft gesetzt werden.

8. 11. Dollarkurs 630 Milliarden M.

9. 11. Der Ausschuß des Landtages, der sich mit den Anträgen der Rechtsparteien auf Abänderung des Berliner Gesetzes befaßt, hat heute eine Rundfahrt durch die eingemeindeten ehemaligen Gemeinden des Kreises Teltow, besonders die Ortsteile von Zehlendorf, veranstaltet, an der Herr *von Achenbach,* der rührige Landrat des Kreises, *Böss* und ich teilnahmen. Vorn im Autobus *von Achenbach:* „Meine

Herren, beachten Sie bitte, daß Sie jetzt auf den gepflegten Landstraßen des Kreises fahren und nicht mehr auf dem holprigen Pflaster der vernachlässigten Ausfallstraßen Alt-Berlins." *Böss* im Hintergrunde des Wagens erwiderte mit ebenso kräftiger Stimme schlagfertig dem Kreishäuptling, und der homerische Dialog der beiden scheint die Abgeordneten mehr zu amüsieren als sie an den sachlichen Differenzen interessiert sind. In Nikolassee eine Sensation: In Erwartung des parlamentarischen Autobusses haben sich Plakatträger an der Chaussee aufgebaut. „Los von Berlin!" und ähnliches schreit aus den Inschriften. Die Ministerialen sind schockiert und Herrn *von Achenbach* bleibt nichts weiter übrig, als nach einer befriedigten Geste zu dieser Kundgebung seiner früheren Untertanen die Plakate durch einen Gendarmen beschlagnahmen zu lassen. Der Ernst der Fahrt wurde durch diese heitere Episode weiter gemildert. Wenig Stimmung für Teltow-Irredenta.

12.11. Von den Deutschnationalen wird der Magistrat ersucht, bei der Reichsregierung dahin vorstellig zu werden, daß die in Berlin seit dem 1. August 1914 zugezogenen Ausländer ausgewiesen und nötigenfalls sofort in Sammellagern untergebracht werden. Ein wertvoller Beitrag zur Unterstützung der Außenpolitik der jungen Republik. Zu den Unterzeichnern des Antrags gehört ein evangelischer Geistlicher. Liebet Eure Feinde, predigte einst der große Galiläer. *Christian Morgenstern* hat recht: „Der Mensch hat die Liebe als Lösung der Menschheitsfrage einstweilen zurückgestellt und versucht es augenblicklich zunächst mit der Sachlichkeit."

15.11. Die Rentenmark ist in Verkehr gebracht worden.

17.11. Dollarkurs 2,5 Billionen M.

19.11. Beim Überwachungsamt sind in diesem Jahre bereits über 3000 Anzeigen der einzelnen Verwaltungen eingegangen. Gestohlen wurde besonders Altmaterial wie Bleirohre, Regentraufen, Gullydeckel, Leitungsdraht usw. Auch eine Flucht in die Sachwerte.

20.11. Dollarkurs 4,2 Billionen M.

6.12. Der Zoo, der vom Oktober vorigen Jahres bis April schließen mußte, vegetierte nur noch durch Zuschüsse Preußens und der Stadt. Der Gedanke, ihn in die Hand Berlins zu bringen, konnte leider nicht verwirklicht werden, da es dem rührigen Aufsichtsratsvorsitzenden, Geheimrat Dr. *Kempner,* gelungen ist, vom preußischen Staat die Genehmigung zur Randbebauung von der Gedächtniskirche bis zum Elefantentor zu erhalten. Damit ist die Finanzierung des Unternehmens für die Zukunft gesichert.

10.12. Auch in diesem Winter leitet *Furtwängler* die Konzerte des Philharmonischen Orchesters. Die Musikkritik nennt ihn den genialsten Dirigenten und größten Musikanten unter der jüngeren Dirigentengeneration.

16. 12. Vor der Reichsbank bilden sich Schlangen zum Austausch von Papiermark. In den Berliner Geschäften ist plötzlich wieder alles zu haben. Seit der Papierschein Dauerwert hat, ist aus dem gedemütigten Konsumenten wieder eine umworbene Persönlichkeit geworden.

29. 12. Das nichtwertbeständige städtische Notgeld ist zur Einlösung aufgerufen worden — soweit sich der Gang noch lohnt.

1924

1. 1. Die Kroll-Oper ist mit den „Meistersingern" heute wieder eröffnet worden. Die Bauarbeiten am früheren Kgl. Opentheater Kroll waren schon bei Kriegsausbruch eingestellt worden. Die Freie Volksbühne, die sich schon lange mit dem Plane trug, ihrem Schauspielhause am Bülowplatz eine eigene Opernbühne zur Seite zu stellen, hatte die Kroll-Oper erworben, kam aber durch die Inflation in Schwierigkeiten. Das Kultusministerium sprang helfend ein, stellte die Mittel zur Beendigung des Umbaues zur Verfügung und verpflichtete sich, den Mitgliedern der Volksbühne allabendlich eine größere Anzahl von Plätzen gegen geringes Entgelt zu überlassen, um so auch Minderbemittelten den Besuch einer Opernvorstellung zu ermöglichen. Das Personal der Staatsoper spielt nunmehr in zwei Häusern, eine nicht ganz leichte Aufgabe, die für die Dauer kaum zu lösen sein wird.

5. 1. Der Berliner Rundfunk beschränkt sich auf ein rein musikalisches Programm. Die Presse meint, weiter werde er auch in Zukunft wohl nicht kommen.

11. 1. Dem Landtag liegt der Entwurf einer Abbauverordnung vor, die eine Verminderung des Personals der öffentlichen Verwaltungen um 25 Prozent fordert. In Berlin, das längst mit dem Abbau begonnen hat, entscheidet der Magistrat auch über den Abbau in den Bezirksverwaltungen.

15. 1. Zu den vielen Inflationsnöten der Berliner Schulen gehörte auch die Kreidenot. Im Köllnischen Gymnasium hatte man sich damit zu helfen gewußt, daß einige dort vorhandene Gipsbüsten der Hohenzollern zerschlagen wurden. Grund für die Deutschnationalen zu einer monarchistischen Debatte, die mit der „Vernichtung städtischen Eigentums" getarnt wurde. Die Verwertung der Köpfe Homers und Ciceros hätte die Fragesteller weniger beunruhigt.

17.1. Heute ist Bürgermeister *Ritter*, altes Mitglied der SPD und ausgezeichneter Kenner des Tarifrechts, plötzlich gestorben. In seiner ruhigen ausgeglichenen Art wußte er in schwierigen Situationen, besonders in der durch Tumulte und Streiks bewegten Zeit nach dem Kriege, geschickt zu vermitteln.

24.1. Sittliche Entrüstung der Deutschnationalen: an den beiden Moabiter Sammelschulen für vom Religionsunterricht befreite Kinder hat ein Lehrer rhythmisch-gymnastische Übungen mit nackten Mädchen und Knaben gemeinsam vorgenommen und Eltern und Lehrern vorgeführt. Die für diese „Entgleisung" verantwortlichen Personen sollen zur Rechenschaft gezogen werden. Ein Stadtverordneter derselben Fraktion ist im Landtag noch weitergegangen und hat, von den Sozialdemokraten in einer Anfrage angeprangert, sich zu der Behauptung verstiegen, in der Berliner Schulverwaltung seien unter Leitung des Stadtschulrats Nackttänze geübt worden. Auch Volkspartei und Zentrum waren offenbar nach den Ausführungen ihrer Redner überzeugt, daß der Anblick unterernährter Proletarierkinder eine erotische Wirkung ausüben müsse. Manche Leute scheinen mit sehr bescheidenen Dosierungen auszukommen.

Daß das Ganze sich auch noch in einem doch wohl an sich schon sittlich verkommenen Kreise vom Religionsunterricht befreiter Kinder abgespielt hat, gab den Antragstellern natürlich besonderen Anlaß, der sozialistischen Schulverwaltung etwas am Zeuge zu flicken.

31.1. Die Nordsüdbahn hat im ersten Jahre ihres Bestehens 42 Millionen Fahrgäste befördert, obwohl die Strecke noch nicht fertiggestellt ist.

5.2. In die gerne rückwärts schauenden Programme der Philharmonischen Konzerte drang ein etwas aufregender Luftzug ein, schreibt ein Musikkritiker. *Furtwängler* dirigierte „Sacre du printemps" von Strawinsky.

7.2. Die „Rote Fahne" berichtet in heller Aufregung, daß Prof. Dr. *Pick*, der bekannte pathologische Anatom, im Hofe des Krankenhauses einen menschlichen Darm zum Trocknen aufgehängt habe. Eine Rückfrage ergab, daß es sich um den Darm von Mary handelt, der eingegangenen Elefantin des Zoo. Der Größenunterschied hätte dem Berichterstatter eigentlich auffallen müssen.

11.2. Nach der 3. Steuernotverordnung haben die Gemeinden die Möglichkeit, Mittel für die Belebung des Wohnungsbaumarktes flüssig zu machen. Um zu vermeiden, daß diese Mittel durch den schwerfälligen Instanzenzug der Gemeindeverwaltung geleitet werden, und um die Verwendung dieser Mittel in die Hand eines wirtschaftlich arbeitenden Organs zu legen, hat der Magistrat die Gründung einer Wohnungsfürsorgegesellschaft Berlin m. b. H. beschlossen. Die Gesellschaft soll die Geschäfte übernehmen, die das Siedlungsamt bisher betrieb. Die ihm überwiesenen Grundstücke werden der neuen Gesellschaft zum Selbstkostenpreise überlassen. Dank der Initiative der SPD ist damit der Weg für eine großzügige Wohnungsbaupolítik der Stadt offen.

13. 2. Bisher war der männliche Tänzer im Opernballett meist nicht viel mehr als der Träger einer Solotänzerin, dazu überwiegend ein femininer Typ. Daß es auch anders geht, zeigte die Tanzbühne *Laban* mit einem „Dreimännertanz", bei dem *Jens Keith* auffiel.

19. 2. Auf Grund der Personalabbauverordnung treten die besoldeten Magistratsmitglieder Stadtrat *Hintze*, Stadtbaurat Dr. *Hoffmann* und Stadtmedizinalrat Dr. *Rabnow* nach Erreichung der Altersgrenze in den Ruhestand. Der Magistrat beschloß, Dr. *Hoffmann* das Ehrenbürgerrecht und Dr. *Rabnow* das Prädikat Stadtältester zu verleihen.

25. 2. An die rotgestempelten Tausendmarknoten hat sich unerklärlicherweise die Legende geknüpft, sie würden einst zu höherem Wert eingelöst werden. Also Jagd Unbelehrbarer auf diese Raritäten.

10. 3. Nach Beendigung des provisorischen Ausbaues des Flughafens auf dem Tempelhofer Feld haben Aero-Lloyd und die Junkerswerke die Genehmigung erhalten, mit ihren Flugzeugen dort zu starten und zu landen. Um den Flugplatz für den öffentlichen Verkehr freigeben zu können, hat die Aufsichtsbehörde verlangt, daß er in den nach dem Luftverkehrsgesetz vorgeschriebenen Abmessungen betriebsfertig hergestellt wird, um auch ausländischen Großflugzeugen die Benutzung zu ermöglichen. Zur Sicherung des Luftverkehrs ist weiter der Bau einer Funkstation erforderlich. Zur Finanzierung des Ausbaues und zur wirtschaftlichen Ausnutzung des Flughafens hat der Magistrat die Gründung einer Berliner Flughafen-Gesellschaft m. b. H. beschlossen, der ein Erbbaurecht an dem der Stadt gehörenden Betriebsgrundstück bestellt werden soll, um sich später weitere Mittel beschaffen zu können.

16. 3. An den Wänden der Rathausflure allerhand beherzigenswerte Sprüche, darunter „Des Ratsherrn Trunk ist schwere Pflicht, eine trockene Lampe leuchtet nicht". Man sollte in diesem Hause mehr zu dem Gold von Rhein und Pfalz, von Mosel, Saar, Ruwer und Franken greifen statt zu Bier und Cognak, dann würde manche Streitfrage in einer freundlicheren Atmosphäre behandelt werden als in der dieses Hauses, dem ein Schuß rheinischen oder süddeutschen Frohsinns dringend not tut. „Der Wein schmeidigt den Volksgeist", sagt *W. R. Riehl* in seiner auch heute nach siebzig Jahren noch recht lesenswerten „Naturgeschichte des Volkes".

20. 3. Die Stadtverordneten beschlossen, die Berliner Straßenbahnen nicht durch eine GmbH., sondern durch eine Aktiengesellschaft ohne Beteiligung privaten Kapitals betreiben zu lassen.

21. 3. Heute das erste Radiokonzert in der Stadthalle. Graf *Arco*, Direktor der Telefunkengesellschaft, hielt einen Experimentalvortrag über drahtlose Telefonie mit anschließendem Radioempfang. Die Auswirkung dieser technischen Neuheit ist noch gar nicht zu übersehen.

24. 3. Das Bezirksamt Wilmersdorf hat der Errichtung eines Kriegerdenkmals auf öffentlichem Straßenland vor seinem Verwaltungsgebäude in der Kaiserallee zugestimmt. Die sozialdemokratische Fraktion weist in einem Antrag darauf hin, daß der Denkmalsentwurf einen Appell an chauvinistische Instinkte darstellt, der mit dem in der Weimarer Verfassung proklamierten Geiste der Völkerversöhnung in krassem Widerspruch stehe. Der Magistrat soll ersucht werden, die Aufstellung des Denkmals zu verhindern. Es handelt sich aber nicht nur darum, sondern es wird auch darauf geachtet werden müssen, daß das Stadtgebiet nicht mit einer Unzahl kleiner künstlerisch wertloser Denkmäler verunziert wird, statt ein einzelnes monumentales Mal zu schaffen.

28. 3. Die städtischen Körperschaften hatten Ende vorigen Jahres die Aufhebung der Wertzuwachssteuerordnung beschlossen, da bei der Gegenüberstellung von Erwerbs- und Veräußerungspreis die innere Kaufkraft der Mark berücksichtigt werden mußte und so bei allen Grundstücksveräußerungen ein Wertzuwachs fortfiel. Nach der Rückkehr fester Währungsverhältnisse mehren sich die Verkäufe solcher Grundstücke, die von Spekulanten und Ausländern unter Ausbeutung der Notlage der Hauseigentümer für lächerliche Goldmarkbeträge erworben waren und die dem Verkäufer einen wahrhaft unverdienten Wertzuwachs in enormer Höhe in den Schoß warfen. Der Magistrat legt deshalb den Entwurf einer neuen Steuerordnung vor für die Fälle, in denen der Veräußerer das Grundstück nach dem 31. Dezember 1919 erworben hat.

1. 4. Den Vorsitz in der Kunstdeputation hat *Böss* übernommen, ich selbst führe die Dezernatsgeschäfte. Eine aktive Tätigkeit war der Deputation bisher bei den bescheidenen ihr zur Verfügung stehenden Mitteln nicht möglich. *Ludwig Hoffmann*, der jetzt nur Mitglied der Deputation ist, hatte als Architekt für bildende Kunst nur soweit Interesse, als sie seinen Bauten zugute kam. *Böss*, selbst ohne eigenes Urteil, aber musisch stark interessiert, ist völlig abhängig von dem früheren Stadtbaurat und bedarf noch sehr einer Fortbildung durch die in der Deputation sitzenden Künstler. Aber er hat glücklicherweise den Ehrgeiz, die Berliner Kunst in jeder Weise zu fördern im Gegensatz zu seinem Vorgänger.

5. 4. Das Statistische Amt der Stadt, das älteste in Deutschland, hatte sich in den Inflationsjahren mit sehr kümmerlichen Veröffentlichungen begnügen müssen. Neben den jetzt erscheinenden „Berliner Wirtschaftsberichten" wird in den „Mitteilungen" mit besonderen Abhandlungen eine neue Publikationsfolge begonnen. In einem in Vorbereitung befindlichem „Statistischen Taschenbuch" soll später das gesamte Zahlenmaterial des neuen Berlin zusammengefaßt werden.

10. 4. Das „Wunder der Rentenmark", zugunsten der Industrie auf Kosten der kleinen Sparer und des Mittelstandes verwirklicht, hat einen völligen Umschwung der Gemeindewirtschaft zur Folge gehabt. In wenigen Monaten hat die öffentliche Wirtschaft wieder ein festes Ver-

hältnis zwischen Einnahmen und Ausgaben gewonnen, und in der Stadtkasse macht sich zum erstenmal wieder eine gewisse Flüssigkeit bemerkbar. Trotzdem ist der vom Kämmerer aufgestellte Haushalt für 1924, der in Einnahme und Ausgabe mit einem Betrage von 353 Mill. Goldmark abschließt, gegenüber dem Haushalt für 1913 immer noch ein Haushalt der Not, dem allerdings der Abbau von nicht weniger als 39 000 Beamten, Angestellten und Arbeitern gegenüber dem Stande von 1921 eine starke Entlastung brachte.

Während der Haushalt 1913 ohne Werke mit 335 Mill. M. ausgestattet war, muß sich der neue nach dem Geldwert der Vorkriegsjahre mit 273 Mill. M. begnügen. Für die einmaligen Ausgaben der ordentlichen Verwaltung steht nur der bescheidene Betrag von 3 Mill. M. zur Verfügung (vor dem Kriege das 10fache), für die der außerordentlichen Verwaltung derselbe Betrag (vor dem Kriege das 25fache). Und selbst dieser Betrag wird bei der noch trostlosen Lage des Anleihemarktes auf die ordentliche Verwaltung übernommen werden müssen.

Der Raubbau in der Inflationszeit hat die städtischen Werke, die 1913 einen Überschuß von 18 Mill. M. bei gewaltigen stillen Reserven brachten, derartig mitgenommen, daß der Kämmerer sich hier, um ihnen eine Atempause zu geben, mit einer Ablieferung von 7 Mill. M. begnügt. Umgekehrt ist leider die Lage bei den Steuern. Während sie 1913 nur 160 Mill. M. zur Balanzierung des Haushalts aufzubringen brauchten, sind jetzt 187 Mill. M. erforderlich. Immerhin — der Kämmerer kann endlich aufatmen, aber die Verwaltung wird noch einen schweren Stand haben.

16. 4. Das Auf und Nieder des Wirtschaftslebens tritt in der Erwerbslosenfürsorge am deutlichsten in Erscheinung. Die Statistik der Erwerbslosen in der Zeit vom 1. Oktober 1920 bis 1. April 1924 spricht hier eine beredte Sprache. Gegenüber 137 000 Erwerbslosen am 1. April 1921 brauchten am 1. April 1922 nur noch 42 000 Erwerbslose unterstützt werden, die im September sogar auf 2500 zusammenschrumpften. Dann stieg die Zahl der Erwerbslosen am 1. April 1923 auf 30 600, um am 31. Dezember 1923 mit 236 000 ihren Höchststand zu erreichen und am 31. März 1924 auf 70 000 abzusinken. Tatsächlich ist allerdings die Zahl der Erwerbslosen jeweils wesentlich höher, da ein recht erheblicher Teil durch Ablauf der Unterstützungshöchstdauer aus der Erwerbslosenfürsorge ausscheidet und dann Kostgänger der öffentlichen Wohlfahrtspflege wird.

Daß es dem Landesarbeitsamt gelungen ist, in den Jahren 1922 und 1923 nicht weniger als 47 000 Erwerbslose in der Landwirtschaft unterzubringen, kann als besonderes Verdienst gebucht werden.

23. 4. Stadtschulrat *Paulsen* schlägt vor, eine Gemeindeschule im Bezirk Wedding in eine Lebensgemeinschaftsschule umzuwandeln. Sie soll, wie es in der Begründung heißt, den pädagogischen Versuch unternehmen, für ihre Arbeit den Gedanken der Entwicklung und Schulung aller geistigen und körperlichen Kräfte der Schüler, das Bildungsbedürfnis des Kindes selbst entscheidend sein zu lassen. Der gesamte

Unterricht soll eingestellt werden auf die schöpferische Arbeit der Hand und des Geistes. Kenntnisse und Fähigkeiten sollen natürliche Ergebnisse schaffender Arbeit sein, um den wahren Bildungsinteressen der Jugend Raum zu schaffen. Ein zweiter Leitgedanke der neuen Schulform soll der sein, daß im Dienste an der Gemeinschaft ein tätiges, sozial sich verantwortlich fühlendes Glied der Gesellschaft heranwachse, das in der Kräftewechselwirkung zwischen dem Einzelnen und der Gesamtheit Prägung und Charakter erhält. Eine etwas verschwommene Konstruktion entschiedenster Schulreformer. Für den Laien schwer zu beurteilen, aber das liegt wohl an uns selbst.

28. 4. Reichswahlvorschläge sind nur von 23 Parteien gemacht worden. Unter den Kreiswahlvorschlägen tauchen im ganzen 75 Parteifirmen auf. Pilzkultur unseres deutschen Parteiwesens.

2. 5. Die Leitung der riesigen Berliner Verwaltung ist bei *Böss* in den besten Händen, wobei ihm seine langjährige Tätigkeit als Berliner Kämmerer zugute kommt. Die Arbeit der einzelnen Magistratsmitglieder treibt er, wenn nötig, energisch vorwärts. Trotz völlig amusischer Veranlagung ein begeisterter Mäzen der ihm jetzt unterstellten Kunstverwaltung und ein tatkräftiger Förderer von bildender Kunst, Musik und Theater. Seine umfangreichen Repräsentationspflichten scheinen ihm besondere Freude zu machen. Rasch von Entschluß, ein guter Redner und gewandter Debatter in Magistrat und Stadtverordneten-Versammlung. Persönlich von größter Anspruchslosigkeit, die manchmal die Grenze des für seine Stellung Zulässigen überschreitet. Als ich eines Tages in den ersten Jahren nach Beginn unserer gemeinsamen Tätigkeit mit ihm durch einen Korridor des Rathauses ging, hatte er wohl den dort liegenden Läufer verlassen, und die eisenbeschlagenen Absätze seiner umgefärbten Militärschnürschuhe klapperten munter über den Marmorfußboden. Meinen Einwand, daß das eigentlich kein Schuhzeug für einen Berliner Oberbürgermeister sei, wies er mit ironischem Lächeln zurück und ließ sich später von mir auch nicht hindern, in einem Lodenmantel, dessen Farbe zwischen gelb und grün lag, einer Einladung des Hamburger Senats zu folgen, wo er sicher bereits auf dem Bahnsteig das Entsetzen des ihn empfangenden, nach letzter Londoner Mode gekleideten Senatsrats erregte.

Charmanter Gesellschafter, gastfreundlich, ein guter Kamerad seiner Kollegen im Magistrat, hat er leider den gefährlichen Fehler, ein schlechter Menschenkenner zu sein und Vertrauen zu schenken, wo gegenüber besonderer geschäftlicher Smartnes einiger unbesoldeter Magistratsmitglieder ein um so größeres Mißtrauen am Platze wäre.

7. 5. Das Freibad Wannsee war bisher verpachtet. Der Gedanke, die ganze Anlage an den Verband der Freibad-Vereine abzugeben, ist fallengelassen worden, da der Verband außerstande ist, die Mittel für einen modernen Ausbau des Bades aufzubringen. Der Magistrat hat jetzt beschlossen, einen Betrag von 300 000 M. für die Herstellung der nötigen Baulichkeiten zu bewilligen.

20. 5. Die Wirkungen des Zusammenschlusses zur Einheitsgemeinde lassen sich heute schon einigermaßen übersehen, wenn auch die Entwicklung noch nicht abgeschlossen ist. Nach Beseitigung der kommunalen Zersplitterung ist endlich die Grundlage für eine einheitliche Ausnutzung aller kommunalen Einrichtungen durch die gesamte Bevölkerung geschaffen worden. Abgesehen von der Vereinfachung und Verbilligung der Verwaltung sind zahllose Reibungspunkte auf steuerlichem und wirtschaftlichem Gebiet und die Menge der schwebenden Schullasten-, Armen- und Kanalisationsprozesse mit einem Schlage erledigt worden. Eine einheitliche Gehalts- und Lohnpolitik beseitigte die Verschiedenheiten des Beamtenrechts und der Lohntarife. Als besonders einprägsam für die Bevölkerung, zumal für die Berliner Wirtschaft, hat sich die Vereinheitlichung des Finanz-, Steuer- und Gebührenwesens erwiesen. Am sichtbarsten traten die Vorteile der Eingemeindung im Bereich der städtischen Werke zutage. Eine ganze Reihe veralteter und unwirtschaftlicher Gas-, Wasser- und Elektrizitätswerke konnte stillgelegt werden. Eines der wichtigsten Berliner Probleme, die Zusammenfassung sämtlicher Verkehrsunternehmungen in den Händen der Stadt, ist zwar noch nicht gelöst, wäre aber ohne die Eingemeindung unlösbar geblieben.

22. 5. An Stelle des verstorbenen Bürgermeisters *Ritter* ist der Bezirksbürgermeister *Scholtz*, Charlottenburg, gewählt worden, ein alter Frondeur aus der Zeit vor der Eingemeindung. Sein Verhältnis zu *Böss* war von jeher unerfreulich, schon ihres grundverschiedenen Charakters wegen, und so hat *Böss* wohl nicht aus ganz sachlichen Motiven seinen Stellvertreter mit der sehr umfangreichen und wenig dankbaren Wohlfahrtsverwaltung zugedeckt, was *Scholtz* nicht mit Unrecht als Affront betrachtet.

4. 6. Der Abbauausschuß hat den überraschenden Beschluß gefaßt, zwar die Stelle des Stadtschulrates bestehen zu lassen, aber ihren Inhaber abzubauen. Auch die bürgerliche Mehrheit stolpert nicht über Zwirnsfäden der Gesetze, wenn sie ihre politischen Ziele behindern.

15. 6. Die Girozentrale soll von der Sparkasse gelöst und in eine Stadtbank mit dem Charakter einer öffentlich-rechtlichen Anstalt umgewandelt werden. Sie wird mit einem Betriebskapital von 5 Mill. M. ausgestattet.

26. 6. Ein Antrag der Kommunisten, beim Polizeipräsidenten schärfsten Protest wegen der Verhaftung des Stadtrats *Dörr* einzulegen, ist unterzeichnet „Venus und Genossen". Daß gerade diese Partei eine so lose Gesellschaft aus dem Olymp bemüht, läßt auf einen Humor schließen, den man gar nicht bei ihr vermutet hätte.

30. 6. Die Technische Hochschule feiert heute das Fest ihres 125jährigen Bestehens. Der Magistrat hat der Hochschule ein Kapital von 25 000 M. zur Errichtung einer Stipendienstiftung zur Verfügung gestellt. Es bleibt zu hoffen, daß dieser Betrag einmal in besseren Zeiten wesentlich erhöht werden kann.

2. 7. Das Parkgrundstück Schloß Ruhwald in Westend ist jetzt zu einem Fünftel des Preises, den Charlottenburg vor dem Kriege geboten hatte, von der Stadt erworben worden.

5. 7. Der für die Groß-Berliner Fragen eingesetzte Landtagsausschuß hat heute beschlossen, dem Landtag die Ausgemeindung der Ortsteile Gatow, Cladow und Kohlhasenbrück unter Ablehnung aller weitergehenden Anträge zu empfehlen.

10. 7. Mit dem Bau einer Rundfunkhalle ist jetzt begonnen worden, um für Berlin eine Zentralstelle für das Rundfunkwesen zu schaffen und einen Raum für die am 4. Dezember beginnende Rundfunkausstellung. Geplant ist weiter die Aufstellung eines 130 m hohen Funkturms, zu dessen Kosten die Postverwaltung einen Beitrag von 100 000 M. leistet, und in den in fünfzig Meter Höhe ein Restaurant eingebaut werden soll.

18. 7. Über den Wert eines Provinzialmuseums kann man verschiedener Meinung sein. Seine Einrichtung ist nur dadurch möglich, daß die Rathäuser, Kirchen und sonstigen Fundstätten provinzieller Altertümer systematisch ausgeplündert werden. Soweit das nicht möglich ist, sucht man die gewünschten Stücke wenigstens als Leihgabe zu bekommen. Eine mittelalterliche holzgeschnitzte Kreuzigungsgruppe, einst der Schmuck einer Dorfkirche, wandert so vom Lande in die Hauptstadt, um dort ein Schaustück in der Sammlung kirchlicher Kunst zu werden. So auch aus der Kirche von Hohen-Schönhausen, das plötzlich einen neuen Pastor bekommt, Kunstgelehrter von Ruf und Spezialkenner farbiger japanischer Holzschnitte. Pastor Dr. *Kuhrt* hat das Verschwinden des früher auf seinem Altar stehenden Kunstwerks entdeckt und beginnt sofort einen energischen Feldzug gegen das Märkische Museum, das mir mit einem umfangreichen Schriftwechsel aus den letzten Jahren seinen neuesten Mahnbrief vorlegt. Prof. *Pniower* hat mit lapidarer Kürze an den Rand geschrieben: „Dieser Mann ist hartnäckig wie die Bremse bei Homer!" Das Museum sagt, man habe ihm den Altar geschenkt. Der auch im Verwaltungsrecht beschlagene Pastor weist aber auf die fehlende Genehmigung des Konsistoriums hin. Der alte Streit ist schließlich durch die Hergabe eines gotischen Altarschreins geschlichtet worden. Er stammt, wie wir später mit Schrecken feststellten, aus der Kirche von Wartenberg. Nun könnte das fröhliche Spiel von neuem beginnen.

23. 7. *Konrad Lemmer,* Inhaber des Rembrandt-Verlages, der mir als Dezernenten für Kunst und Bildungswesen oft mit Rat und Tat zur Seite steht, berichtete mir, daß *Arno Holz* in dürftigsten Verhältnissen in einer Dachkammer am Bayerischen Platz hause. Ich bat *Holz* zu mir und schlug ihm vor, eine uns vermachte große Bibliothek gegen ein laufendes Monatshonorar zu sichten, wobei er über seine Zeit frei verfügen könne — mehr Ehrensold als Arbeitsvergütung —, aber er

lehnte solche „Bürokratenarbeit" stolz ab. Ich machte auch hier wieder die Erfahrung, wie schwierig der Umgang mit der künstlerischen Prominenz ist. Als ich *Böss* meinen Mißerfolg mitteilte — *Holz* betreibt wie jeder Bohemien den Sport: épater le bourgeois —, übernahm er die Garantie für eine bibliophile Ausgabe des Gesamtwerks von *Arno Holz*, das die Kleinigkeit von 600,— RM. kostete und in dessen Subskriptionsliste jeder zahlungsfähige Besucher des Oberbürgermeisters schon im Vorzimmer sich einzutragen gebeten wurde. Ob *Böss* die manirierte Tannenbaum-Metrik des „Ersten Dichters Deutschlands" zusagte, entzieht sich meiner Kenntnis.

21. 8. Die im Sommer vorigen Jahres unter Beteiligung der Stadt begründete gemeinnützige Berliner-Messe-Aufbau-GmbH. hat unter Leitung ihres tatkräftigen Geschäftsführers Dr. *Schick* ihre Vorarbeiten für die Ausgestaltung Berlins als Messestadt beendet. Für Messeveranstaltungen ist die am Scholzplatz in Charlottenburg errichtete Ausstellungshalle des Reichsverbandes der Automobilindustrie nebst einer zweiten im Bau befindlichen Halle besonders geeignet. Gegen Gewährung eines Darlehens von 1 Mill. M. hat sich der Reichsverband jetzt bereit erklärt, der Messegesellschaft die beiden Hallen zu überlassen. Gleichzeitig ist das Kapital der Messegesellschaft auf 100 000 M. erhöht worden, wovon die Stadt 99 000 M. übernimmt.

2. 9. Schon ein Jahr nach Eröffnung des Westhafens konnte heute der erste Spatenstich zum dritten Hafenbecken getan werden, ein erfreuliches Zeichen für die erfolgreiche Arbeit der neuen Gesellschaft.

3. 9. Bei einer Abstimmung in Gatow und Cladow hat sich der größte Teil der Bevölkerung für ein Verbleiben der Ortsteile bei Berlin ausgesprochen. Die Gründe hierfür haben wir dem Landtag noch einmal in einer Denkschrift auseinandergesetzt.

7. 9. Das weiträumige Friedhofsgelände in Buch war schon von der Altberliner Verwaltung bei der Anlage des Rieselgutes von dessen Bodenbedarf abgezweigt worden, wobei die beste Weizenlage für das Gut verloren ging. Man brauchte Jahre, um die nötigen Zufahrtsstraßen zu schaffen, Wege zu planieren, Bäume und Sträuchergruppen zu pflanzen und weite Rasenflächen anzulegen. Dann begann man mit dem Bau eines Krematoriums, von *Ludwig Hoffmann* nach einer nicht sehr glücklich geänderten Kopie der Villa Rotonda bei Padua entworfen. In den Bau sollten gerade die maschinellen Anlagen eingebaut werden, als der Polizeipräsident plötzlich die Benutzung des Geländes als Friedhof wegen des hohen Grundwasserstandes aus seuchenpolizeilichen Gründen verbot. So liegt der „Seemannsfriedhof" heute ungenutzt da. Er hat Millionen gekostet, Zinsen und den Aufwand für ein Mindestmaß von Unterhaltung nicht gerechnet.

11. 9. Auf Grund der Personalabbauverordnung hat die Stadtverordneten-Versammlung den Stadtschulrat *Paulsen* und die Stadträte *Koblenzer* und *Poetzsch* in den einstweiligen Ruhestand versetzt.

13. 9. Die Fortführung der Arbeiten an der AEG-Schnellbahn ist noch immer nicht geklärt. Die Herstellung der Nordsüdbahn ist aber soweit fortgeschritten, daß über die Gestaltung des Untergrundbahnhofes Hermannplatz, wo beide Bahnen sich kreuzen, eine Entscheidung getroffen werden muß. Mit Rücksicht auf die größere Wirtschaftlichkeit und Verkehrssicherheit hat der Magistrat den Bau eines Kreuzungsbahnhofes statt eines Gemeinschaftsbahnhofes beschlossen, da der Kreuzungsbahnhof eine natürliche und glatte Linienführung gestattet, den lokalen Verkehr besser erfaßt und in Herstellung wie Betrieb wesentlich billiger ist.

15. 9. Für die Besitzer der mysteriösen „Rotgestempelten" hat jetzt ein findiger Kopf eine Interessengemeinschaft gegründet. Von da bis zur Bildung einer neuen politischen Partei ist der Weg in Deutschland nicht weit.

18. 9. Vom Flughafen Tempelhofer Feld werden nur die Linien nach Dresden—München, nach Warnemünde und Stockholm geflogen, während die Linien Amsterdam—London und Königsberg von den Junkerswerken und Aero-Lloyd noch vom Flugplatz Staaken betrieben werden. Da die Aufsichtsbehörde den Verkehr von einem Zentralflughafen aus fordert, müssen eiserne Hallen und andere Einrichtungen im Werte von 700 000 M. geschaffen werden. Mit dem Reichsverkehrsministerium ist deshalb eine Vereinbarung dahin getroffen worden, daß das Kapital der Berliner Flughafen-GmbH. von 500 000 M. auf 1,2 Mill. M. erhöht wird und das Reich sich an dieser Erhöhung mit 300 000 M., Berlin mit 400 000 M. beteiligt.

22. 9. Der Landtagsausschuß hat seinen Beschluß auf Ausgemeindung einiger Ortsteile aufgehoben. Der räumliche Umfang Groß-Berlins bleibt also bestehen.

30. 9. Die frühere Landgemeinde Lichterfelde hatte sich jahrzehntelang bemüht, den Schloßpark zwischen Hindenburgdamm und Teltowkanal, der ein Stück märkischen Urwaldes enthält, in ihren Besitz zu bringen. Jetzt ist das Grundstück für weniger als die Hälfte des einst geforderten Preises gekauft worden. Es bildet das Kernstück der ausgedehnten Anlagen, die im Bezirk Steglitz längs des Teltowkanals zum Teil schon vorhanden sind, zum Teil noch geplant werden und ein viele Kilometer langes Ausflugsgelände für den Westen und Südwesten Berlins bilden sollen.

2. 10. Der Magistrat hatte im Sommer vorgeschlagen, den Ausbau und Betrieb der Fleischgroßmarkthalle und eines Kühl- und Gefrierhauses auf dem Gelände des Vieh- und Schlachthofes westlich der Landsberger Allee einem Konsortium unter Bestellung eines Erbbaurechts zu übertragen. Die Vorlage scheiterte besonders am Widerstand der SPD, die mit Recht betonte, daß ein für die Ernährung der Bevölkerung so wichtiger Betrieb in der Hand der Stadt bleiben müsse. Der Magistrat hat nunmehr für die gesamten Bauten einen Betrag von 5,6 Mill. M. bei den Stadtverordneten angefordert, nachdem eine wesentliche Verbesserung der Finanzlage schon im ersten Halbjahr des neuen Haushalts eingetreten ist.

7. 10. Die auffallend hohe Flüssigkeit der Stadtkasse läßt erkennen, daß bei Aufstellung des Haushalts Steuern und Tarife in einer Höhe festgesetzt worden sind, die heute nicht mehr zu rechtfertigen ist. Die SPD hat deshalb sehr energisch eine Klarstellung der Finanzlage der Stadt, vorbildlich soziale Einrichtungen, billige Werktarife und vor allem eine intensive Förderung des Wohnungsbaus verlangt.

9. 10. Die Zahl der Verkehrsunfälle hat in diesem Jahre um mehr als 25 Prozent gegenüber der Friedenszeit zugenommen, was zu Anfragen mehrerer Fraktionen und zu einer ausgedehnten Debatte in der Stadtverordneten-Versammlung geführt hat. Die Vermehrung der Kraftwagen in diesem Jahre von 15 000 auf 37 000, die Behinderung des Verkehrs durch die an Zahl noch nicht verminderten Pferdefuhrwerke und der heruntergewirtschaftete Wagenpark der Straßenbahn haben im wesentlichen zu der Verkehrsgefährdung beigetragen. Die Straßenbahnen, wie in London und Wien, ganz aus dem Kern der Stadt zu entfernen, ist bei den großen Strecken, die heute noch mit der Straßenbahn zurückgelegt werden müssen, nicht möglich. Zutreffend hat *Böss* bei den Beratungen betont, daß ein bedeutend größerer Teil des Berliner Verkehrs durch Hoch- und Untergrundbahnen bedient werden müsse, und daß man sich deshalb sobald wie möglich mit den Untergrundbahnprojekten des alten Berlin und der ehemaligen Vorortgemeinden zu beschäftigen haben werde, wenn die Finanzverhältnisse das gestatten. Als nächste Baustrecke, abgesehen von der Fertigstellung der jetzt der Stadt gehörenden AEG-Schnellbahn, nannte *Böss* eine Untergrundbahn in der Frankfurter Allee für den bisher vernachlässigten Osten, während er das alte Projekt Moabit—Treptow wohl als erledigt betrachtet.

14. 10. Erstaufführung von *Shaws* „Die heilige Johanna" im Deutschen Theater mit *Elisabeth Bergner* in der Titelrolle. Ein starker Erfolg.

17. 10. Der Verein Hoffnungstal hatte schon bisher in seinen drei Kolonien eine große Zahl Berliner Obdachloser beschäftigt. Da die Überführung möglichst vieler Obdachloser in Arbeitsstätten auf dem Lande einen Teil der Reform des Obdachwesens darstellt, ist jetzt dem Verein ein Darlehn von 150 000 M. zur Beschäftigung von weiteren 200 Obdachlosen auf einem vom Verein hierfür zu erwerbenden Gute bewilligt worden.

19. 10. *Böss* ist bei Festreden, die mir besonders unsympathisch sind, ganz in seinem Element. *Karding* flüsterte mir während seiner Rede zu, wir beide eigneten uns nicht zum Oberbürgermeister, uns fehle das für diese Stellung unentbehrliche Pathos.

23. 10. Dem Hauptausschuß der Stadtverordneten-Versammlung scheint seine Absicht, den Stand der städtischen Finanzen restlos aufzuklären, nicht ganz gelungen zu sein, sonst hätte er sich mit dem Vorschlag des Kämmerers, außerhalb des Haushalts 13 Mill. M. zur Verfügung zu stellen, schwerlich beruhigt. Ich schätze den Überschuß heute auf das 3- bis 4fache. Aber eine vorsichtige Finanzverwaltung ist ja nun einmal gezwungen, ihre Karten nie vollständig aufzudecken, und muß stille Reserven in irgendeinem Haushaltswinkel ansammeln. Die Haushalte Alt-Berlins bieten interessante Einblicke in geschickte Tarnungen.

Der Ausschuß hatte vorgeschlagen, 5 Mill. M. zu einer 10prozentigen Aufwertung der Sparguthaben derjenigen Inhaber zu verwenden, die über 65 Jahre alt sind, bis zu einem Höchstbetrage von 100 M. Da die Neuwahlen zur Stadtverordneten-Versammlung nicht mehr fern und 1,2 Millionen Inhaber von Sparbüchern parteipolitisch von beachtlichem Wert sind, waren es ausgerechnet die Deutschnationalen, die entgegen ihrem stets gepredigten Grundsatz „keine Ausgabe ohne Deckung" den agitatorischen Antrag stellten, für die Aufwertung der Sparkassenguthaben 10 Mill. M. zu bewilligen sowie die Sparkassenguthaben mit 3 Prozent und die Stadtanleihen voll zu verzinsen. Daß sich ein Altberliner Kämmerer zum Sprecher für diese übelste Demagogie hergab, wirkte besonders unerfreulich.

Die Anträge wurden von der Stadtverordneten-Versammlung mit Ausführungen, die an Deutlichkeit nichts zu wünschen übrig ließen, abgelehnt und gleichzeitig beschlossen, 5 Mill. M. für den Wohnungsneubau freizuhalten und 3 Mill. M. für Vorbehaltsmittel, aus denen nach einem Antrag der Demokraten 200 000 M. für die notleidenden Berliner Künstler abgezweigt werden sollen.

24. 10. Der Landtagsausschuß hat heute beschlossen, dem Landtag zu empfehlen, von einer Beschränkung des räumlichen Umfangs der Stadt und einer Änderung ihrer Organisation abzusehen. Damit haben die Gegner der Einheitsgemeinde den langjährigen Krieg endgültig verloren.

30. 10. Die Firma *Carl Zeiss*, Jena, hat ein Planetarium geschaffen, das in einem halbkugelförmigen Raum von 25 m Durchmesser die Darstellung des Sternenhimmels ermöglicht. Der eine Teil des Apparats gibt das Bild des Fixsternhimmels mit etwa 4500 Sternen wieder, der andere Sonne, Mond und Planeten. Durch ein besonderes Räderwerk werden die gesamten Bewegungen des Sternenhimmels auf beiden Halbkugeln hervorgebracht. Da das Instrument ein hervorragendes astronomisches Lehrmittel ist, hat der Magistrat den Ankauf eines Planetariums und seine Aufstellung auf dem Gelände des Zoologischen Gartens beschlossen.

2. 11. Durch Krieg und Inflation sind die Bestände der Volksbüchereien der Außenbezirke völlig heruntergewirtschaftet worden. Außer Neukölln und Lichtenberg sind die Bezirke Schöneberg und Charlottenburg besonders notleidend, zumal sich hier der Kreis der auf die

Benutzung von Volksbüchereien angewiesenen Leser durch die Zeitumstände sehr erweitert hat. Zur Auffrischung der Bücherbestände beschloß die Deputation für Kunst und Bildungswesen eine einmalige Beihilfe von 250 000 M.

17. 11. Über das Vermögen der Großen Volksoper, der die Deutschnationale Fraktion der Stadtverordneten-Versammlung nahe stand, ist das Konkursverfahren eröffnet worden.

19. 11. Dr. *Kieckebusch,* der das prähistorische Dorf Buch ausgegraben hat, überreicht mir einen Bericht über das Ergebnis dieser Grabungen. Phantastisch, welche Unmenge rekonstruktiver Gedanken ein Prähistoriker aus wenigen Brandstellen und Scherbenhaufen zu gewinnen weiß.

24. 11. Der Wunsch, das Rittergut Britz in die öffentliche Hand zu bekommen, um auf die Aufschließung des an Berlin angrenzenden Geländes einen bestimmenden Einfluß zu gewinnen und den großen Grundbesitz der Bodenspekulation zu entziehen, war bisher an der unzureichenden Finanzkraft der ehemaligen Gemeinde Britz gescheitert, von der man noch 1920 einen Preis von 15 Mill. M. gefordert hatte. Jetzt ist das Gut, das mit seinen ca. 2400 Morgen etwa halb so groß ist wie das ehemalige Stadtgebiet Neukölln und sich unmittelbar an dessen geschlossenen Ortsteil anschließt, zum Preise von 5,6 Mill. M. von der Stadt erworben worden.

28. 11. Im Festsaal das erste Rathauskonzert mit dem Philharmonischen Orchester.

11. 12. Das für Einsprüche in Abbausachen gebildete Kollegium des Kammergerichts hat den Einspruch des Stadtschulrats *Paulsen* abgewiesen mit der Begründung, daß ein Abbau von Wahlbeamten auch aus Parteirücksichten zulässig sei, entgegen der Verbotsbestimmung im Gesetz. Über den Abbau, heißt es in der Begründung, habe die Stadtverordneten-Versammlung zu entscheiden, die eine politische Körperschaft sei und ihre Entschlüsse nach politischen Gesichtspunkten fasse. Eine wahrhaft rabulistische Konstruktion. Auch beim Kammergericht beginnt die politische Infektion.

16. 12. Für die Bezirke Wedding, Zehlendorf, Tempelhof und Tiergarten sollen Bezirksrathäuser gebaut werden, um die zerstreuten Verwaltungen für das Publikum an einer Stelle zu konzentrieren.

18. 12. Aus einer Denkschrift der Preußischen Regierung: „Dem vormaligen König wurde zur Beschaffung einer Wohngelegenheit im Herbst 1919 der Erlös für die Grundstücke Wilhelmstraße 72/73, die der Reichsfiskus aus dem Privatvermögen des vormaligen Königshauses erwarb, überlassen.

Zur Bestreitung seines persönlichen Unterhalts wurden dem vormaligen König bis zum Mai 1921 rund 32 Mill. M. überwiesen und im Jahre

1923 der Gegenwert von 24 Mill. holländ. Gulden. Seit dem 1. Juni 1924 erhält das vormalige Königshaus zur Bestreitung der Kosten und des Unterhalts seiner Mitglieder monatlich 50 000 Goldmark."

In einer Debatte der Stadtverordneten-Versammlung über die Vermögensauseinandersetzung mit den Hohenzollern wurde darauf hingewiesen, daß selbst der Junker *Bismarck* in solchen Fragen realpolitischer dachte. Er vertrat die Ansicht, daß gestürzte Dynastien nicht auch noch ein Recht auf Sicherstellung ihrer Existenz hätten. Auch die Republik Deutschösterreich hat schon 1919 klare Verhältnisse geschaffen und neben der Landesverweisung der Familie Habsburg-Lothringen deren gesamtes Vermögen zugunsten der Kriegsbeschädigten und der Kriegshinterbliebenen beschlagnahmt.

Dem Antrag an den Magistrat, in der Auseinandersetzung mit den Hohenzollern die Interessen der Stadt wahrzunehmen, stimmte die Versammlung zu.

24. 12. Auch das Deutsche Opernhaus in Charlottenburg hat Konkurs gemacht, das nach dem Weggang seines langjährigen Intendanten *Hartmann* aus der Hand einer Aktienmajorität in die andere verschoben worden war.

30. 12. In der koketten kleinen Komödie am Kurfürstendamm die Erstaufführung von *Pirandellos* „Sechs Personen suchen einen Autor" mit *Pallenberg, Gülstorff* und der *Höflich*. Die Presse feiert *Reinhardts* Regie.

1925

2. 1. Die alten Gemeindeschulen, meist im Stil preußischer Kasernen, waren die Stiefkinder der sparsamen Alt-Berliner Verwaltung. Erst jetzt ist es möglich, ihre unhygienische Gasbeleuchtung in elektrische umzuwandeln.

7. 1. Die Große Volksoper im Theater des Westens mußte schon in den beiden letzten Jahren durch Zuschüsse der Stadt gestützt werden. Ein neues Kreditgesuch veranlaßte die Kunstdeputation, eine Prüfung der Wirtschaftslage des Hauses vornehmen zu lassen. Da die Prüfung ergab, daß die Bezüge der Direktoren für das Unternehmen untragbar waren, lehnte die Deputation eine weitere Beihilfe ab. Zur Unterstützung des durch das Konkursverfahren notleidend gewordenen Personals bewilligte der Magistrat einen Betrag von 80 000 M.

8. 1. Zum Stadtverordneten-Vorsteher ist wieder der Sozialdemokrat *Hass* gewählt worden, der schon im vorigen Jahr mit vorbildlicher Ruhe, Sicherheit und Objektivität die manchmal recht stürmischen Verhandlungen dieses unberechenbaren Hauses geleitet hat.

9. 1. In der Jungfernheide im Norden Berlins unweit der Müllerstraße beabsichtigte einst *Hagenbeck* die Anlage eines großen Tierparks. Damals war das Gelände mit seinen bewaldeten Höhenzügen ein beliebter Aufenthaltsort für die Bevölkerung. Nach dem Kriege verschwand der größte Teil des alten Baumbestandes in den Öfen der notleidenden Anwohner, der Wind verwehte den Waldboden und die trostlos aussehenden Sanddünen sind der Herd einer üblen Staubplage für die angrenzenden Stadtteile geworden. Um das Gelände in Spiel-, Sport- und Parkanlagen im Interesse der Volksgesundheit umwandeln zu können, hat der Magistrat die schon früher mit der preußischen Forstverwaltung geführten Verhandlungen wieder aufgenommen und 160 ha der Jungfernheide zum Preise von nur 1,— M. je Quadratmeter erworben ohne jede beschränkende Auflage und mit dem Recht der Randbebauung.

12. 1. Eine Reihe ehrenamtlich tätiger Bürger, die sich um Alt-Berlin besondere Verdienste erworben haben, ist durch die Inflation völlig verarmt. Der Ältestenausschuß der Stadtverordneten hat uns auf unseren Vorschlag ermächtigt, ohne besondere Vorlage in solchen Fällen einen angemessenen Ehrensold und an bedürftige Hinterbliebene laufende Unterstützungen zu zahlen.

14. 1. Das Deutsche Opernhaus ist nicht nur als Opfer der Zeit, sondern auch deshalb zusammengebrochen, weil ein Opernbetrieb mit kostspieligen Solokräften, Orchester, Chor und Ballett sich heute privatwirtschaftlich nicht mehr führen läßt, wenn er ein künstlerisches Mindestniveau halten will. Die ehemalige Stadt Charlottenburg hätte sich zwar bei ihrer Finanzlage vor der Eingemeindung eine eigene Oper neben der Staatsoper mit ihren beschränkten Besuchsmöglichkeiten leisten können, aber man begnügte sich wie beim Schillertheater mit dem Bau des Bühnenhauses und überließ vorsichtigerweise das geschäftliche Risiko einer Aktiengesellschaft als Pächterin mit einem Knebelungsvertrage, dessen Erfüllung nur ein Laie für möglich halten konnte.
Um dem Personal des Hauses über die Schwierigkeiten während des Konkursverfahrens hinwegzuhelfen und den Betrieb bis zur Klärung der Verhältnisse aufrechtzuerhalten, sind dem Bezirksamt Charlottenburg 40 000 M. zur Verfügung gestellt worden. *Böss* plant hier eine städtische Oper zu schaffen, für die er auch bei der Linken der Stadtverordneten-Versammlung auf Unterstützung rechnet.

18. 1. Die Berliner Gesellschaft strömt in die Singakademie zu den Vorträgen von Kaplan *Fahsel*. Eine fesselnde Persönlichkeit von ungewöhnlicher Rednergabe, der ebenso geistreich über *Shaws* „Heilige Johanna" wie über *Spinoza* spricht, ohne den grundsätzlichen Standpunkt des katholischen Geistlichen zu verlassen.

20. 1. Nach dem Kriege sind bei den einzelnen deutschen Universitäten und Hochschulen als Träger der studentischen Selbsthilfe rechtsfähige Wirtschaftskörper gebildet worden. Die an den Berliner Hochschulen bestehenden Wirtschaftsämter und Fürsorgeausschüsse haben sich im „Studentenwerk Berlin E. V." zusammengeschlossen, das an Fürsorgeeinrichtungen u. a. Wohnheime, Studentenspeisungen, Wirtschaftsbetriebe wie Schuhmacherwerkstatt, Druckerei und Flickstube sowie ein akademisches Wohnungsamt unterhält. Der Magistrat hat dem Studentenwerk einen Zuschuß von 40 000 M. bewilligt.

29. 1. Zum Stadtmedizinalrat haben die Stadtverordneten mit großer Mehrheit den Universitätsprofessor Dr. *von Drigalski* gewählt, zuletzt Hygieniker in Halle.

7. 2. Der von den städtischen Körperschaften bewilligte Betrag von 5 Mill. M. für eine 10prozentige Aufwertung der Sparguthaben von 65jährigen ist nur zur Hälfte verbraucht worden. Der Magistrat genehmigte deshalb aus dem Rest des Vorschusses die Aufwertung für alle Mündelguthaben und für die Sparguthaben von Kleinrentnern, Sozialrentnern, Kriegsbeschädigten, Kriegshinterbliebenen und Erwerbslosen.

11. 2. Nach dem Zusammenbruch des Deutschen Opernhauses hat der Staat dem Magistrat sehr deutlich zu verstehen gegeben, daß er die Stadt zu den Kosten der Staatstheater heranziehen werde, wenn sie das Opernhaus nicht selbst übernehme. Ein Sonderausschuß der Kunstdeputation hat deshalb beschlossen, den Betrieb einer Aktiengesellschaft zu übertragen, deren Aktien von der Stadt übernommen werden sollen. Nach dem dem Ausschuß gegebenen Informationen soll der Opernbetrieb mit einem Funduszuschuß und einem Bedürfniszuschuß von je 150 000 M. jährlich unterhalten werden können. Das glaubte man auch, da der Wunsch der Vater des Gedankens war, und um die städtischen Körperschaften nicht kopfscheu zu machen, während tatsächlich Frankfurt, Köln, Essen und andere Großstädte längst ein Vielfaches von jährlich 300 000 M. für ihre Oper zusteuern müssen. Immerhin, wir brauchen dringend in Berlin ein weiteres Opernhaus, und es wird Sache des Aufsichtsrats sein, den Haushalt des Instituts in einem erträglichen Rahmen zu halten.

19. 2. Auf dem Randgelände der ehemaligen Prinz-Albrecht-Gärten gegenüber dem Anhalter Bahnhof wird ein „Europahaus" gebaut werden mit 10 000 qm bebauter Fläche.

26. 2. *Wilhelmine Buchholzens* Reinlichkeitsgrundsätze haben offenbar den Tiefbaudezernenten von Berlin-Mitte veranlaßt, das Schillerdenkmal vor dem Schauspielhause einer Säuberung zu unterziehen. Sie wurde ausgerechnet einer Grabsteinfirma übertragen, die sich ihrer Aufgabe mit Säuren und Raspel so gründlich unterzog, daß das Denkmal schwer beschädigt wurde. Die Kunstdeputation hat daraufhin Vorschriften über die Behandlung von Stein- und Bronzedenkmälern heraus-

gegeben. Daß man an die gehäuften Scheußlichkeiten der Siegesallee nicht nur mit dem Raspel herangehen kann, scheitert leider an der Unzuständigkeit der Stadtverwaltung.

1.3. Die Zahl der Schulturnhallen reicht auch in den besteingerichteten Bezirken längst nicht mehr aus, um den Unterricht nach neuzeitlichen Gesichtspunkten erteilen zu können. Während man sich früher mit zwei Turnstunden wöchentlich begnügte, ist jetzt die vierte Turn- und Spielstunde bei den höheren Lehranstalten und die fünfte bei den Volksschulen eingeführt worden. Da die Stadtverordneten-Versammlung die tägliche Turnstunde fordert, hat der Magistrat für den Neubau und die Aufstockung von Schulturnhallen 1,2 Mill. M. bewilligt. Zu den notleidenden Bezirken gehören neben Spandau, Schöneberg u. a. wie immer die Alt-Berliner.

3.3. Zu einer Trauerkundgebung für den verstorbenen ersten Reichspräsidenten traten die Stadtverordneten heute zusammen. In seiner warmherzigen Gedenkrede würdige Stadtverordneten-Vorsteher *Hass* den Menschen, den sozialdemokratischen Politiker und den Staatsmann *Friedrich Ebert*.

9.3. Zum Intendanten der Städtischen Oper ist *Heinz Tietjen* gewählt worden, zuletzt Kapellmeister in Breslau. Äußerlich farblos und unauffällig, zurückhaltend, mit dem Kopf eines geistigen Arbeiters. Stammt aus einer Diplomatenfamilie. Das wird man sich nach seiner ganzen Haltung bei Vortrag im Aufsichtsrat merken müssen.

12.3. Im Anschluß an die Gründung der Berliner Messegesellschaft hat der Magistrat einer Anregung der Stadtverordneten folgend die Schaffung eines städtischen Fremdenverkehrsbüros beschlossen. Zu seinen Aufgaben gehört vor allem die Auskunftserteilung über Berliner Einrichtungen und Behörden und über Verkehrsmöglichkeiten, die Mitarbeit an der Veranstaltung von Kongressen und Ausstellungen, die Beratung auswärtiger Besucher zusammen mit dem Verein Berliner Hotels und verwandter Betriebe, die Bildung einer Gemeinschaft aller in Berlin dem Fremdenverkehr dienenden Organisationen, Propaganda, Reklame usw. Für die Einrichtung und die Betriebskosten des ersten Jahres stehen dem neuen Büro 250 000 M. zur Verfügung.

18.3. Von Prof. Dr. *Pniower* wurde ich auf die große und wertvolle Sammlung Berliner und Märkischer Fayencen des Potsdamer Sammlers Dr. *Heiland* aufmerksam gemacht, der nach der Inflation zum Verkauf der Sammlung gezwungen ist. Da die Gefahr besteht, daß die wertvollsten Stücke ins Ausland gehen, habe ich den Ankauf der ganzen Sammlung der Kunstdeputation vorgeschlagen, die zustimmte. Der Verkäufer, durch die Inflation ängstlich geworden, fordert allerdings die Zahlung des größten Teils des Kaufpreises in Form einer Leibrente. Wir werden uns damit einverstanden erklären müssen, obwohl nach meinen Erfahrungen Leibrenten-Verträge für eine Stadtverwaltung meist ungünstig sind, da die unbedingte Zahlungsfähigkeit des Schuldners die Lebensdauer des nunmehr gesicherten Gläubigers erklärlicherweise verlängert.

20. 3. Man kann nicht gerade behaupten, daß das Steglitzer Rathaus baukünstlerisch wertvoll sei. Nachdem mehrere neue Bezirksrathäuser im Bau sind, fordert jetzt auch die Steglitzer Bezirksversammlung einen Neubau mit einem elfstöckigen Turmbau in der Mitte der Gesamtanlage. Das Bezirksbauamt hat auch sonst noch Ideen: der schon vor der Eingemeindung auf den Rauhen Bergen bei Südende errichtete Wasserturm soll als Krematorium ausgebaut werden. Der Kämmererfrost wird wohl diese Blütenträume jäh vernichten.

2. 4. Schöneberg hatte nach dem Kriege eine Müllverbrennungsanstalt gebaut. Aus den Verbrennungsrückständen sollten Bausteine hergestellt werden. Infolge des großen Gehalts des Mülls an Braunkohlenasche und unverbrennbaren Sperrstücken endete der Betrieb mit einem völligen Fiasko und wurde stillgelegt. Wenn auch die bisherige Stapelung des Mülls auf Ödland und die Anschüttung von Bruch- und Sumpfland trotz der mit der Entfernung wachsenden Kosten werden beibehalten werden müssen, hat sich der Magistrat doch entschlossen, neue Möglichkeiten zu erproben, und die Anstalt der nach einem neuen Verfahren arbeitenden Müllindustrie AG. verpachtet. Bemerkenswert, daß man in Tokio, wie die Unterhaltung mit einer japanischen Studienkommission ergab, dieselben Müllsorgen hat. Auch über die in den Hauptverkehrsstunden einsetzende Überflutung der öffentlichen Verkehrsmittel klagten die Gäste aus dem Osten. Ihre letzte Frage nach dem Bau erdbebensicherer Untergrundbahnen konnte ihnen beim besten Willen nicht beantwortet werden.

4. 4. Die Stadtverordneten haben dem Antrage der Sozialdemokraten zugestimmt, die Budapester Straße und in ihrer Verlängerung die Sommerstraße in Friedrich-Ebert-Straße umzubenennen.

10. 4. Nach einer Besichtigung von Bucher Neubauten noch ein Abstecher in den schönen, von der Panke durchflossenen Bucher Schloßpark, um den Standort für eine von der Stadt gekaufte Bronze zu suchen. Der schmale Platz vor der kleinen Orangerie schien am geeignetsten. Das sogenannte Schloß, ein typisches märkisches Gutshaus mit zwei Flügeln, zuletzt Dienstwohnung von *Wermuth*, war einst der Sitz der Familie *von Voss*. Die schöne *Julie von Voss*, der die gestrenge Tante Oberhofmeisterin das Baden in der Panke verboten hatte, später die morganatische Gemahlin Friedrich Wilhelms II., soll in der Schloßkirche begraben sein, deren Barockbau mit der hebräischen Inschrift am Giebel ganz aus dem Rahmen der märkischen Dorfkirchen im Backstein- und Findlingsbau herausfällt. Patron der Kirche ist jetzt der Magistrat und damit der Träger der bei der Verwahrlosung des Bauwerks nicht ganz leichten Kirchenbaulast.

13. 4. Im Zuge der Reform des städtischen Obdachwesens hält die Wohlfahrtsdeputation nach den Erfolgen der von Bodelschwinghschen Arbeiterkolonien den Erwerb unkultivierter Ländereien für die geeignetste Gelegenheit zur Arbeitsbeschaffung. Ihrem Vorschlag entsprechend hat der Magistrat den Kauf des etwa 1000 Morgen großen Gutes Ribbeckshorst im Havelländischen Luch beschlossen.

16. 4. Der Haushalt dieses Jahres ist wesentlich besser geworden. Die Ausgabe für die laufenden Zwecke schließt mit 361 Mill. M. ab. Für einmalige Ausgaben sind nicht weniger als 42 Mill. M. vorgesehen, da in den letzten Jahren vieles vernachlässigt werden mußte. Im wesentlichen handelt es sich hier um Straßen-, Brücken- und Schulbauten, die bei der Lage des Anleihemarktes — amerikanische Anleihen würden eine Belastung von 8½ Prozent und noch mehr bringen — aus dem ordentlichen Haushalt bezahlt werden müssen. Während die Verwaltungskosten von 16 Prozent der Gesamtausgabe 1924 auf 12 Prozent gesenkt werden konnten, ist es jetzt möglich, die Ausgaben für den Wohlfahrts-, Jugend- und Gesundheitsetat von 15 Prozent der Gesamtausgabe 1914 auf 35 Prozent zu steigern. Die Kapital- und Schuldenverwaltung belastet den Haushalt bei dem weggefallenen Zinsendienst nur mit 3 Prozent. Für die Berliner Anleiheschuld von 1,5 Milliarden Goldmark wird die Regelung der Aufwertungsfrage von größter Bedeutung sein. In Einnahme und Ausgabe schließt der Haushalt mit 550 Mill. M. ab.

Alles in allem: dem sozialistischen Magistrat ist es trotz ungeheurer Schwierigkeiten gelungen, Groß-Berlin über die schlimmsten Zeiten hinwegzubringen, und die Bankrottpropheten der Rechtsparteien haben ihr Ziel, der verhaßten Einheitsgemeinde den Garaus zu machen, wohl endgültig aufgegeben.

18. 4. Das Gesundheitshaus des Bezirks Kreuzberg, eine Schöpfung des Bezirksbürgermeister Dr. *Kahle,* ist als dauernde Hygieneausstellung seiner Bestimmung übergeben worden.

23. 4. Zwei bedeutungsvolle Wettbewerbe sind von der Stadt ausgeschrieben worden: für die Ausgestaltung des Zentralflughafens auf dem Tempelhofer Feld und für den Ausbau des Messegeländes am Kaiserdamm.

25. 4. Im Hause der Funkindustrie ist die Erste Reichs-Reklame-Messe eröffnet worden mit der besonderen Attraktion eines Reklametheaters. Die tempogeladene Revue „Ist denn hier der Teufel los!" ist täglich ausverkauft.

29. 4. Zum erstenmal seit Jahren verzeichnet das Statistische Amt einen Geburtenüberschuß in Berlin.

30. 4. Die steigende Erwerbslosigkeit hat das Reich veranlaßt, Mittel für die produktive Erwerbslosenfürsorge bereitzustellen. Für Unternehmungen von Gemeinden, die zur Beschäftigung größerer Erwerbslosenmassen mit dem Ziel volkswirtschaftlicher Werterzeugung eingeleitet werden und weniger sachlichen Aufwand als menschliche Arbeitskraft erfordern, können Darlehen bewilligt werden.

1. 5. Die Überschüsse des Jahres 1924 sind doch wesentlich höher gewesen als vom Kämmerer zugegeben, denn in der Generalversammlung der Hochbahngesellschaft kam zur Sprache, daß die Stadt im vorigen Jahr nicht weniger als 30 Mill. Aktien an der Börse erwerben konnte, etwa ein Drittel des Stammkapitals. Um eine Überfremdung durch die Stadt zu verhindern, hat die Gesellschaft Schutzaktien mit mehrfachem Stimmrecht ausgegeben. Der Kampf geht weiter.

6. 5. In einem Vortrage vor der Akademie des Städtebaues forderte Prof. *Möhring,* daß der Bebauungsplan sich nach dem Schnellbahnplan zu richten habe, d. h. Büro- und Geschäftshäuser in der Nähe der Bahnhöfe.

9. 5. Die Grundstückshyänen der Inflation suchen ihre Gewinne zu realisieren. Ein Grundstück, das die Stadt zur Verbreiterung der Landsberger Allee benötigt und das in der Inflation für 19 000 Goldmark erworben wurde, ist jetzt der Stadt für 1 Mill. M. angeboten worden. Die Stadtverordneten haben Enteignung beschlossen, bei der die Stadt nach unseren Erfahrungen meist nicht besser fährt.

10. 5. Für die Beamten besteht in Berlin seit 86 Jahren eine städtische Sterbekasse, deren Organisation sich gut bewährt hat. Nach ihrem Muster ist im Einvernehmen mit den Verbänden jetzt auch eine Krankenkasse für die Beamten und Festangestellten eingerichtet worden, damit sie in Krankheitsfällen nicht auf peinliche Unterstützungsgesuche angewiesen sind. Die Kassenmitglieder haben ein weitgehendes Mitverwaltungsrecht. Zu den Beiträgen wird ein Drittel als städtischer Zuschuß gezahlt.

12. 5. Bei der Überlastung des Straßennetzes der Provinz Brandenburg durch Berliner Kraftwagen hat der Provinziallandtag bei der Staatsregierung die Überweisung eines Anteils an dem Berliner Aufkommen der Kraftwagensteuer beantragt.

18. 5. Von Prof. *Pniower* ist eine Monographie „Goethe in Berlin" erschienen. Der Dichter war nur einmal im Frühjahr 1778 als Legationsrat und Begleiter des Herzogs Karl August in der preußischen Hauptstadt. *Goethe* machte Besuch bei dem Porträtmaler *Anton Graff,* bei *Daniel Chodowiecki* in der Behrenstraße, den er besonders verehrte, bei der Dichterin *Anna Luise Karsch* und dem Philosophen *Moses Mendelssohn.* Daß die Berührung *Goethes* mit Berlin gegenseitig nicht eben freundlicher Natur war, wie *Pniower* abschließend bemerkt, ist bekannt.

20. 5. Die 1881 errichtete Zentralmarkthalle ist längst überlastet. Geplant ist ein Neubau für den Großhandel im Bezirk Beusselstraße mit Zollspeichern und Transitlagern. Kostenanschlag 36 Mill. M.

22. 5. Erst kurz vor dem Kriege hatte sich der Alt-Berliner Magistrat entschlossen, Mittel zu Vorarbeiten für eine wissenschaftliche Geschichte Berlins zu bewilligen. Jetzt hat die Kunstdeputation das älteste, 1453 beginnende Berliner Bürgerbuch herausgegeben.

26. 5. Die gesetzliche Regelung der Aufwertung sieht für Gemeindeanleihen eine Aufwertung auf nur 5 Prozent vor, und zwar durch neue Anleihen mit Tilgung in 30 Jahren. Wenn man bedenkt, daß die gesamte Anleiheschuld Groß-Berlins am 1. Oktober 1920 etwa 1500 Mill. M. betrug, kann man sich einen Begriff davon machen, ein wie riesenhaftes Vermögen allein hier durch die Inflation vernichtet wurde.

30. 5. Die katastrophale Wohnungsnot zwingt dazu, mit allen Mitteln auch die Erhaltung des vorhandenen Wohnraums zu fördern. Da die bei den Wohnungsämtern eingehenden Ablösungsgelder nur für die dringendsten Fälle ausreichen, ist jetzt ein Betrag von 2 Mill. M. für Hausinstandsetzungsdarlehen an bedürftige Hausbesitzer bereitgestellt worden.

4. 6. Die in den Bezirken vorhandenen Badeanstalten genügen längst nicht mehr dem Bedürfnis der Bevölkerung, und ein Teil der Flußbadeanstalten mußte aus hygienischen Gründen geschlossen werden. Der Magistrat hat deshalb ein umfangreiches Bauprogramm aufgestellt, das 10 Projekte umfaßt. Zunächst wird für den Bezirk Lichtenberg ein Hallenschwimmbad mit den nötigen sonstigen Bädern bei einem Kostenaufwand von 2 Mill. M. errichtet. Die weiteren Projekte sollen nach Maßgabe ihrer Dringlichkeit zur Ausführung kommen.

8. 6. Den Vorsitz im Aufsichtsrat der Städtischen Oper führt *Böss* mit mir selbst als Stellvertreter. Der Bezirk Charlottenburg ist durch den Bezirksbürgermeister *Augustin* und die Stadtverordneten *Horlitz* und *Panschow* vertreten. Als Chefdirigent des Hauses ist auf *Tietjens* Vorschlag *Bruno Walter* gewählt worden. Gehalt jährlich 60 000 M. für 40 Abende und Urlaub für die Londoner Season.

9. 6. Nach der Verlobung des ehemaligen Kronprinzen hatte ein Komitee preußischer Oberbürgermeister und Stadtverordnetenvorsteher beschlossen, dem Brautpaar einen silbernen Tafelschmuck zu schenken. Die Kosten von etwa 500 000 M. wurden durch Beiträge der beteiligten Gemeinden aufgebracht. Berlin leistete hierfür 20 000 M. Der Kunstwert des aus 2500 Teilen bestehenden Geschenks, meist Gebrauchssilber, war nicht sehr hoch, abgesehen von den ausgesprochenen Dekorationsstücken, an deren Herstellung *Gaul*, *Taschner*, *Lederer* u. a. mitgearbeitet hatten. Wie alle Arbeiten der Alt-Berliner Bauverwaltung wurde das Geschenk nicht rechtzeitig fertig. Das Komitee mußte sich mit der Übergabe einer Adresse begnügen. Nach dem Kriege forderte der ehemalige Kronprinz das Geschenk mehrfach heraus — es ist bei der Reichsbank hier deponiert worden —, und der Vorstand des preußischen Städtetages wie die Stadtverordneten-Versammlung haben sich in

stundenlangen Debatten mit dem Kronprinzensilber beschäftigt, ohne zu einem Ergebnis zu kommen. Für die Linksparteien gab es nur eine Entscheidung, die Herausgabe verweigern, während die immer noch monarchistischen Rechtsparteien sich schützend vor den ehemaligen Thron stellten. Daß beide Gruppen die Rechtsfrage eingehend erörterten — sie ist ein dankbarer Stoff für eine Dissertation —, versteht sich von selbst: Form eines Schenkungsversprechens, Anwendung von öffentlichem und Privatfürstenrecht, Adresse als Symbol der Übergabe, das alles ist von den bekanntesten Rechtslehrern untersucht worden, deren Gutachten, wie vorauszusehen, völlig voneinander abweichen. So wird der preußische Städtetag bzw. das neu zu bildende Komitee sich weiter mit diesem heißen „Eisen" abquälen müssen.

10. 6. Der nach Eröffnung des Konkurses nur notdürftig aufrechterhaltene Betrieb des Deutschen Opernhauses mußte Ende Mai völlig eingestellt werden. Da die Städtische Oper mit Rücksicht auf den Umbau im Innern mit dem Spiel frühestens am 1. August beginnen soll, ist im Interesse des Personals für die Zwischenzeit ein Betrag von 175 000 M. bewilligt worden, um den Stamm möglichst vollzählig zusammenzuhalten. Mit dieser zweiten Unterstützungsaktion hat sich der als Zuschuß vorgesehene Betrag bereits jetzt fast verdoppelt, und es wird nicht dabei bleiben.

15. 6. Die Fähre in Friedrichshagen an der Müggelmündung ist durch den Ausflüglerverkehr nach den Müggelbergen gefährlich überlastet. An den beiden Osterfeiertagen wurden 45 000 Personen übergesetzt. Auf Antrag des Bezirksamts hat der Magistrat jetzt den Bau eines Fußgängertunnels mit einem Kostenaufwand von 750 000 M. für den reinen Tunnelbau bewilligt.

22. 6. Die Aufnahme der ersten Auslandsanleihe von 15 Mill. Dollar mit einer nominellen Verzinsung von höchsten 7 Prozent ist von den Stadtverordneten beschlossen worden. Benötigt wird der Betrag in Höhe von 24 Mill. M. für die Errichtung eines Großkraftwerkes im Ortsteil Rummelsburg — die Kosten des ersten Bauteiles bis 1927 belaufen sich auf 60 Mill. M. — und in Höhe von 31 Mill. M. für die Vollendung der Nordsüdbahn.

24. 6. Nach Pachtung eines 500 Meter breiten Streifens des östlichen Tempelhofer Feldes wird dort ein Spiel- und Sportplatz für den Bezirk Neukölln mit einer stadionartigen Anlage und drei weiteren Übungsflächen geschaffen. Kostenanschlag 800 000 M.

27. 6. In dem Entwurf für eine Reichsstädteordnung hat sich der Deutsche Städtetag unter Verwertung der bayerischen Stadtratsverfassung und der rheinischen Bürgermeisterverfassung in bewußter Abkehr von der Magistratsverfassung für das Einkörpersystem entschieden.

2. 7. Der Tunnelbau der AEG-Schnellbahn ist im Rohbau zum wesentlichen fertiggestellt. In der Stadtverordneten-Versammlung herrschte Übereinstimmung darüber, den Bau auf der Linie Gesundbrunnen—Hermannstraße zu vollenden, falls die Aufnahme einer Finanzierungsanleihe möglich ist. Den Bau einer kleineren Strecke hielt man mit Recht für unrentabel, aber die Hoffnung, beim Bau der ganzen Strecke auch nur die Anleihezinsen herauswirtschaften zu können, ist reichlich optimistisch.

15. 7. Die Auseinandersetzung zwischen der neuen Einheitsgemeinde und den Restkreisen, soweit Geldentschädigung gefordert wurde, ist jetzt endlich durch Entscheidung des Schiedsgerichts abgeschlossen worden. Berlin zahlt an Teltow 2 Mill. M., an Osthavelland 50 000 M. und an Niederbarnim 3,1 Mill. M.

24. 7. Die Mitgliedschaft von städtischen Beamten und Angestellten in den Vertretungskörperschaften ist ein ausgesprochener Mißstand. Auf die besondere Sachkenntnis dieser Vertreter, die Kontrolle in eigener Sache ausüben, können sich die politischen Parteien nicht berufen, denn diese Sachkenntnis ist meist recht einseitig, und ohne die bequeme Listenwahl würde der größte Teil dieser Vertreter nicht das geringste Interesse der Wähler finden. Für die Fraktionen selbst sind diese Mitglieder vielfach eine üble Belastung bei der Besetzung von Beförderungsstellen oder gut dotierter Posten der städtischen Gesellschaften. Als Personaldezernent macht man hier aufschlußreiche Beobachtungen und muß froh sein, vor Abstimmungen über den Haushalt wenigstens das Untragbarste aus der Menge der mehr oder weniger eindrucksvoll vorgetragenen Forderungen verhindern zu können.

30. 7. Besuch beim Stauden-*Förster* in Bornim, der die Berliner Parks und Gärten aus dem Farbenrausch seiner Blumenfelder und der Blütenpracht seines Alpinum mit Schönheit versorgt.

11. 8. Der langjährige Leiter der Alt-Berliner Tiefbauverwaltung, Stadtbaurat Dr. *Krause*, ist heute gestorben. Der Planer zahlreicher schöner Berliner Brücken, der Nordsüdbahn und des Ost- und Westhafens war im Alt-Berliner Magistrat wohl aus grundverschiedener Charakterveranlagung stets ein erbitterter Gegner seines Kollegen von der Hochbauverwaltung.

19. 8. In den deutschen Großstädten hat man sich in den letzten Jahren mit der Veranstaltung von Messen reichlich übernommen, die in steigendem Maße mit erheblichen Fehlbeträgen abgeschlossen und bei der deutschen Wirtschaft infolge des Zuviels an allgemeinen Messen eine ausgesprochene Messemüdigkeit hervorgerufen haben. Das Berliner Messeamt hat hier einen neuen Weg eingeschlagen: nicht allgemeine Messen, sondern große Fachmessen und Fachausstellungen von Gewerben und Industrien, die in Berlin bodenständig sind, unter Führung der wirtschaftlichen Spitzenorganisationen. Veranstaltungen, bei denen die einzelnen Wirtschaftszweige selbst Träger des Unternehmens sind.

24. 8. Die Prinzen Leopold und Sigismund von Preußen haben ihren Fideikommißbesitz Düppel und die Kolonie Dreilinden der Stadt gegen einen kurzfristigen Kredit zum Preise von 1,60 M je Quadratmeter bis zum 1. Oktober 1926 angestellt.

2. 9. Bei einer Gesellschaft im Hause von *Böss* ist mir etwas Furchtbares passiert. Ich verwechselte *Georg Bernhard* mit *Theodor Wolff*, von denen ich nur wußte, daß sie sich inbrünstig hassen. So viel gekränkte Hoheit habe ich selten in einem Gesicht gesammelt gesehen. Vielleicht treffe ich ihn einmal in einem städtischen Hallenbad, so ganz menschlich, aber dahin gehen große Leute wohl nicht.

12. 9. *Böss* empfahl der Kunstdeputation einen Beitrag der Stadt von 500 000 M. zum Ankauf einer archaischen Statue (sitzende Göttin) durch das alte Museum, dem derselbe Betrag von Gönnern gestiftet worden ist. Die Deputation hat abgelehnt, da uns die Förderung lebender Künstler dringender erscheint als der Kauf eines Museumsstücks, und das Eigentum des in Genf sitzenden Verkäufers rechtlich höchst zweifelhaft ist, von der Echtheit solcher Funde nicht zu reden.

14. 9. Die Kunstdeputation hat einige Plastiken zur Aufstellung auf öffentlichen Plätzen angekauft. Die „Anbetung" von *Ernst Seger* soll auf dem Johannaplatz in Grunewald, die Gruppe „Jüngling im Kampf mit einem Eber" von *Ludwig Cauer* auf dem Platz am wilden Eber in Zehlendorf, die „Dämmerung" von *Otto Placzek* in den Gartenanlagen am Weißen See, *Schmidt-Kestners* „Fuchs mit Gans" im alten Park in Tempelhof und die Bronzefigur „Der Vogler" von *Lewin-Funcke* am Markt in Pankow aufgestellt werden.

18. 9. Infolge des Bauarbeiterstreiks konnte die Städtische Oper erst heute mit einer sehr festlichen Aufführung der „Meistersinger" und mit *Bruno Walter* als Dirigenten eröffnet werden.

19. 9. Das der Stadt geschenkte Mossheim in Wilmersdorf, in dem seit Beginn des Krieges Instandsetzungen nicht mehr vorgenommen waren, muß gründlich renoviert werden. Es wird zum ersten städtischen Lehrlingsheim ausgebaut, in dem überwiegend besonders bewährte Fürsorgezöglinge untergebracht werden sollen.

20. 9. Reich und Staat haben der Stadtbank zur Kreditgewährung an den gewerblichen Mittelstand 360 000 M. überwiesen. Da dieser Betrag nicht ausreicht, um dem bedrängten kreditwürdigen Mittelstand zu helfen, und eine wirksame Hilfe in den meisten Fällen nur möglich ist, wenn von der Forderung einer Sicherheitsleistung abgesehen werden kann, hat die Stadt jetzt für den von der Stadtbank für Mittelstandskredite bereitgestellten Betrag von 500 000 M. die Ausfallbürgschaft übernommen.

24. 9. Die Not der bildenden Künstler in Berlin wird immer drückender. Die meisten Liebhaber bildender Kunst, besonders die Sachwertsammler, kaufen Namen Arrivierter oder alte Kunst, wenn ihnen nur irgendein Museumsassistent ein Gutachten „Aus der Schule des X" zur Beruhigung in die Hand gedrückt hat. Dazu kommt noch die in der Stadtverordneten-Versammlung als völlig verfehlt bezeichnete Kunstschul- und Akademiepolitik, die Jahr für Jahr das Künstlerproletariat weiter anwachsen läßt. Ich habe versucht hier zu helfen, wenn auch in völlig unzulänglicher Weise, und die Wände meines Dienstzimmers mit den Werken junger begabter Maler voll gehängt, über zahlreichen Kleinbronzen auf meinem Konferenztisch. Sie fanden oft das Interesse meiner Besucher, wenn auch manchmal erst nach einigem Zureden. Viele andere in Berlin könnten dasselbe mit mehr Erfolg tun.

1. 10. Das Fehlen einer selbständigen Zentralstelle, in der die Fäden aller Zweige des organisierten Turn- und Sportbetriebs zusammenlaufen, macht sich immer mehr bemerkbar. Die schnelle Entwicklung der Sport treibenden Vereine und Verbände, die Gründung zweier Hochschulen und einer Volkshochschule für Leibesübungen in Berlin und die Entwicklung der Spielplatzfrage haben den Magistrat jetzt zur Bildung eines Stadtamtes für Leibesübungen veranlaßt. Um die Entwicklung des Berliner Turnwesens hat sich der Stadtverordnete *Zobel* besondere Verdienste erworben.

5. 10. An der Neuwahl zur Stadtverordneten-Versammlung und den Bezirksversammlungen sind nun schon glücklich 11 Parteien beteiligt. Von der Deutsch-Sozialen Partei unter Führung von *Knüppel-Kunze* hat sich eine Gruppe getrennt und als Deutschvölkische Freiheitspartei konstituiert. Dazu kommt als neuer Mitbewerber der Evangelische Gemeinschaftsbund.

15. 10. Der regelmäßige Luftverkehr vom Tempelhofer Feld mit jetzt schon 20 Linien ist in steigender Entwicklung. Sie erfordert dringend den Bau von zwei Großflugzeughallen mit Werft und die Anlage großer Start- und Abbremsbahnen. Da das Kapital der Berliner Flughafen-GmbH. von 2 Mill. M. hierfür nicht ausreicht, ist das Gesellschaftskapital auf 4 Mill. M. erhöht worden, nachdem auch Preußen sich zum Eintritt in die Gesellschaft entschlossen hat. Der Anteil von Berlin beträgt jetzt 2,1 Mill. M. unter Anrechnung des für den Bau einer Zufahrtsstraße verausgabten Betrages von 600 000 M., der des Reichs und Preußens je 950 000 M.

20. 10. Der Zweckverband, dessen Rechtsnachfolger die Stadt ist, hatte 1915 den sogenannten Dauerwald in einer Größe von 10 000 ha für 0,50 M. je Quadratmeter erworben, aber infolge des Krieges weder die Anzahlung von 5 Mill. M. noch die Jahresraten von 3 Mill. M. leisten können. Erst am 1. Oktober 1920 sind zur Abdeckung der Rückstände ein Betrag von 20 Mill. M. und die drei nächsten Jahresraten in Papiermark gezahlt worden. Wegen der Aufwertung ist jetzt mit dem Preußischen Forstfiskus ein Vergleich geschlossen worden, der den Aufwertungsbetrag auf 17 Mill. M. festsetzt.

21. 10. Im Deutschen Theater *Klabunds* „Kreidekreis" mit der *Bergner* als Haitang. Ein graziöses Spiel mit schönen Bühnenbildern von *Neher* und den raffinierten Kostümen von *Lotte Prietzel.*

27. 10. Die Wahlen zur Stadtverordneten-Versammlung haben wieder eine sozialistische Mehrheit gebracht. Von den 225 Sitzen entfallen 73 auf die SPD, 43 auf die KPD, 47 auf die Deutschnationalen, 14 auf die Volkspartei, 21 auf die Demokraten, 10 auf die Wirtschaftspartei, 8 auf das Zentrum, 1 auf die Unabhängigen Sozialdemokraten, 3 auf die Deutsch-Soziale Partei und 2 auf den Evangelischen Gemeinschaftsbund. Die Kommunisten gewannen nicht weniger als 23 Sitze, die Volkspartei verlor 22. Das Zentrum wird in Zukunft bei Abstimmungen eine Rolle spielen, die seiner Stärke in keiner Weise entspricht.

29. 10. Die von den städtischen Körperschaften beschlossene 15-Mill.- Dollaranleihe konnte nur mit 11,5 Mill. begeben werden. Da der auf die Städtischen Elektrizitätswerke entfallende Anteil zur Durchführung ihres Bauprogramms nicht ausreicht, haben die städtischen Körperschaften jetzt die Bürgschaft für eine von der Werksgesellschaft selbst aufzunehmende Anleihe von 30 Mill. Schweizer Franken übernommen.

5. 11. Die Hundeliebhaberei der Berliner nimmt trotz der erhöhten Hundesteuer von 40,— M. für den ersten Hund ständig zu. Der Kämmerer legt eine interessante Statistik vor: die Zahl der Hunde in Alt-Berlin ist von 36 000 im Jahre 1914 auf 100 000 jetzt gestiegen, die der Hunde in Groß-Berlin von 135 000 im Jahre 1921 auf 218 000 jetzt. Die Vorliebe der germanischen Völker für den Hund, besonders für die Zucht von Rassehunden, ist bekannt. Mit dem, was von Jägern in romanischen Ländern mit auf die Jagd genommen wird, würde sich kein Jäger in Deutschland auf die Straße wagen.

10. 11. Der Bezirk Steglitz besitzt in keinem seiner Ortsteile eine Sportplatzanlage, die neuzeitlichen Anforderungen entspricht. Auch hier hat Groß-Berlin wie in zahlreichen anderen Fällen helfend eingegriffen und das Projekt eines Zentralspiel- und Sportplatzes in Lichterfelde mit einem Kostenanschlag von 300 000 M. genehmigt.

12. 11. An der praktischen Bekämpfung der Obdachlosigkeit will sich wie in anderen deutschen Großstädten auch das Deutsche Hauptquartier der Heilsarmee in Berlin beteiligen. In der Kastanienallee soll ein großes Männerheim errichtet werden. Dazu hat der Magistrat ein Darlehn von 50 000 M. bewilligt.

15. 11. Nach den zwischen Berlin und der Gesellschaft für elektrische Hoch- und Untergrundbahnen bestehenden Verträgen hat die Stadt mit zweijähriger Erklärungsfrist das Recht, die Hochbahn zum

5. November 1927 zu erwerben. Diese günstige Gelegenheit, ein weiteres Berliner Verkehrsunternehmen in die Hand zu bekommen, ist leider versäumt worden, da die zur Prüfung der Frage eingesetzte gemischte Deputation beschloß, von dem Recht der Stadt keinen Gebrauch zu machen.

19. 11. In der Einführungssitzung der neugewählten Stadtverordneten-Versammlung konnte *Böss* mit berechtigtem Stolz feststellen, daß es den städtischen Körperschaften gelungen ist, die Schwierigkeiten der letzten Jahre zu meistern, die Werke der Stadt zu erhalten und den Grundbesitz erheblich zu mehren. Als wichtigste weitere Aufgabe nannte er die Verbesserung des Verkehrswesens, die Schaffung eines geschlossen ausgebauten Schnellbahnnetzes und die Regelung der Beziehungen zwischen den großen Berliner Verkehrsunternehmungen. Probleme, deren Lösung *Böss* als Verkehrsfachmann mit größter Energie zu fördern sucht.

21. 11. Von den Ankäufen der Kunstdeputation sollen die Bronzefiguren „Bogenschütze" von *Hermann Möller* im Stadtpark Steglitz und „Ruhender Mann" von *Fritz Klimsch* am Schäfersee in Reinickendorf aufgestellt werden.

2. 12. Wie nicht anders zu erwarten, wächst die Bezirksverdrossenheit. Schuld daran hat einmal der Oberbürgermeister, der es von Anfang an nicht verstand, das richtige Verhältnis zu den Bezirksbürgermeistern zu finden, und der nach wie vor eine zentralistische Tendenz verfolgt. Unterstützt hierbei von dem größten Teil der Magistratsmitglieder, die ängstlich an Zuständigkeit und Kleinkram kleben, statt sich auf die großen Probleme ihrer Verwaltung zu beschränken. Schuld an der Verdrossenheit trägt endlich die Finanzverwaltung, der von Haushalt zu Haushalt ein kleines Zugeständnis nach dem anderen erst abgerungen werden mußte, und die jetzt mit Stolz auf ihre Großzügigkeit erklärte, mit der Übertragbarkeit innerhalb jedes Kapitels der Bezirkshaushalte sei die Entwicklung freien Spielraums für die Bezirke abgeschlossen. Der Bevormundungshang der Zentralverwaltung verleidet den Bezirksämtern die Arbeit und lähmt ihre Initiative. Alle Bemühungen, an diesem Zustand etwas zu ändern, sind bisher leider gescheitert, nicht zuletzt durch die Passivität der Stadtverordneten-Versammlung gegenüber dieser für das reibungslose Funktionieren der riesigen Verwaltungsmaschinerie wichtigsten Frage.

11. 12. Zu den Bürgerdeputierten der Kunstdeputation gehört der Maler *Hans Baluschek,* stark intellektuell, der Menzel der Arbeiter, Proletarier und Landstreicher, Mitbegründer der Sezession und Vorsitzender des Vereins Berliner Künstler. Dann der Landschafter Prof. *Carl Langhammer*, guter Organisator von Kunstausstellungen und geschätzter Aquarellist, und *Paul Herrmann*, der lange Jahre in Paris malte und dessen Bilder der romantischen Winkel der Seinestadt im Musée Carnevalet hängen. Einer unserer besten deutschen Radierer, der bei seiner Arbeit die Atmosphäre von Landschaft und Architektur besonders weich und duftig zu gestalten weiß.

1926

8. 1. Das Theater der höheren Schulen besteht seit drei Jahren. Ein geschäftsführender Ausschuß von Schulmännern bestimmt sein Programm. Für jedes Stück, 15mal gespielt, wird ein besonderes Ensemble zusammengestellt. Die Schüler werden im Literatur- und Gesangunterricht jeweils auf das Stück vorbereitet.

12. 1. Das Philharmonische und das Berliner Sinfonie-Orchester, früher Blüthnerorchester, beziehen eine Jahresbeihilfe von je 60 000 M. und haben dafür eine Anzahl von Volkskonzerten, Kammermusikabenden und unentgeltlichen Schülerkonzerten zu leisten. Beide Orchester sind bei der angespannten Wirtschaftslage außerstande, ihre laufenden Ausgaben zu bestreiten. Die Kunstdeputation hatte empfohlen, in Zukunft nur noch ein Orchester zu unterstützen und beide Klangkörper zu verschmelzen, was aus künstlerischen und musiktechnischen Gründen schwierig ist. Dem Philharmonischen Orchester soll noch ein Zuschuß von 40 000 M., dem Sinfonie-Orchester eine letztmalige Beihilfe von 30 000 M. gewährt werden.

14. 1. *Böss* berichtete im Aufsichtsrat der Oper über Verhandlungen mit dem Kultusministerium wegen Bildung einer Interessengemeinschaft zwischen den beiden Staatsopern und der Städtischen Oper. Ziel der Verhandlungen war zuerst eine Personalunion der drei Häuser, wobei die Gesamtleitung in die Hand von *Tietjen* gelegt werden sollte. Die Berichte der Berliner Presse, daß die Differenzen zwischen dem Ministerium und dem Intendanten *von Schillings* nur der Durchführung dieses Planes dienten, und daß die wenig sympathische ministerielle Kunstbürokratie schon bei der Intendantenwahl für die Städtische Oper auf lange Sicht beteiligt war, geben doch zu denken, nachdem *Tietjen* gerade sechs Monate im Amt ist. Die Personalunion ist gescheitert. Sie hätte nur zu einer Degradierung der Städtischen Oper geführt.

16. 1. Der Luisenstädtische Kanal hat seine Bedeutung für die Schiffahrt völlig verloren. Auf Anregung der beteiligten Bezirksämter hat der Magistrat deshalb beschlossen, den Kanal zuzuschütten und das so gewonnene Gelände zu einer Erholungsstätte mit Grünflächen für die umwohnende Bevölkerung umzugestalten.

20. 1. Die Straßenbahn hat sich weiter günstig entwickelt. Während 1923 etwa 286 Mill. Personen befördert wurden, ist diese Zahl 1924 auf 530 Mill. und 1925 auf 772 Mill. gestiegen. Im Betrieb sind 89 Linien. Die befahrene Strecke hat eine Gesamtlänge von 1200 km. Die Gemeinnützige Heimstätten-Gesellschaft der Straßenbahn hat bisher sieben Häusergruppen mit 800 Wohnungen für das Personal in unmittelbarer Verbindung mit den Betriebsbahnhöfen fertiggestellt.

23. 1. Als Adreßbuch für die gesamte Stadtverwaltung hat der Magistrat jetzt nach Beendigung der Organisationsarbeiten das alte Rotbuch wieder herausgegeben.

26. 1. Reichsbankpräsident Dr. Schacht ist der Verfasser von „Spielmannswalzer", wie man jetzt aus seinem Prozeß gegen den Komponisten erfährt. Erstaunlich, hinter welcher Physiognomie sich manchmal ein Romantiker verbirgt.

28. 1. Das von der Kunstdeputation erworbene Bronzebildwerk „Der Ringer" von *Hugo Lederer* soll auf der Mittelpromenade der Preußenallee gegenüber dem Bahnhof Heerstraße aufgestellt werden.

2. 2. Die immer offener zutage tretende Großstadtfeindschaft von Reich und Ländern hat bei der Regelung des Finanzausgleichs eine starke Verschlechterung der Gemeindefinanzen zur Folge gehabt. Ein Antrag der Sozialdemokraten fordert deshalb den Magistrat auf, eine gerechtere Verteilung des Steueraufkommens zu erwirken. Tatsächlich belastet man auf der einen Seite die Gemeinden mit Ausgaben, die eigentlich von Reich und Ländern getragen werden müßten, und setzt auf der anderen Seite die Großstädte in ihren Einnahmen zurück gegenüber den Kleinstädten und dem flachen Lande. Das Ganze verbunden mit einer öffentlichen Hetze der Wirtschaftsführer gegen die Gemeindewirtschaft, obwohl die steuerliche Belastung in den Großstädten im Verhältnis zur Vorkriegszeit nur um 50 Prozent gestiegen ist, während Reich und Länder sie verdoppelt haben. Die Behandlung einiger Steuern in Berlin ist charakteristisch: von der Hauszinssteuer erhält die Stadt knapp ein Drittel, von der Kraftwagensteuer noch nicht ein Prozent. Das sind Zustände, die der Stadt die Durchführung ihrer Aufgaben unsäglich erschweren.

4. 2. Der Antrag der Sozialdemokraten in der Stadtverordneten-Versammlung, den Königsplatz in Platz der Republik umzubenennen, ist gegen die Stimmen der Rechtsparteien angenommen worden.

15. 2. Ein geschäftstüchtiger Submissionsring konnte bei Vergebung von Schlosserarbeiten unschädlich gemacht werden. Die zu Angeboten aufgeforderten elf Firmen hatten sich unter Führung des Syndikus der Innung dahin geeinigt, daß eine Firma mit einem Angebot von 293 000 M. — das niedrigste Gebot ging auf 225 000 M. — den Auftrag erhalten und die übrigen Scheinangebote bis 370 000 M. machen sollten. Den Ausfallenden war Barentschädigung zugesagt. Der Ausbruch des billigsten Unternehmers aus der Front vereitelte zufällig das Gelingen des schönen Planes. Pech für die Beteiligten, aber wie oft mögen sie schon Glück gehabt haben.

19. 2. Weibliche Vorgesetzte scheinen je älter desto unleidlicher zu werden, von mütterlichen Ausnahmen abgesehen. Deshalb Krach in einer Fortbildungsschule, weil der Bubikopf einer Schülerin die Direktorin zu beleidigenden Bemerkungen veranlaßt. Der temperament-

volle Widerspruch der Gekränkten wird mit Arrest geahndet, in dem ein Aufsatz über „den natürlichen Anstand und die sittsame Jungfräulichkeit" abgeschrieben werden muß, der die schallende Heiterkeit der Stadtverordneten erregte. Empörung auch in unserem größten Krankenhause, wo die gestrenge Oberin die Frisur der Schwestern, so ziemlich ihr einziges Mittel weiblicher Koketterie, argwöhnisch überwacht und das Tragen von Halbschuhen im Dienst verbietet. Kein Verständnis für junge Menschen, das leider auch nicht durch einen energischen Rüffel geschaffen werden kann.

20. 2. Die erste „Grüne Woche" ist heute in den Messehallen vom Landwirtschaftsminister eröffnet worden.

23. 2. Das Provinzialschulkollegium hat mit seinem Erlaß „Farbe in die Schule" vielfach Exzesse farbbegeisterter Schulleiter hervorgerufen. *Böss* hat deshalb die Akademie der Künste um ein Gutachten gebeten über die farbige Behandlung des Stadtbildes, von Fassaden und Innenräumen öffentlicher Gebäude, besonders von Schulen. Wie schwierig das Problem ist, zeigt der Kampf, der vor dem Kriege in Magdeburg tobte, als dessen Stadtbaurat die Altstadt und ihr Rathaus kolorierte, und die Decke des Magistratssitzungssaales aussah, als wäre eine Handgranate in einem Farbenlager explodiert.

1. 3. Die Eiswerke Hohenschönhausen haben der Stadt ihren gesamten Grundbesitz am Orankesee mit Restaurantgebäude und Inventar sowie den See selbst, zusammen etwa 42 Morgen, zum Preise von 250 000 M. verkauft. Der Besitz gehört zu den landschaftlich schönsten Punkten dieses Ortsteils und liegt in dem vorgesehenen Grüngürtel. Das Bezirksamt wird am See eine Badeanstalt errichten.

2. 3. In der Städtischen Oper eine glänzende Aufführung von *Tschaikowskys* „Pique Dame" mit *Marie Schulz-Dornburg* als Spielgräfin unter Regie von *Tietjen*.

6. 3. Konvertiten gehen nach meinen Beobachtungen, gegebenenfalls als Antisemiten von 150 Prozent, meist zur Volkspartei oder als fanatische Katholiken zum Zentrum. Die religiöse Umkehr scheint starke seelische Veränderungen auszulösen.

9. 3. Minderbemittelten sollen 10 Sondervorstellungen der Städtischen Oper sonnabends zu einem Einheitspreis von 1,50 M. für alle Plätze bei Anwendung des Verlosungssystems überlassen werden. Die Kartenausgabe erfolgt durch die Bezirksämter im Einvernehmen mit den auf dem Gebiete der Volksbildung tätigen Organisationen.

10. 3. Zwischen Berlin und dem Preußischen Staat besteht seit 1855 ein Sozietätsverhältnis zur Ausbeutung des Kalksteinbruchs Rüdersdorf. An der Sozietät ist die Stadt mit einem Sechstel beteiligt. Technische Leitung und Verwaltung hat der Staat, der Berlin alljährlich Rechnung legen muß. Die von Preußen mit der Verwaltung beauftragte Preußische Bergwerks- und Hütten-AG. empfand diese Sozietät mit Rück-

sicht auf die völlig veralteten Vertragsbestimmungen als lästig und bot der Stadt gegen eine Entschädigung von 800 000 M. die Auflösung der Sozietät an. Da der Stadt jeder Einfluß auf die Verwaltung fehlt, hat der Magistrat das Angebot angenommen. Von den Stadtverordneten ist es abgelehnt worden.

12. 3. Eine Kunstausstellung im Bezirk Wedding, in deren Komitee auch das Bezirksamt vertreten war, hat es der Volkspartei angetan, die wegen der „einseitig orientierten" Ausstellung — es handelt sich um Werke von *Käthe Kollwitz, Dix, Nagel, Baluschek, Zille, Sandkuhl* u. a. — einen Rüffel für das Bezirksamt fordert. In den Sitzungen der Stadtverordneten-Versammlung sind Kunstdebatten immer fröhliche Oasen in der dürren Wüste der Politik.

15. 3. Dem Weiterbau der Schnellbahn Gesundbrunnen—Neukölln hatte die Stadtverordnetenversammlung bereits im Sommer vorigen Jahres für die Strecke Gesundbrunnen—Hermannstraße zugestimmt unter vorläufigem Wegfall der Endstrecke bis zur Christianiastraße. Man rechnet jetzt mit einem Kostenaufwand von 50 Mill. M. Nach Ablehnung einer kommunalen Auslandsanleihe zur Finanzierung des Bauvorhabens durch die Aufsichtsbehörde ist eine Verständigung mit der Gesellschaft für elektrische Hoch- und Untergrundbahnen versucht worden mit dem Ziel, für die Stadt einen überwiegenden Einfluß auf die Gesellschaft zu gewinnen und so eine Kreditbasis für die Bahn Gesundbrunnen—Neukölln zu schaffen. Angeboten wurde Umtausch der Hochbahnaktien von je 1000 M. gegen 1100 M. 7½prozentiger kommunaler Anleihe, gefordert 1200 M. 7prozentiger Anleihe, was dem inneren Wert der Hochbahnaktien nicht entspricht. Der Magistrat will jetzt die Finanzierung ohne Auslandsanleihe versuchen.

20. 3. Der Kämmerer legt den Haushalt dieses Jahres vor, der in Einnahmen und Ausgaben mit 590 Mill. M. abschließt. Nach dem Steuersegen des ersten Goldmarkjahres ein schwerer Rückschlag im vorigen Jahre. Der Netto-Haushalt ist von allen durchlaufenden Lasten frei gemacht worden, der Brutto-Haushalt dadurch ausgebaut, daß in ihm alle Einnahmen und Ausgaben nachgewiesen werden, die aus dem Verkehr der städtischen Verwaltungen untereinander entstehen. Der vom Gesetz geforderte Spielraum für die Bezirke ist immer noch recht beengt. Mit insgesamt 3 Mill. M. Vorbehalts- und Verstärkungsmitteln können 20 Bezirke nicht viel anfangen. Aber es ist auch unmöglich, wie von einigen Bezirken gefordert, jedem Bezirksamt einfach einen Gesamtbetrag zur freien Bewirtschaftung zu bewilligen. Bemerkenswert, daß 40 Prozent der gesamten Ausgaben allein auf Wohlfahrtspflege, Jugendwohlfahrt und Gesundheitswesen entfallen.

Die „Veredlung" des Verteilungsschlüssels beim Finanzausgleich bedeutet eine bewußte Schädigung der Großstädte. Von dem Aufkommen an Einkommen- und Körperschaftssteuer, an Umsatz-, Hauszins- und Kraftwagensteuer von 302 Mill. M. erhält Berlin selbst nur 172 Mill. M., der Rest wird an andere Gemeinden in ganz Preußen verteilt.

23. 3. Unter den Gästen einer Abendgesellschaft bei *Böss* — meist bildende Kunst und etwas Literatur — befand sich auch *Heinrich Zille*, dem man es deutlich anmerkte, wie wenig ihm dieser Kreis von gepflegten Arrivierten zusagte. Nach dem Essen holten wir ihn uns deshalb in eine stille Ecke und *Böss* fragte, ob er besondere Wünsche hätte. *Zille* blinzelte ihn über die Brillengläser hinweg erleichtert an: „'ne Molle, Herr Oberbürgermeister!" Als das Bier gebracht war, griff *Zille* nach seinem Glase und trank dem Gastgeber mit spitzgewinkeltem Arm verschmitzt zu. Der alte Corpsstudent *Böss* stutzte einen Augenblick, dann erwiderte er lächelnd den Comment aus dem Gasthause „Zum Nußbaum".

2. 4. Vertreter des Berliner Theaterwesens in der Kunstdeputation sind *Leopold Jessner* und *Erwin Piscator*. *Jessner*, einst Schauspieler an der wandernden Ibsenbühne des Schererschülers *Carl Heine*, des späteren Spielleiters des Deutschen Schauspielhauses Hamburg. Auf der kleinen Bühne des Hamburger Thaliatheaters hat *Jessner* zum ersten Male in Deutschland „Dantons Tod" von *Georg Büchner*, Ibsens „Peer Gynt" und *Wedekinds* „König Nikolo" herausgebracht. Ein ausgesprochener Expressionist, der schon 1919 mit seiner „Freitreppe" bei der Inszenierung von „Wilhelm Tell" das Mißfallen der Lokalanzeiger-Presse erregte, im Gegensatz zu *Piscator*, der in seiner Arbeit von den Reformen der modernen Russen ausgeht. Für Musik zeichnet Dr. *Kurt Singer*, der Dirigent des Berliner Ärzteorchesters.

10. 4. Auf den Rehbergen soll jetzt für den Bezirk Wedding eine große Spiel-, Sport- und Volksparkanlage entstehen. Da die Ausführung der Anlage als Notstandsarbeit vorgesehen ist, beschränken sich die Ausgaben der Stadt auf 600 000 M.

13. 4. Das älteste Stadtsiegel aus der Mitte des 13. Jahrhunderts zeigt noch nicht den Bären, der erst später mit betonter Abhängigkeit vom Fürstenhause erscheint. Ein neues Siegel erhielt der Magistrat 1709 mit dem aufrechtstehenden Bären ohne Halsband. Die Mauerkrone ist erst später hinzugesetzt worden.

20. 4. Von den angekauften Bronzebildwerken sollen der „Sieger" von *Hugo Lederer* auf dem Sportplatz an der Dahme in Köpenick, „Venus und Amor" von *Peter Breuer* auf dem Rathausplatz in Oberschöneweide und „Gelöbnis" von *Julius Obst* im Vorraum des Rathauses Wittenau aufgestellt werden.

27. 4. Die Unterstützungsrichtsätze in der allgemeinen Wohlfahrtspflege sind im Haushaltsjahr 1925 um 31 Prozent gestiegen. So ist eine Nachbewilligung von nicht weniger als 4,2 Mill. M. erforderlich. Die Gesamtausgabe für Wohlfahrtszwecke betrug also 63 Mill. M.

29. 4. Die Ankaufstätigkeit der Grundstücksverwaltung wird immer lebhafter, obwohl der Grunderwerbsstock infolge der Ankäufe 1925 bereits einen Fehlbetrag von 4½ Mill. M. aufweist. Wir kaufen nicht teuer, sehr oft recht billig, aber man darf schließlich nicht in den Fehler schlechter Hausfrauen verfallen, die etwas kaufen, weil es billig ist. Zur Beruhigung heißt es dann, das Grundstück könne als Volkserholungsstätte verwendet werden.

2. 5. Das Opernhaus Unter den Linden ist heute geschlossen worden, da der Umbau des Bühnenhauses aus baupolizeilichen Gründen nicht länger verschoben werden kann. Ein Plan, der schon seit Dezember 1918 immer wieder erörtert worden ist. Nach den zahlreichen Entwürfen sind zwei Möglichkeiten für den Umbau gegeben: die beiderseitige Erweiterung durch Anbauten am Bühnenhause oder die einseitige durch Anbau eines Flügels nach Osten, der das städtebauliche Bild stark verändert hätte. Man hat sich für die erste Lösung entschieden.

6. 5. Der persönlich sehr anspruchslose Generalmusikdirektor wünscht zu seinem Gehalt von 60 000 M. noch einen Zuschuß von 25 000 M. für Wohnung. Zur Herstellung des ehelichen Friedens hat der Aufsichtsrat der Oper ein Fünftel des geforderten Betrages bewilligt.

8. 5. Die Inflationseinsparungen verschwinden langsam. Nun ist auch der Wasserfall im Viktoriapark auf dem Kreuzberg wieder in Betrieb gesetzt worden.

10. 5. In den Verhandlungen der Stadtverordneten nehmen agitatorische Anträge und Anfragen der Kommunisten und der Deutschnationalen den breitesten Raum ein. Die übrigen Parteien haben es dadurch nicht immer leicht, sich im Wettkampf um die Wählerstimmen zurückzuhalten. Im übrigen ist der Ton der Debatten oft recht würdelos, wobei die Deutschnationalen ihren Antipoden auf der äußersten Linken in keiner Weise nachstehen. Sitzungen ohne mehrere Ordnungsrufe gibt es nicht bei der parlamentarischen Disziplinlosigkeit der Flügelparteien, die keine Achtung vor dem politischen Gegner kennen und den Mangel an sachlichen Argumenten durch persönliche Verunglimpfungen zu ersetzen suchen. Ein jämmerliches Schauspiel für die Tribüne.

11. 5. Neben dem Preußischen Richterverein, einer Sammlung monarchistischer Reaktion, hat sich der Republikanische Richterbund gebildet. Der Vorstand des Richtervereins hat beschlossen, daß ein Richter nicht beiden Vereinigungen angehören könne. Dem kann man nur zustimmen.

12. 5. Das Bronzebildwerk „Diana" von *Lederer* wird im Friedrichshain aufgestellt.

13. 5. In der Städtischen Oper der erste Ballettabend, von *Lizzie Maudrik* gestaltet, mit der choreographischen Komödie „Der große Krug" von *Casella*, der „Nußknacker-Suite" *Tschaikowskys* und der von *Richard Strauß* bearbeiteten „Tanz-Suite".

15. 5. Schloß Niederschönhausen im Bezirk Pankow, einst die Residenz der Gemahlin Friedrichs des Großen, war für die Aufnahme einer städtischen Gemäldegalerie in Aussicht genommen. Der bauliche

Zustand des Hauses mit seiner schön geschwungenen Doppeltreppe und der kostbaren Täfelung einiger Räume im Erdgeschoß zwang aber doch dazu, den Plan wieder fallenzulassen. Die ohnehin nicht vom Glück verwöhnte Königin muß mit ihren Hofdamen in diesem ewig feuchten Hause mit seinen winzigen Kaminen jämmerlich gefroren haben.

18. 5. Die von Staatssekretär *Schulz* gegründete Deutsche Kunstgemeinschaft will Werke der bildenden Kunst auf Teilzahlung verkaufen, um den notleidenden Künstlern wie den minderbemittelten Kunstliebhabern zu helfen. Ein Versuch mit unzulänglichen Mitteln. Im übrigen sind die Bilderpreise in Berlin verglichen mit denen in Paris noch immer viel zu hoch.

20. 5. Das Magistratsmitglied, zu dessen Dezernat die Berliner Häfen gehören, hat sein Amt niedergelegt, um Direktor der von ihm bisher kontrollierten Berliner Hafen- und Lagerhaus-AG. zu werden. Das sollte grundsätzlich besser nicht geschehen.

25. 5. Der Berliner Sängerverein hat beim Abschluß seiner Fahrt in die Schweiz dem Stadtpräsidenten von Bern namens der Reichshauptstadt die Radierung „Der Märchenbrunnen" überreicht, eine der schönsten Arbeiten von *Paul Herrmann*.

28. 5. Die erste Eheberatungsstelle ist vom Bezirksamt Prenzlauer Berg eröffnet worden.

1. 6. Das Kultusministerium errichtet für die Lehrerausbildung Pädagogische Akademien mit konfessioneller Trennung, und hat den Gemeinden dabei derartige Lasten zugemutet, daß der Preußische Städtetag seinen Mitgliedern die Ablehnung der geforderten Auflagen empfahl. Akademien sind bisher in Kiel, Bonn und Elbing errichtet worden. Vor Berlin scheint das Ministerium von Herrn *Becker* zurückzuscheuen. Ein Antrag der Sozialdemokraten fordert deshalb für Mittelpreußen eine weltliche Akademie in Berlin, unter Zustimmung der Mehrheit der Stadtverordneten. Daß auch der Sprecher der Demokraten die Einheitsschule für sämtliche Schulkinder forderte, ist ein erfreuliches Zeichen dafür, wie weit diese Idee Boden gewonnen hat.

5. 6. Den Stadtverordneten *Hugo Heimann* und *Hermann Bamberg*, die beide seit 25 Jahren Mitglied der Stadtverordneten-Versammlung sind, ist von den städtischen Körperschaften das Ehrenbürgerrecht verliehen worden.

8. 6. Daß wir uns immer wieder im Aufsichtsrat der Oper mit der Finanzierung der Familie des Generalmusikdirektors beschäftigen müssen. Man sollte meinen, daß sie sich bei einem Jahreseinkommen von 60 000 M., wozu noch das Honorar für die Londoner Season und anderes kommen, selbst bei großzügiger Wirtschaftsführung erübrigten. Aber das hindert die Hausfrau nicht, von der Stadt die Lieferung des Mobiliars für eine 12-Zimmerwohnung zu fordern. Der Aufsichtsrat hat im Interesse seines Generalmusikdirektors, der seelischer Ruhe bedarf, einen Zuschuß von 15 000 M. bewilligt, unter Vorbehalt des Eigentums der Stadt an den hierfür beschafften Möbeln. Doch wohl nur eine schöne Geste zur Beschwichtigung des Kämmerers.

9. 6. Die Elternbeiratswahlen haben ein interessantes Ergebnis gehabt: die Christlich-Unpolitischen erlangten 3200, die Weltlichen zusammen 1500 Sitze.

11. 6. Zur Hebung des Kraftdroschkenverkehrs ist der Autoruf-AG. die Aufstellung von Autoanrufsäulen gestattet worden, und zwar bis zum 1. April 1928 ohne Entgelt, von da an gegen Zahlung von 5 Prozent der Bruttoeinnahme.

12. 6. *Otto Müller* begeht heute sein 25jähriges Jubiläum als Vorsitzender des Philharmonischen Orchesters. Daß er sein schweres Amt so lange ausgehalten hat, verdankt er wohl nur seiner beschaulichen Tätigkeit als Harfenist. Ein Streicher hätte den Kampf mit einem stets unruhigen Orchester viel früher aufgeben müssen.

16. 6. Der Wohnungsbau wird jetzt energischer betrieben. In diesem Jahre sollen 13 000 Wohnungen unter Verwendung von 90 Mill. M. aus dem Aufkommen an Hauszinssteuer hergestellt werden. Außerdem haben die städtischen Körperschaften für den Bau von Kleinwohnungen 25 Mill. M. bereitgestellt, ferner 1,5 Mill. M. Arbeitgeberdarlehen für wohnungslose Beamte, Angestellte und Arbeiter und 2 Mill. M. für Reparaturhypotheken zur Wiederherstellung von Verfallbauten.

18. 6. Vom Solopersonal der Oper wird Klage geführt, daß Familienangehörige des Generalmusikdirektors die Proben in ungehöriger Weise stören. Der Intendant ist angewiesen worden, während der Proben und beim Probesingen Unbefugten den Zutritt zum Theaterraum zu verbieten. Eine schwierige Familie, die offenbar aus den gleichen Vorgängen in München nichts gelernt hat.

20. 6. Der Magistrat plant zusammen mit Reich und Staat die Aufstellung eines Beethoven-Ehrenmals am 26. März 1927, dem 100. Todestage Beethovens. Die Plastik soll auf dem Bülowplatz vor dem Hause der Volksbühne aufgestellt werden. Zu einem engeren Wettbewerb wurden die Bildhauer *Barlach, Belling, Kolbe, Scharff, Breuer, Placzek, Lederer* und *Manzel* aufgefordert.

24. 6. Der seit Jahrzehnten geführte Kampf um die Kommunalisierung des gesamten Verkehrswesens Groß-Berlins ist durch den Abschluß eines Vertrages mit der Hochbahngesellschaft beendet worden. Darnach erhöht die Hochbahn ihr Aktienkapital um 62 Mill. M. Von den neuen Aktien erhält sie die Nordsüdbahn nom. 50 Mill. M. gegen Überlassung ihrer Bahneinheit, die als Einzahlung zu 50 Prozent gilt. Gleichzeitig übernimmt die Hochbahn die Schulden der Nordsüdbahn an die Stadt in Höhe von 33 Mill. M. Die restlichen nom. 12 Mill. M. werden der

Stadt überlassen gegen Einbringung der Schöneberger Bahn mit einer Bewertung von 6 Mill. M. Von den Schutz-Stammaktien werden 50 000 Stück eingezogen. Das Angebot der Stadt an die Aktionäre sieht einen Übernahmepreis von 1200 M. vor, eine sehr reichliche Vergütung, da die von der Hochbahn gezahlte Dividende den längst erwarteten Erwerb des Unternehmens durch die Stadt stark berücksichtigt hatte. Die Stadtverordneten haben dem Abschluß des Vertrages mit großer Mehrheit zugestimmt. Für den Bau weiterer Schnellbahnen wird, wie man meint, eine städtisch gewordene Hochbahn eine wertvolle Kreditunterlage sein.

2. 7. Zur Verschönerung des Tiergartens hatte Berlin vor dem Kriege eine laufende Beihilfe von jährlich 75 000 M. gezahlt. Da das von der Stadt gekaufte Planetarium an der Nordwestecke des Zoo auf Tiergartengelände aufgebaut werden soll, hat das Finanzministerium diese Gelegenheit benutzt, um die Weiterzahlung der Beihilfe zu fordern. So blieb nichts weiter übrig, als sich zu einer Zahlung von 30 000 M. für dieses Jahr, steigend jährlich um 10 000 M. bis zur Höhe der früheren Beihilfe zu verpflichten. Ein teures Grundstück.

5. 7. Als einzigen Vorzug meiner Tätigkeit im Aufsichtsrat der Oper betrachte ich die Möglichkeit, zu jeder Stunde der Vorstellung unauffällig meinen Platz in der Intendantenloge einnehmen zu können. Man tut dort allerdings gut, beim Spiel auf der Bühne die Augen zu schließen, wenn man nicht jede Illusion durch die nach einer Stunde immer mehr fließende Schminke verlieren will. Schade übrigens, daß die meisten deutschen Opernsolisten so schlechte Schauspieler sind. *Hans Gregor*, der vom Schauspiel kam, hat die Komische Oper zu früh verlassen, um in Berlin intensiver als Erzieher wirken zu können.

9. 7. Daß die Schloßbrücke Charlottenburg, die Ende vorigen Jahres gesperrt werden mußte, dem Preußischen Staat gehört, wußten wohl nur einige Eingeweihte. Der Polizeipräsident wollte die Brücke in ihrer alten Breite und Lage erneuern, um Kosten zu sparen, ohne wie sonst bei städtischen Anlagen verkehrspolizeiliche Bedenken zu haben. Da die Brücke im Hauptverkehrszug von Charlottenburg nach Siemensstadt liegt, ist eine Verbreiterung, eine Achsenverlagerung und damit ein völliger Neubau notwendig, den der Staat gegen eine Abfindungssumme von 570 000 M. der Stadt großmütig überläßt.

12. 7. In Berlin 262 000 Erwerbslose gegenüber dem Höchststande von 292 000 im Januar 1924.

14. 7. Ein Blick auf die Tagesordnungen der Stadtverordneten zeigt eine Verwaltungshypertrophie von bedenklichem Ausmaß. Ist schon das Zweikammersystem wie geschaffen, schnelle Entschließungen unmöglich zu machen, so tut die Weitergeltung der völlig veralteten und auf kleine Verhältnisse zugeschnittenen Städteordnung von 1853 für eine Weltstadt ein übriges, den Gang einer Sache zu komplizieren. Wofür

wird allein schon die Unterschrift des Oberbürgermeisters und eines weiteren Magistratsmitgliedes gefordert! Nach der neuen Besoldungsordnung mußten alle Beamten, etwa 9000 in der Zentralverwaltung, neue Anstellungsurkunden erhalten, es war grauenhaft. Die völlig unzulängliche Dezentralisation führte zu Grotesken, an die man sich in den städtischen Körperschaften so gewöhnt hat, daß man gar nicht mehr sieht, in welchem Mißverhältnis der Wert der Einzelsache zu dem für sie notwendigen Verwaltungsaufwand steht. Eine Baumaske von 4 qm im Gesamtwert von 20,— M. soll als Straßenland erworben werden, also: Beratung im Grundstücksausschuß des Bezirksamts, im Plenum des Bezirksamts und der Bezirksversammlung, Vorlage an den Magistrat, Prüfung im Grundstücksamt, Beratung in der Finanzdeputation und im Magistrat, Vorlage an die Stadtverordneten, Verweisung an deren Grundstücksausschuß und Beratung, wenn auch meist ohne Diskussion- im Plenum — das ist nur ein Beispiel für vieles, an das Arbeit, Zeit und Geld vergeudet werden. Ich versuche auch immer wieder, die Stellung der gehobenen Sachbearbeiter und der Dezernenten selbständiger zu gestalten, aber gerade von den Dezernenten wird mir trotzdem jede Verfügung, die ihnen „gefährlich" erscheint, zur Unterschrift vorgelegt. Ausnahmen sind selten, bei dem Rest ein völliger Mangel an Entschlußfreudigkeit und Verantwortungsbereitschaft, und so sieht es überall aus.

19. 7. An die Stelle einer zentrifugalen Groß-Berliner Bewegung ist im Laufe der Zeit eine zentripetale getreten: eine Reihe von Vororten hat plötzlich den Wunsch, eingemeindet zu werden, wie Stolpe, Zeuthen, Eichwalde, Woltersdorf, Hohen-Neuendorf und Erkner. Es sind natürlich nicht gerade ethische Motive, die diese Großstadtsehnsucht entstehen ließen, aber — immerhin.

23. 7. In einer großen Verwaltung hat man öfter Gelegenheit, jemand zu fördern oder ihm sonst irgendwie helfen zu können. Das Gefühl, nunmehr zu Dank verpflichtet zu sein, ruft bei den meisten Menschen eigenartige Erscheinungen hervor. Es belastet sie, und so ist es ihnen peinlich, wieder in den Gesichtskreis ihres Helfers zu kommen, weil er sie einmal hilfsbedürftig, schwach oder gar klein gesehen hat. Um sich davon zu befreien, schlägt die Belastung oft in versteckte Feindseligkeit um. Nur die wenigsten sind fähig, ehrlich dankbar zu sein, deshalb eine beglückende Überraschung bei dem anderen, der bei seinem Handeln gar nicht mit Dank gerechnet hatte.

5. 8. Die Kirchtumspolitik in den Ortsteilen der westlichen Bezirke steht noch immer in voller Blüte. Man ist zu Hause Spandauer oder Zehlendorfer, aber in den Kurlisten der Badeorte trägt sich auch die unversöhnlichste Irredenta stolz als Berliner ein.

8. 8. Der „Totentanz" in der Marienkirche, das bedeutendste mittelalterliche Kunstwerk Berlins, wird jetzt mit Unterstützung der Stadt restauriert.

12. 8. Die seit langer Zeit bekannten Braunkohlenlager in der Umgebung Berlins werden in diesen heißen Tagen wieder aufs neue „entdeckt". Phantasten und Spekulanten reichen sich hier die Hand.

15. 8. Der Barfüßermönch *Johannes Pauli* schreibt 1522 in seiner Schwanksammlung „Schimpff und Ernst": „So ist es immer. Da kommt einer und schimpft über die Herren im Rat und redet Übles von ihnen und, wär ich im Rat, ich wollte schon anders sprechen und nicht immer allem beistimmen. So macht er ein groß Geschreib. Aber wenn er in den Rat kommt, singt er dasselbe Liedlein und darf das Maul nicht auftun und er treibts wie die anderen." Wahlpropaganda, Interessentenverflechtung, Fraktionszwang — daß das alles schon so alt ist.

18. 8. Der Bestand an Spareinlagen bei der Sparkasse hat wieder 100 Mill. Reichsmark erreicht.

20. 8. Die Not unter den Berliner Künstlern, von denen bereits etwa 2000 Erwerbslosenunterstützung beziehen, nimmt einen erschreckenden Umfang an. Die Absatzmöglichkeiten für bildende Künstler werden immer geringer, Theater und Konzerte sind schwach besucht, die Künstlerorganisationen verarmt. Zur Linderung der Not hat die Kunstdeputation der Werkhilfe bildender Künstler 100 000 RM. überwiesen.

25. 8. Nach einer Kabinettsordre von 1835 hat die Stadt das Recht, von der Charité 100 000 freie Verpflegungstage für Fürsorgekranke zu beanspruchen. Über die Auslegung dieser Kabinettsordre besteht seit Jahrzehnten Streit. Die schwebenden Prozesse haben jetzt durch einen Vergleich ihre Erledigung gefunden. Die Zahl der freien Verpflegungstage wird auf 50 000 herabgesetzt, für abgelehnte Aufnahmen ist der Kurkostensatz städtischer Anstalten zu erstatten.

6. 9. Der Kämmerer, offenbar erschreckt durch den Gang der Haushaltsberatung und die Haltung des Reichs gegenüber den Gemeinden, ist, der städtischen Finanzsorgen müde, in die Privatwirtschaft geflüchtet. Ein Nachtragshaushalt, wie er jetzt zur Linderung der Erwerbslosigkeit nötig wird, ist immer ein alarmierendes Klingelzeichen.

15. 9. Der von Anfang an sehr optimistisch geschätzte Zuschußbedarf unserer Oper von 300 000 RM. hat sich nach 6 Monaten der ersten Spielzeit auf 780 000 RM. erhöht. Daß dank *Tietjens* Aktivität fleißig gearbeitet worden ist, beweist die Zahl von 38 Opern auf dem Spielplan. An Erstaufführungen u. a. Don Pasquale, Ariadne, Elektra und Pique Dame, bei den Neuinszenierungen, der Vorliebe des Intendanten entsprechend, nicht weniger als sechs Wagneropern.

19. 9. *Dusolina Gianini* sang in der Städtischen Oper die Aida und Recha mit einer auffallend geringen Einfühlung in die Rollen. Unsere beste Verdisängerin, *Beate Malkin*, braucht den Vergleich mit ihrer Kollegin nicht zu scheuen.

1. 10. Heute die erste Verkehrsregelung durch Lichtsignale in einigen Hauptverkehrsstraßen.

9. 10. Der Polizeipräsident hat sich nach jahrelanger Diskussion in der Presse und in der Stadtverordneten-Versammlung endlich entschlossen, als Polizeistunde die Zeit zwischen 3 und 6 Uhr festzusetzen.

15. 10. Gelegentlich der groß aufgezogenen „Gesolei", der Ausstellung für Gesundheitspflege, soziale Fürsorge und Leibesübungen, Bankett der Stadt für die Vorstände der Städtetage. Besonderes Schauobjekt der Ausstellung ist eine mehr oder weniger phantasievolle Nachbildung des Neandertalers. Der Kölner Oberbürgermeister soll in einer Tischrede humoristisch behauptet haben, der Neandertaler sei ein Kölner Ausflügler gewesen, der von den auf noch niedriger Kulturstufe stehenden Düsseldorfern erschlagen worden sei. Der Düsseldorfer Oberbürgermeister antwortete seinem Rivalen gereizt, das sei richtig, man sehe es an dem großen Mundwerk.

21. 10. Ein vom Bezirksamt Mitte geplantes Freibad Engelbecken hat den lebhaften Protest der Zentrumsfraktion im Roten Hause hervorgerufen, weil durch den Badebetrieb der Gottesdienst in der dicht dabei liegenden St. Michaelskirche gestört werde. Die Deutschnationalen hatten für eine katholische Kirche kein Interesse, bei einer evangelischen wären sie sicher empfindlicher gewesen. Sachlich aber muß man den Beschwerdeführern recht geben. Eine Badeanstalt in dieser Gegend an dem hygienisch wenig appetitlichen Engelbecken ist eine recht unglückliche Idee.

23. 10. Der Rettungsdienst auf den öffentlichen Gewässern ist bisher von den Organisationen der Wassersportvereine durchgeführt worden. Zahlreiche Unglücksfälle haben die sozialdemokratische Fraktion veranlaßt, die Übernahme des Rettungsdienstes durch die Stadt zu fordern. Die Stadtverordneten haben zugestimmt.

25. 10. Es ist ein besonderer Genuß, *Bruno Walter* beim Dirigieren zu beobachten. Ohne die Orchesterführung zu vernachlässigen, steht er in erster Linie in engster Fühlung mit den Solisten auf der Bühne. Im Gegensatz zu *Furtwängler,* der oft genug zum Schrecken der Sänger wird, die seine eigenartige Stabführung bei Einsätzen zuweilen mißverstehen.

28. 10. Die Wahl von vier Magistratsmitgliedern in freigewordene Stellen führte zu turbulenten Lärmszenen der Kommunisten, von denen der größte Teil durch Polizei aus dem Sitzungssaal entfernt werden mußte. Zum Stadtbaurat für Hochbau ist Dr.-Ing. *Martin Wagner* gewählt worden, zum Stadtschulrat der frühere Volksschullehrer *Nydahl,* zum besoldeten Stadtrat der Stadtverordnete *Reuter,* Wirtschafts- und Verkehrssachverständiger der sozialdemokratischen Fraktion, und zum

Kämmerer trotz aller Gegenbemühungen von *Böss* bei den Demokraten der bisherige Hauptsteuerdirektor Dr. *Lange*.

5. 11. Empfang *Hindenburgs* im Magistratssitzungssaal mit den üblichen Festreden. Sehr früh hat sich der Reichspräsident gerade nicht zu einem Besuch im Roten Hause entschlossen.

6. 11. Als Festvorstellung des Vereins Berliner Presse in der Städtischen Oper die Erstaufführung von *Puccinis* „Turandot", von *Tietjen* glänzend inszeniert, mit herrlichen Bühnenbildern von *Pasetti*. Es sangen *Oehmann, Mafalda Salvatini* und *Lotte Schöne*.

8. 11. In der Aufsichtsratssitzung der Oper wurde von *Böss* mitgeteilt, daß *Tietjen* zum 1. August 1928 das Amt eines Generalintendanten der Preußischen Staatstheater übertragen worden sei. Der Aufsichtsrat, vor eine vollendete Tatsache gestellt, erklärte sich grundsätzlich mit einer Personalunion einverstanden. Eine wenig erfreuliche Situation, die hier hinter unserem Rücken von den ministeriellen Theaterdezernenten geschaffen worden ist, die seit Beginn der Arbeit der Städtischen Oper deren schnell steigendes künstlerisches Niveau als Konkurrenten beobachteten. Oder waren die Vermutungen der Berliner Presse bei der Schillingskrise zutreffend, daß man *Tietjen* der Stadt empfahl, um ihn auf Kosten anderer Probearbeit leisten zu lassen? Wenig erfreulich auch ein Intendant, der nur noch mit einem Bein im alten Betrieb steht, und ein Generalmusikdirektor, der es ablehnt, sich zu der Frage der Verlängerung seines Vertrages zu äußern, aber in aller Naivität den vom Aufsichtsrat abgelehnten Antrag stellt, auch in der Staatsoper dirigieren zu dürfen.

11. 11. In der Volksbühne „Nachtasyl" unter der Regie von *Piscator* und mit *George* als Satin. Die Rechtspresse wirft dem Regisseur, dessen Begabung sie nicht bestreiten kann, politische Besessenheit vor. Die Volksbühne plant übrigens ein Experimentiertheater mit Matineen und *Piscator* als Regisseur, bei dem schwer zu beurteilenden Geschmack ihrer Mitglieder recht zweckmäßig.

18. 11. Auf Grund des vor zwei Jahren ausgeschriebenen Wettbewerbs für die Umgestaltung des Bülowplatzes, die nach dem Entwurf des Architekten *Emil Schaudt* erfolgt, wird jetzt mit der Bebauung des Scheunenviertels begonnen.

24. 11. In der Presse wird seit Jahren mit Recht über die ewige Bürgersteig-Buddelei geklagt. Von den hier beteiligten Verwaltungen wird das Pflaster in fröhlichem Nacheinander aufgerissen, statt sich alljährlich über ein gemeinschaftliches Arbeiten zu verständigen. Die Unwirtschaftlichkeit dieses Verfahrens liegt auf der Hand, aber wirtschaftliche Erwägungen scheinen für öffentliche Verwaltungen nicht immer maßgebend zu sein. Alle Bemühungen des Magistrats, hier endlich Ordnung zu schaffen, sind bisher jedenfalls fruchtlos geblieben.

7. 12. Die Gesamtkosten für das Großkraftwerk Rummelsburg belaufen sich auf 69 Mill. RM. ohne die Erweiterung des Kabelnetzes und den Bau von Umspannwerken. Da das Bauprogramm der Bewag mit 164 Mill. RM. abschließt, wovon aus der 15-Mill.-Dollaranleihe und der Schweizer 30-Mill.-Frankenanleihe nur 81 Mill. RM. zur Verfügung stehen, haben die Stadtverordneten einstimmig der Aufnahme einer 20-Mill.-Dollaranleihe durch die Bewag zugestimmt.

10. 12. In der Städtischen Oper Farblichtmusik von *Alexander Laszlo*. Ob die Synthese von Musik und Farbe weite Perspektiven eröffnet, wie ein Teil der Musikkritik meint, ist doch wohl recht zweifelhaft.

16. 12. Von der sozialdemokratischen Fraktion ist der Antrag gestellt worden, zum Andenken an *Karl Marx* und *Ferdinand Lassalle* Gedenktafeln anzubringen. *Marx* wohnte von 1836 bis 1841 in Berlin, *Lassalle* zuletzt von 1857 bis zu seinem Tode. Die Stadtverordneten stimmten dem Antrag zu, wobei der Sprecher der Deutschnationalen darin schwelgte, *Lassalle* als Verfechter einer nationalen Weltanschauung, eines sozialen Königstums und deutschen Heldentums zu feiern. *Karl Marx* war ihm sichtlich unsympathischer.

18. 12. Der Ankauf von Düppel-Dreilinden, bei dem ein Zwischenhändler zum Schaden der Stadt ungeheure Gewinne erzielt hat, ist in der Presse leidenschaftlich befehdet worden, wobei dem Grundstücksdezernenten des Magistrats mit mehr oder weniger Offenheit der Vorwurf der Korruption gemacht wurde. Die sozialdemokratische Fraktion legte in der Stadtverordneten-Versammlung die Begleitumstände dieses Geschäfts offen und sprach dem zur Wirtschaftspartei gehörenden Magistratsmitglied ihr schärfstes Mißtrauen aus. Nach Lage der Sache blieb nichts weiter übrig, als der Vorlage zuzustimmen, um 750 ha der privaten Spekulation zu entziehen. Wie *Böss* sich zu den Angriffen stellen wird, bleibt abzuwarten. Ich hatte ihm schon vor einiger Zeit empfohlen, nach Neuköllner Muster einen ihm direkt unterstellten Grundstücksdirektor anzustellen, statt diese verantwortungsvolle Tätigkeit einem unbesoldeten Stadtrat zu überlassen, dessen Beruf und Einkommensverhältnisse völlig undurchsichtig sind. Aber *Böss* ist unbelehrbar gegenüber der ihm selbst fehlenden, von ihm bewunderten Geschäftstüchtigkeit einiger unbesoldeter Stadträte der Rechtsparteien.

20. 12. Künstler und Charakter sollen sich ausschließende Begriffe sein? Für den größten Teil aller Künstler trifft diese Behauptung sicher nicht zu, aber bei den Prominenten scheinen die Pessimisten nach meinen Erfahrungen recht zu haben.

28. 12. Die Idee der Beheizung von Wohnhäusern durch ein Fernheizwerk hat wenig Anklang gefunden. Jetzt wird das Problem einer Gasfernleitung vom Ruhrgebiet nach Berlin wieder diskutiert. Die Abhängigkeit von einer recht entfernt liegenden Produktionsstätte und die zahlreichen Störungsmöglichkeiten sprechen nicht für eine Realisierung des Plans.

1927

5. 1. Zur Deckung der durch notwendige Neuanlagen des Flugplatzes Tempelhofer Feld entstehenden Ausgaben von 750 000 RM. soll das Kapital der Berliner Flughafen GmbH. von 4 Mill. RM. auf 4,75 Millionen RM. erhöht werden. Die Anteile von Reich, Preußen und Stadt bleiben unverändert, d. h. je 24 Prozent für die beiden ersten Gesellschafter und 52 Prozent für die Stadt.

14. 1. Mit dem Abschluß des Vertrages zwischen Stadt und Hochbahngesellschaft besitzt die Stadt die Majorität der Aktien sowohl der Hochbahngesellschaft wie der Allgemeinen Berliner Omnibus-AG. Von dem Umtauschangebot haben 69,5 Mill. Aktien Gebrauch gemacht, so daß nur noch 8,5 Mill. freie Aktien bei der Hochbahn und 2 Mill. bei der Aboag verblieben sind. Die Stadt verfügt ferner über das gesamte Kapital der Nordsüdbahn-AG. Da diese ihre Bahneinheit samt Zubehör an die Hochbahngesellschaft abgegeben hat und nur noch ein Aktienpaket von nom. 50 Mill. der Hochbahngesellschaft verwaltet, soll nunmehr die Nordsüdbahn-AG. grundsätzlich als Bauunternehmerin für Schnellbahnbauten in Berlin tätig sein. Um den Einfluß der Stadt in den städtischen Verkehrsunternehmungen und eine einheitliche Zusammenarbeit zu sichern, soll schließlich eine Personalunion der Aufsichtsräte der Verkehrsgesellschaften, soweit es sich um den städtischen Verkehr handelt, herbeigeführt werden. Mit Wirkung vom 1. Februar wird als Ergebnis der wirtschaftlichen Einheitlichkeit des Berliner Verkehrs der Einheitstarif eingeführt.

19. 1. Prof. Dr. *Pniower* erzählte mir heute freudestrahlend, man habe in Weimar *Goethes* Weinrechnungen aufgefunden. Daß man dort überhaupt noch etwas Neues findet, ist ziemlich unverständlich, aber welche Aufregung in der Goethegesellschaft, und welche Möglichkeiten für neue Monographien „*Goethe* als ..." Schade, daß *F. Th. Vischer* das nicht mehr erlebt hat.

23. 1. Die Kleider-Vertriebs-Gesellschaft, eine Reliquie aus der Zeit der Kriegswirtschaft, war 1925 liquidiert worden. Durch eine Anfrage der Wirtschaftspartei in der Stadtverordneten-Versammlung wurde bekannt, daß man damals die zum größten Teil aus minderwertiger Kriegsware bestehenden Restbestände ohne Ausschreibung 20 Prozent unter Taxwert an die Firma *Gebr. Sklarek* verkaufte und die Wohlfahrtsämter, Fürsorgestellen usw. anwies, ihren Bedarf von dieser Firma zu beziehen. Ein sicheres Geschäft für die Firma und kein Vergnügen für die Fürsorgeberechtigten, denen diese Schundware ausgehändigt wurde. Auffallend, daß außer der Wirtschaftspartei und den Deutschnationalen keine Fraktion dieses Geschäft mißbilligte, und ausgerechnet der Sprecher der Kommunisten die Firma verteidigte.

26. 1. Die Hochbahngesellschaft hatte schon 1912 die Genehmigung der Aufsichtsbehörde für eine Untergrundbahn nach Lichtenberg-Friedrichsfelde erhalten. Der Bau war daran gescheitert, daß Alt-Berlin seine Verpflichtung zur Verbreiterung der Landsberger Straße am Alexanderplatz nicht erfüllt hatte. Das neue Bauprojekt sieht eine Strecke von 7,7 km vor, beginnend am Alexanderplatz. Die Stadtverordneten haben dem sofortigen Baubeginn zugestimmt, obwohl ein Finanzierungsplan für die erforderlichen 75 Mill. RM. Baukosten noch nicht vorliegt.

3. 2. Die alten baufälligen Häuser der Parochialstraße, von denen manche nur eine Fläche von 50 qm und weniger haben, werden allmählich von der Stadt aufgekauft, um diesen Engpaß am Stadthause durch Verbreiterung der Straße zu beseitigen.

8. 2. Der Geldbedarf der Straßenbahn und der Untergrundbahnen bemißt sich für das Haushaltsjahr auf 90 Mill. RM. Dem Vorschlag des Magistrats, diesen Bedarf durch eine Inlandanleihe der Berliner Straßenbahn-Betriebs-GmbH. mit Bürgschaft der Stadt zu decken, haben die Stadtverordneten nicht zugestimmt, sondern die Aufnahme einer reinen Kommunalanleihe beschlossen.

11. 2. Von dem amerikanischen Bankhause *Chapman & Co.* ist der Stadt das Angebot gemacht worden, auf dem Schöneberger Südgelände 14 000 Wohnungen mit $2\frac{1}{2}$ bis $5\frac{1}{2}$ Zimmern zu errichten. Die in Amerika zur Deckung der Herstellungskosten von ca. 20 Mill. Dollar aufzunehmende Anleihe soll in 26 Jahren durch eine von der Stadt garantierte jährliche Pachtsumme verzinst und getilgt werden. Der Magistrat hat das Angebot leider ablehnen müssen, nachdem durch Eingreifen des Preußischen Wohlfahrtsministers das Projekt torpediert worden war.

15. 2. Die Berliner Schlackensteinwerke-GmbH. hat ihr letztes Geschäftsjahr mit einem Verlust von 575 000 RM. abgeschlossen. Die Bewag hat die Übernahme der Werke abgelehnt, die Gaswerke-AG. wollen sie nur ohne Übernahme ihrer Schulden weiterführen. Auf die in Aussicht gestellte Zwischenbilanz per 31. Dezember 1926 kann man gespannt sein.

17. 2. Das Fehlen einer Haltestelle zwischen Papestraße und Südende an der Lichterfelder Vorortstrecke hat die Bebauung des Schöneberger Südgeländes stark behindert. Die Reichsbahn fordert für die Anlage dieses Bahnhofes einen Zuschuß von 180 000 RM., den der Magistrat bewilligt hat.

23. 2. Das von der Kunstdeputation erworbene Bronzebildwerk „Seemärchen" von *Placzek* soll auf der Tegeler Uferpromenade und ein Brunnen von *Morin* auf der Weberwiese im Bezirk Friedrichshain aufgestellt werden.

25.2. *Bruno Walter* hat um seine Entlassung zum Ende des Spieljahres gebeten im Anschluß an Presseangriffe, die ihm Pflichtverletzung durch häufige Abwesenheit von Berlin und seine Tätigkeit außerhalb der Oper zum Vorwurf machten. Arbeitgeber prominenter Künstler müssen nun einmal täglich auf Überraschungen gefaßt sein. Ein Intendant braucht Nerven von Stahl und soll doch feinnervig sein — schwierig.

3.3. Der Entwurf des Haushalts 1927 weist eine erhebliche Steigerung auf von nicht weniger als 72 Mill. RM gegen das Vorjahr, da er in der Ausgabe ohne außerordentliche Verwaltung und ohne Werke mit 712 Mill. RM. abschließt. Die laufenden Ausgaben sind um 67 Mill. RM. gewachsen, davon allein 30 Mill. RM. für Verzinsung der Anleihen 1926 und 1927 sowie der Hochbahnzertifikate. Die allgemeine Wohlfahrt erfordert 129 Mill. RM., Unterrichts- und Gesundheitswesen Mehrkosten von je 8 Mill. RM. An Verwaltungskosten sind Mehrausgaben von 7,5 Mill. RM. vorgesehen für die Besoldung von Angestellten, die zur Bewältigung der durch die Wirtschaftskrise und den ungünstigen Arbeitsmarkt erweiterten Aufgaben neu eingestellt werden müssen.

Die Ausgaben der außerordentlichen Verwaltung sind von 67,5 auf 233 Mill. RM. gestiegen, an denen die Kämmerei mit 63 Mill. RM. und die Werke mit 170 Mill. RM. beteiligt sind. Von dem Anteil der Kämmerei entfallen 21 Mill. RM. auf Schulbauten, 4,2 Mill. RM. auf Krankenhausbauten, 12 Mill. RM. auf Tiefbauten, 11,2 Mill. RM. auf Düppel-Dreilinden, 4,5 Mill. RM. auf die Hochbahnzertifikate usw. Für den Ausbau des Schnellbahnnetzes und für Zwecke der Straßenbahnen sind 145 Millionen RM. vorgesehen, für Wasserwerke und Stadtentwässerung je 10 Mill. RM. Der Wohnungsbau kann bei dieser Situation neben der Gewährung von Hauszinssteuer-Hypotheken nur durch Übernahme der Bürgschaft für zweite Hypotheken gefördert werden.

Allen diesen Ausgaben stehen Einnahmen an Steuern von höchst zweifelhafter Sicherheit gegenüber, da die schwebende Neuregelung des Reichs- und Landesfinanzausgleichs und der Grund- und Gewerbesteuer nur Vermutungen gestattet. Im ganzen schließt der Bruttohaushalt mit 979 Mill. RM. ab. Die neu gewählten Magistratsmitglieder haben erklärlicherweise begonnen, ihre Pläne auf ihrem Arbeitsgebiet in die Tat umzusetzen, deren Berechtigung nicht zu bestreiten ist, die aber enorme Summen kosten, und der neue Kämmerer hat vorbehaltlos eine Erbschaft angetreten, die ihm eines Tages schwere Sorgen machen wird. Ich kenne ihn zu wenig, um beurteilen zu können, ob er gegenüber den städtischen Körperschaften genug Rückgrat haben wird.

7.3. Aus Anlaß des 100. Todestages *Beethovens* wird der Magistrat besondere Feiern veranstalten. Neben „Fidelio" in der Städtischen Oper werden Prof. Dr. *Schumann* mit dem Philharmonischen Orchester und Prof. *Ochs* mit dem Sinfonieorchester die „Missa solemnis" aufführen. Daneben haben die städtischen Körperschaften beschlossen, den Betrag von 10 000 RM. jährlich als Beethovenstipendium für Musikstudierende in den Haushalt einzusetzen.

11. 3. Für die 2240 mehrfach vorkommenden Namen von Straßen und Plätzen Berlins ist seit Jahren eine Umbenennung verlangt worden. Auch jetzt wurde der Magistrat wieder aufgefordert, hier endlich Abhilfe zu schaffen und die Bezirksämter um Vorschläge zu ersuchen, an deren Widerstand gerade die Lösung dieser Frage bisher gescheitert ist. Welches Bezirksamt wird den Mut haben, der Bezirksversammlung die Umbenennung seiner Berliner Straße, die allein in 25 Ortsteilen vorkommt, oder seiner Dorfstraße vorzuschlagen, und welchen Entrüstungssturm würde ein Eingriff in Erinnerungen an die Monarchie und das Haus Hohenzollern in den westlichen Verwaltungsbezirken entfesseln!

14. 3. Nach Ablauf der Frist zur Stellung von Anträgen auf Umtausch des Altbesitzes Berliner Stadtanleihen in Anleiheablösungsschuld ist bis auf die aus Amerika noch ausstehenden Anträge ein Anleihealtbesitz von 784 Mill. Goldmark angemeldet worden. Die Stadt hat sich der Sammelablösungsanleihe des deutschen Sparkassen- und Giroverbandes angeschlossen. Die Höhe des zur Ablösung notwendigen Anleiheanteils Berlins läßt sich noch nicht bestimmen.

19. 3. Der Magistrat hat den Plan eines Beethoven-Denkmals fallen gelassen, da der engere Wettbewerb resultatlos geblieben ist.

27. 3. Die amerikanische Einrichtung der „Evening High Schools" soll nun auch in Berlin geschaffen werden. Das Abendgymnasium schließt sich als Aufbauschule der Volksschule an und wird in 5 Jahren zur Reifeprüfung führen.

7. 4. Die veränderten wirtschaftlichen Verhältnisse gestatten in diesem Jahre eine stärkere Heranziehung des Privatkapitals zur Finanzierung des Wohnungsbaues, so daß Hauszinssteuer-Hypotheken nicht mehr in dem Maße wie früher benötigt werden. Für die Herstellung von 10 000 Wohnungen sollen nunmehr die ersten und zweiten Hypotheken von den öffentlich-rechtlichen Hypothekeninstituten bereitgestellt werden, wobei die Stadt die Bürgschaft für die 40 Prozent des Bauwertes übersteigenden Hypotheken übernimmt.

12. 4. Auf eine Rundfrage der Schulverwaltung an die Bezirksämter nach dem Bedarf an dringendsten Schulneu- und Erweiterungsbauten waren Anträge eingegangen, die Wunschzetteln an den Weihnachtsmann glichen: man wünschte Bauten im Werte von nur 139 Mill. Reichsmark, wobei Friedrichshain, Lichtenberg und Charlottenburg besonders unbescheiden waren. In den Haushalten bis 1926 waren bereits 10 Mill. RM bewilligt worden. In den neuen Haushalt sind als erste Rate 23 Mill. RM. und als zweite Rate 6,3 Mill. RM. eingesetzt worden, was zu einer Vorbelastung der Haushalte 1928 und 1929 mit 41 Mill. RM. führt. Aber selbst die Rechtsparteien, die sonst die städtische Finanzgebarung mit Argusaugen überwachen, scheuen bei Schulbauten die Kritik ihrer Wähler.

20. 4. Die Satzung der viel befehdeten Berliner Anschaffungs-GmbH. ist jetzt geändert worden. Gegenstand des Unternehmens ist nur noch der Einkauf, die Bearbeitung und Verteilung aller Gegenstände und Waren, die bei den städtischen Anstalten, Betrieben und Dienststellen gebraucht werden, soweit die Stadt der Gesellschaft die alleinige Beschaffung überträgt.

24. 4. Die städtische Anleihewirtschaft ist in der Presse lebhaft diskutiert worden. Berlin hat seit der Stabilisierung der Währung 1924 eine Anleihe von 20 Mill. RM. aufgenommen, 1925 die Amerikaanleihe von 15 Mill. Dollar für Nordsüdbahn und Elektrizitätswerke, 1926 die 7prozentige Goldanleihe von 45 Mill. RM. für Schul- und Wohnungsbauten und Darlehen von 13 Mill. RM. für Wohnungs- und Straßenbauten, zusammen nach teilweiser Tilgung 137,5 Mill. RM. Für die Elektrizitätswerke sind 30 Mill. Schweizer Franken und 23 Mill. Dollar, also 120 Mill. RM. aufgenommen worden. Der Haushalt dieses Jahres sieht Anleihen von 176 Mill. RM. sowie Darlehen von Reich und Staat in Höhe von 42 Mill. RM. vor, so daß sich eine Belastung für Ende 1927 von 475 Mill. RM. ergibt. Die Aufwertung der alten Schulden erfordert weitere 150 Mill. RM., so daß die Gesamtschuldenlast 625 Mill. RM. beträgt. Die festen Schulden der in der Einheitsgemeinde zusammengeschlossenen Gemeinden betrugen zwar 1913 nur ca. 1230 Mill. M., aber Groß-Berlin hat heute Aufgaben von einem Ausmaß zu bewältigen, das früher nicht vorhanden war. Das rasche Anschwellen des Anleihebedarfs ist trotzdem nicht unbedenklich, zumal der größte Teil des Vermögens der Stadt nicht realisierbar ist.

28. 4. Eine Vorlage des Magistrats auf Übernahme der Bürgschaft für ein Darlehen der Sparkasse an die Volksbühne führte wieder einmal zu einer politischen Kunstdebatte in der Stadtverordneten-Versammlung. Die Rechtsparteien lehnten grundsätzlich jede Unterstützung der Volksbühne ab, solange *Erwin Piscator* dort Regie führe, für den erstaunlicherweise selbst der Sprecher des Zentrums eine Lanze brach.

30. 4. Die „Singakademie" hat heute das 100jährige Bestehen ihres Hauses am Festungsgraben zusammen mit ihren Freunden und den Vertretern der Behörden und der städtischen Körperschaften im Festsaal des Rathauses gefeiert.

1. 5. Nicht weit vom Südwestkorso fand die Grundsteinlegung der Künstlerkolonie Wilmersdorf statt. Ihre Träger sind die Bühnengenossenschaft und der Schutzverband Deutscher Schriftsteller.

3. 5. Seit einigen Tagen malt ein Flugzeug Reklamewolken an den Berliner Himmel. Die Unterstellung der Presse, der Magistrat plane nunmehr sicher eine Luftsteuer, ist eine liebenswürdige kleine Bosheit.

5. 5. Die Abwässermengen von Neukölln und Schöneberg können auf den vorhandenen Rieselfeldern nicht mehr untergebracht wer-

den. Zur Erweiterung der Rieselfelder Waßmannsdorf und Kl.-Ziethen soll deshalb das Rittergut Selchow für 1,5 Mill. RM. gekauft werden.

7. 5. Wird *Furtwängler* die Nachfolge *Weingartners* bei den Wiener Philharmonikern antreten? Seine Liebe zu Wien ist ebenso bekannt wie die Unberechenbarkeit seiner Entschlüsse.

10. 5. Ein Interview, das *Böss* dem „Berliner Tageblatt" zu den Berlin schwer schädigenden Beschlüssen des Preußischen Landtages in der Frage des Finanzausgleichs gegeben hatte, führte zu scharfen Angriffen der Deutschnationalen und der Volkspartei in der Stadtverordneten-Versammlung. Nach den Feststellungen von *Böss* hat Berlin von seinem reichsschlüsselmäßigen Anteil an der Reichseinkommen- und Körperschaftssteuer in den Jahren 1924 bis 1927 nicht weniger als 104 Mill. RM. für andere Gemeinden hergeben müssen. Hierbei hat der Preußische Städtetag erheblich mitgewirkt, in dessen Vorstand der von jeher berlinfeindliche Kölner Oberbürgermeister von maßgebendem Einfluß ist. Von einem Sprecher der Demokraten wurde mit Recht die Frage aufgeworfen, welches Interesse Berlin eigentlich daran habe, einer Vereinigung anzugehören, wo hinter den Kulissen zielbewußt gegen die Interessen der Hauptstadt agitiert werde. Die von den Stadtverordneten angenommene Resolution der Demokraten, des Zentrums und der Sozialdemokraten ist jedenfalls eine unmißverständliche Warnung. Der frühere Direktor des Zweckverbandes hat einmal in der Stadtverordneten-Versammlung erklärt, der Städtetag sei eine Anstalt zur Versicherung der Oberbürgermeister auf Gegenseitigkeit, deren Prämien die Städte durch Kopfbeiträge bezahlten müßten — von den Kosten für zahlreiche Dienstreisen nicht zu reden. Ob wir dort vertreten sind oder nicht, ist für Berlin ziemlich gleichgültig.

14. 5. Daß Regiebetriebe besonders der Wirtschaftspartei ein Dorn im Auge sind, ist verständlich. Berechtigt war aber ihre Kritik an der Berliner Anschaffungsgesellschaft, die durch übermäßige Lagerhaltung und einen ungesunden Expansionsdrang in eine schwierige finanzielle Lage gekommen ist. Es kann nicht Aufgabe der Gesellschaft sein, die städtischen Dienststellen zu zwingen, jede Kleinigkeit auf dem umständlichen Dienstwege nur von ihr zu beziehen. Sie wird sich vielmehr im wesentlichen auf die Abgabe genormter und typisierter Artikel und auf den Abschluß von Rahmenverträgen mit den Lieferanten zu beschränken haben.

In einem 1832 in Berlin erschienenen „Katechismus für Stadtverordnete" gibt ein kluger Berliner Stadtverordneter seinen Kollegen in den preußischen Stadtparlamenten Ratschläge, die ihre Gültigkeit auch heute noch nicht verloren haben. So äußert sich der anonyme Verfasser zu der offenbar schon damals umstrittenen Frage städtischer Regiebetriebe: „Städtische Administrationen taugen nichts. Deshalb warne ich namentlich vor dem eigenen Betrieb aller Handels- und Fabrik-Unternehmungen, wie sie auch heißen mögen, vor dem der

Kalkstein-Brüche, Kalkstein-Brennereien, Torf- und Braunkohlen-Gräbereien und Bergwerks-Anlagen. Nur Eure Forsten müßt Ihr selbst administrieren." Ebenso zutreffend sind seine Thesen zur Grundstückspolitik der Städte: „Laßt Euch nicht auf weitaussehende Spekulationen ein. Hütet Euch besonders vor dem Ankaufe von Grundstücken, wenn Ihr nicht ganz besondere Zwecke zum Wohle Eurer Kommun damit verbindet."

16. 5. Im Simpliziss'musprozeß, bei dem es um eine angeblich unzüchtige Zeichnung von *Zille* ging, hat das Reichsgericht den Angeklagten mit einer für die Vorinstanz wenig schmeichelhaften Begründung freigesprochen. Der Begriff „unzüchtig" ist offenbar nur für Nuditätenschnüffler eindeutig.

17. 5. Die Mitglieder des Aufsichtsrats der Städtischen Oper haben im Laufe der Zeit mehr oder weniger unfreiwillig Verbindung mit den einzelnen Gruppen des Opernpersonals gewonnen, die nun alle Klagen, Beschwerden und kleinen Intrigen eines an sich schon mit chronischer Spannung geladenen Hauses an ihre Vertrauensleute herantragen. Gelegentlich entlädt sich diese Spannung dann zu einem Gesamtangriff der einzelnen Fraktionen des Aufsichtsrats auf den Intendanten. Hauptrufer im Streit ist meist der Vorsitzende einer Zwergfraktion der Stadtverordneten-Versammlung, dem die Teilnahme an Veranstaltungen des Bühnenvereins die kunstsachverständige Selbsteinschätzung stark beeinträchtigt. *Tietjens* Verteidigungsmethoden in solchen Situationen zu beobachten ist besonders reizvoll. Auch aus den verzweifeltsten Lagen ist er jedenfalls immer als bescheiden lächelnder Sieger hervorgegangen.

19. 5. Das Groß-Kraftwerk Klingenberg im Ortsteil Rummelsburg ist heute eröffnet worden.

20. 5. In der Stadtverordneten-Versammlung wurde heute gelegentlich einer Anfrage der SPD die Frage diskutiert, ob die neuen städtischen Siedlungsbauten mit Zentralheizung oder mit Ofenheizung versehen werden sollten. Bei einem Neubau im Bezirk Spandau hatte die zuständige Deputation sich für Ofenheizung entschieden. Ein Mitglied der Deputation, gleichzeitig Stadtverordneter, ist Töpfermeister.

22. 5. Die Verkehrspolizei fordert die Beseitigung sämtlicher Vorgärten zur Verbreiterung der Fahrdämme. Der Magistrat dagegen plant unter dem Motto „Die grüne Weltstadt" einen Wettbewerb für Vorgarten-Pflege. Die Mehrheit der Berliner dürfte ihm zustimmen.

29. 5. Die städtischen Körperschaften veranstalteten für die Teilnehmer einer Tagung des Weltverbandes der Völkerbundgesellschaften einen festlichen Empfang im Rathause.

1. 6. Die Demonstration des „Stahlhelm" in Potsdam hat den Roten-Frontkämpfer-Bund veranlaßt, zu einem Pfingstaufmarsch in Berlin aufzurufen. Die Kommunisten fordern hierfür die Unterstützung der Stadt durch einen Geldbeitrag, Quartierbeschaffung, Bereitstellung von Versammlungsräumen u. a. Die übrigen Parteien verzichteten auf eine Diskussion, bis auf die Deutschnationalen, die den Stahlhelm und die Potsdamer Stadtverwaltung feierten.

6. 6. Die Ziegelei Gransee, einst von Neukölln erworben, mit einer Produktion von jährlich 25 Mill. Steinen, soll nach Auffindung eines weiteren 10 m tiefen Tonlagers vergrößert werden. Sie war ein besseres Geschäft als die Petroleumbohrungen im Kreise Calau, für die sich einst der Neuköllner Oberbürgermeister begeisterte und für die einige hunderttausend Mark weggeworfen wurden. Spekulationsgeschäfte soll man nicht auf Kosten der Steuerzahler machen.

12. 6. Die zu hoch angesetzten Eintrittspreise der Städtischen Oper mußten herabgesetzt werden. Auf dem Spielplan stehen jetzt 55 Opern, darunter als Erstaufführungen Barbier von Sevilla, Fatinitza, Euryanthe, Turandot und vom Publikum mit besonderem Beifall aufgenommen „Jugend im Mai".

20. 6. Die Hochbahngesellschaft wird zur Verbesserung des Verkehrs zwischen Alt-Berlin und Spandau die Westendlinie vom Bahnhof Stadion bis zur Charlottenburger Chaussee mit einem Kostenaufwand von 2,5 Mill. RM. und die Nordringlinie nach Pankow vom Bahnhof Nordring bis zur Maximilianstraße mit einem Kostenaufwand von 6,2 Mill. RM. verlängern.

28. 6. Der viel befehdete Mittellandkanal war das Kernstück der preußischen Wasserstraßenpläne um die Jahrhundertwende. Er ist mit dem Endpunkt Hannover ohne Anschluß an die Elbe ein Torso geblieben. Die 1920 von Preußen begonnene Fortführung der Arbeiten ist jetzt vom Reich als Besitzer aller öffentlichen Wasserstraßen wiederaufgenommen worden. Für den auf Preußen entfallenden Baukostenanteil verlangt Preußen von Berlin und den beteiligten Provinzen Barbeiträge für die Verzinsung des Baukapitals in den zehn Baujahren — für Berlin jährlich 600 000 RM. — und Garantieverpflichtungen Berlins bis zu 3,5 Mill. RM. jährlich. Bei der Bedeutung des Ausbaues des Kanals Hannover — Plauer See haben die städtischen Körperschaften die geforderten Belastungen übernehmen müssen.

30. 6. Das abgelehnte Chapman-Projekt hat den Anstoß zum Ankauf des Schöneberger Südgeländes gegeben. Für die 62,6 ha Bauland werden ca. 6 Mill. RM. benötigt, die aus einer künftigen Anleihe entnommen werden sollen.

1. 7. *Max Liebermann* ist durch Beschluß der städtischen Körperschaften das Ehrenbürgerrecht verliehen worden.

6. 7. Die alte Forderung Berlins, durch Weiterführung der Joachimstaler Straße vom Zoo nach dem Tiergarten eine Verbindung mit dem Hansaviertel und Moabit herzustellen, hat das Finanzministerium leider abgelehnt.

12. 7. Die seit einiger Zeit herumgeisternde Idee einer Berliner Weltausstellung hat die beteiligten Verwaltungen zu einer großzügigen Erweiterung und verkehrlichen Erschließung des Messegeländes veranlaßt. Gefordert werden 5 Mill. RM. für den Ankauf der beiden Autohallen in Witzleben und 440 000 RM. für den westlich davon gelegenen Geländeblock, 5,2 Mill. RM. für den Ankauf forstfiskalischen Geländes in Eichkamp und an der Nordschleife der Avus, Hergabe von 7 ha des Ritterguts Düppel an die Versuchsanstalt für Handfeuerwaffen, 2 Mill. RM. an die Reichsbahn für Verlegung der Strecke Charlottenburg—Heerstraße u. a. — insgesamt etwa 14 Mill. RM. Die Stadtverordneten haben der Vorlage zugestimmt trotz der bereits schwebenden großen Projekte, und obwohl durch die Vorlage erst die Basis für Bebauungskosten in mindestens derselben Höhe geschaffen wird.

21. 7. Die gesellschaftlichen Empfänge der Stadt finden in dem viel zu geräumigen Festsaal des Rathauses statt. Im Hintergrunde an der Schmalseite das große Gemälde *Anton v. Werners* „Bismarck auf dem Wiener Kongreß". Man speist an runden Tischen, wo jeweils ein Mitglied des Magistrats und der Stadtverordneten-Versammlung die Honneurs machen. Meist legen wir unseren Gästen ein Berliner Andenken wie den künstlerisch ausgestatteten „Berliner Kalender" des Rembrandt-Verlages oder „Wanderungen durch Alt-Berlin" u. a. neben das Couvert. Das Kulinarische wird von *Falkenberg* regiert, dem langjährigen Ratskellerwirt, der zum Abschluß des Menus feierlich wie ein Majordomo an der Spitze seiner leuchtende Eisbomben tragenden Kellnerkavalkade in den Saal schreitet. *Otto Kermbach*, schon früher Hausdirigent im Neuköllner Rathause, konzertiert mit seiner Kapelle und vergißt nie, unsern Gästen die elementare Wucht des „Rixdorfer" vorzuführen.

23. 7. Die Gewinn- und Verlustrechnung der Bewag für das Geschäftsjahr 1926 weist interessante Zahlen auf. Die Bewag hat nicht nur eine Abgabe von 9 Mill. RM. und eine Sonderabführung von 6,5 Millionen RM. an die Stadt geleistet, sondern neben den ordentlichen Abschreibungen in Höhe von 10,5 Mill. RM. noch eine besondere Rücklage für Werkerhaltung gebildet. Dazu ein Reingewinn von 1,9 Mill. RM., der bei der notorischen Bilanzverschleierungstaktik der Direktoren städtischer Gesellschaften sicher viel zu niedrig bemessen ist. Von unsern Aufsichtsratsmitgliedern dürfte der größte Teil seiner Aufgabe nicht gewachsen sein.

5. 8. Der Magistrat ist Patron von St. Marien. Bei der Bestellung eines Patronatsvertreters ist die Frage aufgetaucht, ob ein aus der Landeskirche ausgetretener Bezirksbürgermeister als Vertreter bestellt werden kann. Hier dürfte es sich weniger um eine Rechtsfrage als um eine Frage des Taktes handeln.

11.8. Der Verfassungstag wurde heute in der Funkhalle durch eine gemeinsame Veranstaltung von Reichsregierung, Staatsregierung und Stadt gefeiert. Die Rechtspresse berichtet darüber, wie üblich, so nebenher.

14.8. In den Tarifverträgen des Opernpersonals haben sich manche Unsitten stabilisiert. Das Ziehen des Schwans über die Bühne in „Lohengrin", das Spielen eines Orchestermitgliedes auf der Bühne in Kostüm, das Hinaustragen einer Leiche durch Mitglieder des Chors — all das muß als Sonderleistung besonders vergütet werden. Als ich im Aufsichtsrat die Auffassung vertrat, daß man hier doch etwas weit ginge, erklärte ein Mitglied des Betriebsrates entrüstet, manche dieser Sonderleistungen seien gefährlich, denn *Mafalda Salvatini* habe beim Herunterspringen von einem Versatzstück einem der beiden sie auffangenden Bühnenarbeiter den Unterarm gebrochen. Ich habe vorgeschlagen, diese Tätigkeit in Zukunft zu gunsten der Unterstützungskasse meistbietend an die sicher zahlreich vorhandenen Interessenten zu versteigern.

22.8. Dem Eigentümer des Hotels Excelsior ist die Anlage eines Fußgängertunnels zwischen dem Hotel und dem Anhalter Bahnhof unter der Königgrätzer Straße unter bestimmten Sicherungsbedingungen gestattet worden. Eine nicht ganz billige Werbungsform, zumal der Tunnel auch dem öffentlichen Fußgängerverkehr dient ohne Kostenbeitrag der Stadt.

26.8. Frühstück zu Ehren des New Yorker Bürgermeisters *Walker* in der Dienstwohnung von *Böss*. Ein starker Kontrast zwischen den beiden Großstadtleitern: *Böss* ganz Würde und Pathos gegenüber der fröhlichen Formlosigkeit von „Jimmy". Der Besuch des amerikanischen Gastes hat eine für das Ansehen der Weimarer Republik charakteristische Erscheinung gezeitigt. Das Hotel Kaiserhof hat es abgelehnt, anläßlich eines Festessens für *Walker* neben dem Sternenbanner die schwarz-rot-goldene Fahne zu setzen. Auch die übrigen großen Berliner Hotels erklären sich in der Flaggenfrage für „unpolitisch".

2.9. Das Preußische Ausführungsgesetz zum Reichsheimstättengesetz datiert bereits vom 30. Januar 1925. Da von der Stadt nichts veranlaßt wurde, ist sie jetzt vom Oberpräsidenten zum Erlaß einer Ortssatzung aufgefordert worden. Die Deputation für Wohnungs- und Siedlungswesen hat sich darauf beschränkt, nur fiskalisches und einiges privates Gelände als Heimstättengebiete auszuweisen, um nicht das Verfügungsrecht über das städtische Gelände zu verlieren, und wird davon 1478 ha als Dauerkleingärten an die Verbände der Kleingärtner langfristig verpachten. Auf den dann insgesamt zur Verfügung stehenden 2050 ha Kleingartenland können 80 000 bis 90 000 Kleingärtner untergebracht werden, während der Rest von ca. 40 000 Kleingärtnern auf unbebauten städtischen Grundstücken sich mit der ihnen stets drohenden Räumung leider abfinden muß. Sie ist ihnen übrigens von den städtischen Körperschaften bisher immer sehr erleichtert worden.

6. 9. *Erwin Piscator*, der nach dem „Gewitter über Gotland" aus dem Bühnenvolksbund ausgetreten ist, hat sich nun im Theater am Nollendorfplatz eine eigene Bühne geschaffen, die mit „Hoppla — wir leben" von *Ernst Toller* eröffnet wurde.

10. 9. Als ersten Band der „Berlinischen Bücher" hat Dr. *Kaeber*, der Leiter des Stadtarchivs, mit Beihilfe der Kunstdeputation „Berlin im Dreißigjährigen Krieg" von *E. Faden* veröffentlicht. Als weitere Bände sind in Aussicht genommen „Berliner Barock" von *Herz*, „Das Berliner Wirtschaftsleben im Zeitalter des Frühkapitalismus" von *Rachel* und „Das Bildnis im Berliner Biedermeier" von *Käte Glaser*.

15. 9. Der Verkehr auf dem Flughafen hat außerordentlich zugenommen: 30 000 Fluggäste und 750 Tonnen Luftgüter im letzten Betriebsjahr. Da die Erweiterungsbauten 525 000 RM. erfordern und ein bilanzmäßiger Verlust von 225 000 RM. der ersten Betriebsjahre zu decken ist, sind der Flughafengesellschaft von Reich, Staat und Stadt 750 000 RM. zur Verfügung gestellt worden unter Erhöhung des Gesellschaftskapitals auf nunmehr 5 275 000 RM.

19. 9. Aus der Berliner Wohlfahrtspflege ist die Erscheinung des katholischen Pfarrers Dr. *Carl Sonnenschein* nicht fortzudenken. Ein Fanatiker der Caritas und der Menschenliebe, der seinen Freunden noch nachts das von ihm aufgelesene Elend ins Haus bringt, nachdem das eigene überfüllt ist, und den noch so viele Enttäuschungen an seiner Arbeit nicht irre werden lassen.

22. 9. Die rührende Sehnsucht der Berliner nach Grün und Blumen fällt jedem Ausländer auf, der die Reichshauptstadt besucht. Zur Förderung des Balkonschmucks hat die Deutsche Gartenbau-Gesellschaft auch in diesem Jahre eine Prämiierung der schönsten Balkons ausgeschrieben.

24. 9. Der äußere Erfolg der Düsseldorfer „Gesolei" läßt Köln nicht schlafen, das für 1928 die „Pressa" plant, eine internationale Presseausstellung mit weiträumigen Bauten am Rheinufer. Die enormen Kosten werden sich schwerlich lohnen. Wir arbeiten im Messewesen nach ganz anderen Prinzipien.

1. 10. Das für die deutschen Gemeinden besonders wichtige Gesetz über Arbeitsvermittlung und Arbeitslosenversicherung ist heute endlich in Kraft getreten.

3. 10. Bei einem Empfang des um das Berliner Musikleben verdienten Verlages *Bote & Bock* lernte ich eine Frau kennen, die in diesem Musikleben eine besondere Rolle spielt: *Luise Wolff*, Mitinhaberin der bekannten Konzertagentur. Wie in den Salons von *Cassirer* und *Flechtheim* bildende Künstler „gemacht" werden, so gebietet die große Luise unumschränkt über das Schicksal aller, die um das Auftreten in einem Berliner Konzert noch zu ringen haben. Eine ungeheuer tüchtige energische Geschäftsfrau ohne Sentimentalität und von beißendem Spott.

Als eine Solistin der Städtischen Oper in den Raum trat, flüsterte sie mir mit unbewegtem Gesicht zu: „Sehen Sie nur diesen Schmuck aus tausend und einer Nacht!" Sie unterschätzte übrigens die schöne Trägerin der Juwelen.

5. 10. Die Berliner Handelshochschule wird ausschließlich von der Industrie- und Handelskammer bezuschußt, die wiederholt von der Stadt eine Unterstützung forderte. Da bisher die Verkehrswissenschaft und die kommunale Verkehrspolitik nicht Gegenstand wissenschaftlicher Forschung waren, ist der Hochschule zur Ausfüllung dieser Lücke im Lehrbetrieb für den verkehrswissenschaftlichen Unterricht ein laufender Beitrag von 45 000 RM. neben der kostenlosen Hergabe von Räumen bewilligt worden.

6. 10. Eine wechselseitige Hausnummerierung empfiehlt der Polizeipräsident dem Magistrat. Auf der linken Straßenseite sollen in Zukunft die ungeraden Nummern laufen, auf der rechten die geraden.

8. 10. In der Städtischen Oper die Premiere von *Ernst Kreneks* „Jonny spielt auf" mit *Ludwig Hofmann* in der Titelrolle, dessen schauspielerische Begabung auf einer Opernbühne besonders auffällt. Starker Beifall, der zahlreiche Wiederholungen erwarten läßt.

15. 10. Die Einführung eines einheitlichen Tarifs bei den Berliner Verkehrsunternehmungen hat ihre Wirkung auf die Reichsbahn nicht verfehlt. Wenn auch eine Einbeziehung des Ortsverkehrs der Reichsbahn in den neuen städtischen Tarif nicht zu erzielen war, hat sich die Reichsbahn doch zur Einführung von Übergangsfahrkarten zwischen ihren Ortsbahnen und den drei städtischen Verkehrsunternehmungen bereit erklärt.

19. 10. *Tietjen* hat sein Amt an der Staatsoper angetreten mit schwierigen Hausbeamten und noch schwierigeren Kapellmeistern. Ein gefährlicher Boden, so zwischen glattem Parkett und Drahtseil, aber nach unsern Erfahrungen im Aufsichtsrat wird *Tietjen* selbst diesen Boden nicht so leicht unter den Füßen verlieren.

24. 10. Für die Entwicklung der Berliner City ist die Herstellung einer Durchbruchstraße durch die Ministergärten im Zuge der Jägerstraße mit Anschluß an die Französische Straße dringend erforderlich. Die Stadtverordneten hatten deshalb den Magistrat ersucht, die Verhandlungen mit den Reichs- und Staatsministerien zu beschleunigen. Sie haben sich, wie nicht anders zu erwarten war, sehr schwierig gestaltet und werden auch wohl nie zum Ziel führen. Gegner des Projekts ist in erster Linie die Frau Außenminister — das zählt doppelt.

27. 10. Der Errichtung eines Hallenschwimmbades in der Gartenstraße für den Bezirk Mitte hatten die städtischen Körperschaften zugestimmt. Jetzt wird ein Kostenanschlag in Höhe von 2,8 Mill. RM. vorgelegt.

3.11. Das mutige Eintreten von *Böss* für die Hissung der Farben der Republik am Verfassungstage führte in den beiden letzten Sitzungen der Stadtverordneten zu stürmischen Debatten über die Flaggenfrage. Die Unverfrorenheit, mit der die Sprecher der beiden Rechtsparteien, zumal der Deutschnationalen, ihre Mißachtung gegenüber den Farben Schwarz-Rot-Gold bekundeten, die in Berlin zum erstenmal am 20. März 1848 gehißt wurden, ist nur zu erklären durch die bedauernswerte Schwächlichkeit, mit der die junge Republik von Anfang an ihre Gegner behandelt hat. Eine besondere Rolle spielte in den Debatten das Hotel „Kaiserhof", das sich zu einem Sammelpunkt republikfeindlicher Elemente entwickelt hat. Man sollte die Fanatiker von Schwarz-Weiß-Rot einmal daran erinnern, daß *Gustav Freytag* es war, der feststellte, ein gewalttätiger Bonner Borusse habe die Farben seines Korpsbandes zur Flagge des Deutschen Reiches gemacht.

7.11. Der alte Streit Ladenhandel — Straßenhandel führte zu einem Antrage der Kommunisten, eine einheitliche Regelung des Wochenmarktwesens herbeizuführen, nachdem der Polizeipräsident das Feilhalten von Textilien in den Straßen und auf den Wochenmärkten verboten hat. Die Mehrheit der Stadtverordneten stimmte dem Antrag zu. Bei der Beurteilung der Frage ist allerdings zu berücksichtigen, daß die Verhältnisse in den dichtbebauten Wohnbezirken völlig andere sind als in den Randbezirken.

10.11. Mit dem Verein Bau-Ausstellung E.V. ist ein Vertrag über Errichtung einer Dauerbauaustellung auf dem Messegelände in der Zeit von 1930 bis 1940 abgeschlossen worden, um das Ausstellungswesen der deutschen Bauwirtschaft an einer Stelle zu zentralisieren. Die Stadt überläßt dem Verein zur Nutzung 150 000 qm baureif gemachtes Gelände, gibt ihm ein Baudarlehn von 5 Mill. RM. mit Heimfallrecht der Stadt an den Bauten und übernimmt eine Reihe weiterer Verpflichtungen, so daß mit einer Gesamtbelastung der Stadt von mindestens 8 Mill. RM. zu rechnen ist, die der Kämmerer aus dem Haushalt der nächsten drei Jahre decken will.

12.11. Von den durch die Kunstdeputation erworbenen Kunstwerken soll der „Stierbrunnen" von *Lederer* auf dem Forkenbeckplatz im Bezirk Friedrichshain, die Plastik „Knospende Erde" von *Hengstenberg* gegenüber dem Südpark in Spandau, „Mutter und Kind" von *Felderhoff* im Volkspark Schönholz, „Kriegsblinder" von *Lewin-Funcke* am Fichteberg in Steglitz und ein Brunnen von *Isenbeck* auf der Dorfaue in Tempelhof aufgestellt werden. Der „Spindlerbrunnen" mußte bei der Umgestaltung des Spittelmarktes entfernt werden und erhält jetzt einen Platz im Volkspark Köpenick.

16.11. *Böss* hatte persönlich die Urkunde über die Verleihung des Ehrenbürgerrechts *Max Liebermann* in seinem Hause am Wannsee überreicht. Wie er mir heute voller Entrüstung erzählte, hatte er damals bei der Verabschiedung ein kleines Ölbild *Liebermanns* von der Wand genommen und in seiner Aktentasche verstaut mit dem Bemerken, der neue Ehrenbürger müsse ja nun auch einmal etwas für die Stadt tun. Nach der Darstellung von *Böss* hatte *Liebermann* weder eingewilligt noch widersprochen, ihm aber jetzt eine Rechnung über 8000 RM. geschickt. Ich hätte das Bild zurückgegeben, *Böss* hat es aus seinem Stiftungsfonds bezahlt.

21.11. Auf Vorschlag meines alten Neuköllner Kollegen, unseres ständigen Prozeßbevollmächtigten Rechtsanwalt Walter *Fabian*, habe ich mir den Beisitzer der für Prozesse der Stadt zuständigen Zivilkammer Assessor Dr. Werner *Müller* als Magistratsrat in mein Generalbüro geholt. Ein glänzender Ziviljurist, der sich in die ihm völlig fremden Materien unserer Verwaltung erstaunlich schnell eingearbeitet hat.

30.11. Die Bochumer Rede des Reichsbankpräsidenten Dr. *Schacht* hat dem Kredit der deutschen Städte im Auslande schwer geschadet. *Schacht* stellte eine zunehmende Verschuldung der Großstädte fest und glaubte unter deutlichem Hinweis auf Berlin, die Ausgaben für Messebauten, Sportplätze und Siedlungsgelände als Luxusausgaben bezeichnen zu müssen. Tatsächlich entfallen von den 5,5 Milliarden RM. langfristiger Auslandsanleihen nur 2,5 Milliarden RM. auf die öffentliche Hand, und an diesem Betrage sind die Kommunen nur mit 630 Millionen RM. beteiligt. Die Belastung der Großstädte durch die Wohnungsnot, die Erwerbslosigkeit, die Sorgen um die Verkehrsbewältigung und Energieversorgung mit den sich daraus ergebenden Konsequqenzen scheinen dem Reichsbankpräsidenten unbekannt zu sein. Gerade die zaudernde Haltung der Beratungsstelle der Reichsbank hat zur Aufnahme viel teurerer kurzfristiger Kredite gezwungen. In der Stadtverordneten-Versammlung ist der Antrag der Sozialdemokraten, der Magistrat möge den irreführenden Angaben Dr. *Schachts* entgegentreten, fast einstimmig angenommen worden.

2.12. Das Philharmonische Orchester mußte in diesem Jahre bereits mit 155 000 RM. unterstützt werden. Da das Reich seine Zusage, einen Zuschuß von 50 000 RM. zu leisten, nicht gehalten hat, und darauf auch Preußen nicht mehr mitmachen will, bleibt der Stadt nichts weiter übrig, als die fehlenden 45 000 RM. selbst zu zahlen.

6.12. Mit Unterstützung der Kunstdeputation hat der Rembrandt-Verlag unter Mitarbeit von *Adolf Heilborn* den künstlerisch besonders reich ausgestatteten „Berliner Kalender" für 1928 herausgegeben. Wir werden ihn als Prämie für die Schulen und zur Propaganda verwenden.

15.12. Das mitten im Bezirk Lichtenberg liegende 380 ha umfassende Gut Biesdorf, für die Erschließung des Ostens von besonderer Bedeutung, ist für 6,65 Mill. RM gekauft worden. Erst durch die Verhandlungen in der Stadtverordneten-Versammlung wurde bekannt, daß dem Bezirksamt das Gut von den Eigentümern für 0,90 RM. je Quadratmeter angeboten worden war, worauf der Grundstücksdezernent des Magistrats einen Preis von 0,60 RM. als angemessen bezeichnete. Inzwischen erwarb eine etwas undurchsichtige Gewerkschaft Hildegard das Gut, von der es die Stadt für 1,75 RM. je Quadratmeter kauft. Das Ganze erinnert stark an Düppel.

20. 12. Die Überbewertung nachschaffender Künstler nimmt allmählich Formen an, gegen die endlich protestiert werden müßte. Schuld daran hat nicht nur das Publikum, sondern in erster Linie die Musikkritik. Da über eine Oper oder ein Konzertstück, von Uraufführungen abgesehen, kaum noch etwas Neues zu sagen ist, bleibt nur noch der Dirigent als wesentlichstes Betrachtungsobjekt übrig. Ich machte *Tietjen* auf ein Plakat der Städtischen Oper für „Aida" aufmerksam, auf dem der Name *Bruno Walters* in Riesenlettern prankte, während *Giuseppe Verdi* sich mit einer geradezu jämmerlichen Visitenkarte begnügen muß. Tietjen zuckte lächelnd die Schultern und verwies auf die Plakate der Philharmoniker. Übrigens scheint auch auf dem Konzertpodium an zweite Stelle Gehörendes sich in den Vordergrund zu drängen, sonst wäre der Scherz unverständlich, der in Musikkreisen zirkuliert: „Klavierabend *Michael Raucheisen* — am Sopran: *Maria Müller*".

28. 12. Die Oberbürgermeister der deutschen Großstädte haben eine besondere Stellung oder können sie wenigstens haben. In den Hansestädten, in Köln, Frankfurt und den übrigen Metropolen oberhalb der Mainlinie ist der Oberbürgermeister in Wahrheit der erste Bürger, der ein kraftvolles stolzes Gemeinwesen repräsentiert. Anders in Berlin. Hier wurde von altersher ein wachsender Bürgerstolz geduckt von der Hofhaltung der Hohenzollern, gelähmt von den allzu nahen Ministerien des Reichs und Preußens, und auch in der Weimarer Republik hat sich da nicht viel geändert. In den Presseberichten über öffentliche Veranstaltungen werden zunächst die erschienenen Ministerialen genannt, dann der Herr Oberpräsident, der Herr Polizeipräsident und an letzter Stelle der Berliner Oberbürgermeister, dem jeder kleine Oberregierungsrat Knüppel zwischen die Beine werfen kann.

1928

10. 1. *Zille* feierte heute seinen 70. Geburtstag. Der ehemalige Lithographenlehrling und Hosemann-Schüler, jetzt Mitglied der Akademie der Künste, sarkastisch, ohne Pathos, die innere Zartheit scheu verdeckend, ist in Berlin der Zeichner des fünften Standes, der Vergessenen geworden, wie er sich in der Vorrede zu einem seiner Alben selbst genannt hat. Die Kunstdeputation hatte zur Feier dieses

Tages in das Märkische Museum geladen, wo *Böss* die Festrede hielt. *Zille* saß reichlich unglücklich in einem mächtigen Renaissancesessel, den man zum Überfluß auf einen wackligen Podest gestellt hatte, und ließ mit einem undefinierbaren Lächeln alles über sich ergehen. Er atmete sichtlich befreit auf, als er den Thron des Alters verlassen und die Glückwünsche seiner zahlreichen Freunde in seiner Art entgegennehmen durfte. Er hat noch am gleichen Tage diesem Schauspiel seine charakteristische Form gegeben. Zur Veröffentlichung ist sie leider nicht geeignet.

15. 1. Zur Förderung der schon im vorigen Jahre begonnenen Aufführung englischer Bühnenwerke durch die Schauspielervereinigung „Englisches Theater" hat der Magistrat einen Zuschuß von 10 000 RM. bewilligt.

19. 1. Die vielen Unfälle an schlecht beleuchteten Straßenschutzinseln haben zur Aufstellung niedriger Leuchtsäulen in Form von Prellpfosten geführt. Schutzinseln der Straßenbahn an ihren Haltestellen sind von ihr selbst zu beleuchten.

22. 1. Seit Inbetriebnahme des Kraftwerkes Klingenberg werden der Treptower Park, der Plänterwald und die Restaurationsgärten an der Spree bei Ostwind mit einem Aschenregen überschüttet, da die Kessel des Werks mit Kohlenstaub befeuert werden. Die Abstellung dieser Konstruktionsmängel wird recht kostspielig werden, da die Leunawerke für die Beseitigung derselben Mißstände 6 Mill. RM. opfern mußten.

24. 1. Neben Flugasche scheint es auch Fluggold zu geben. Bei einer in einem Krematorium eingelieferten Leiche ist eine Goldbrücke verschwunden. Der Tatbestand ließ sich nicht aufklären. Auf meine Anfrage, wo dieses Zahngold eigentlich bleibe, antwortete die Verwaltung, es setze sich an den Wänden des Schornsteins ab, das Abkratzen lohne aber nicht die Kosten. Das ist sicher richtig, aber Gott gebe, daß das Gold nur dort zum Niederschlag kommt.

26. 1. Der Anleihebedarf der Bewag bis Ende 1927 beträgt 67 Mill. RM., für das Jahr 1928 weitere 44 Mill. RM. Der Aufsichtsrat der Bewag, identisch mit dem der Gasag, hat übrigens der Bewag die Werbung für elektrisches Kochen untersagt. Wenn auch die Kapazität der Gaswerke nicht voll ausgenutzt ist, so primitiv sollte man einen technischen Fortschritt nicht behindern.

28. 1. Der Kämmerer konnte den neuen Haushalt diesmal schon im Januar einbringen, als Notetat in verstärktem Maße, auch jetzt wieder überschattet durch die Unklarheit des Finanzausgleichs. Trotz Einführung von „Elendsfaktoren" zur stärkeren Berücksichtigung bedürftiger Bezirke und trotz eines immer komplizierter werdenden Verteilungsschlüssels für Vorbehalts- und Verstärkungsmittel kann von der im Gesetz geforderten Bewegungsfreiheit noch immer keine Rede sein, und die Proteste der Bezirksbürgermeister sind nur zu berechtigt.

Der Haushalt schließt in der Ausgabe mit 1173 Mill. RM. ab, in der Einnahme mit 1124 Mill. RM, also zunächst mit einem Fehlbetrag von 50 Mill. RM. Inwieweit hierfür Grund- und Gewerbesteuer zu erhöhen sind, hängt von der Regelung des Finanzausgleichs ab, der immer noch Berlin als Stiefkind behandelt. Die Kosten der laufenden Verwaltung sind von 581 Mill. RM. auf 695 Mill. RM. gestiegen, ungerechnet die Haushaltsüberschreitungen im zweiten Halbjahr 1927 für Besoldung und Wohlfahrtspflege. Die Besoldungsreform von Reich und Preußen bedingt für Berlin einen jährlichen Mehraufwand von allein 45 Mill. RM. Die außerordentliche Verwaltung schließt mit 269 Mill. RM. ab, woran die Kämmerei mit 73 Mill. RM, die städtischen Betriebe mit 196 Mill. RM. beteiligt sind. Ein Schmerzenskind der Finanzverwaltung bleibt die Wohnungsnot. Der für Wohnungsbau vorgesehene Betrag von 5 Mill. RM. ist völlig unzureichend, aber Jahr für Jahr werden Berlin aus dem Aufkommen an Hauszinssteuer 50 Mill. RM. zur Verteilung an andere Gemeinden weggenommen.

30. 1. Das Barometer des Berliner Grundstücksmarktes zeigt eine aufsteigende Tendenz trotz aller Wirtschaftsschwierigkeiten. Wenn auch der vor dem Kriege für die Kranzlerecke bezahlte Preis von 7000 M. je Quadratmeter ein Rekordpreis geblieben ist, so werden doch auch jetzt für Grundstücke in bevorzugter Lage Preise angelegt, die den Friedenswert um 50 Prozent übersteigen. Für Bellevuestraße 2 zahlte die Stadt 1570 RM. je Quadratmeter, Bellevuestraße 1 kostete dem Käufer 3370 RM. je Quadratmeter Bauland. Man spricht von neuen Untergrundbahnplänen um den Potsdamer Platz herum, vermutlich in Richtung Schöneberg, und in der Stadtverordneten-Versammlung von „radioaktiven" Stadträten, von denen jeder den Entwurf zu einer neuen Untergrundbahn in der Westentasche habe.

2. 2. Die Frage der Verringerung der Zahl der Verwaltungsbezirke durch Zusammenlegung scheint endlich in Fluß zu kommen, nachdem sich herausgestellt hat, daß die Verwaltungskosten in den kleinsten Bezirken am höchsten sind. Fraglich ist nur, ob die Parteien auf einen Teil ihrer kommunalpolitischen Exerzierplätze verzichten werden.

3. 2. Von dem Sprecher der SPD zum Haushalt wurde bemängelt, daß der Grundstücksdezernent des Magistrats trotz der an ihm geübten Kritik noch keine Entscheidung getroffen habe außer der seines Austritts aus der Wirtschaftspartei, wo ihm nach Presseberichten ziemlich unverhohlen der Vorwurf persönlicher Anteilnahme an den Grundstücksgeschäften gemacht worden sei. Für *Böss* noch immer kein Grund zum Einschreiten. Von der Presse ist im übrigen auf die enge geschäftliche Verbindung einiger Stadtverordneten mit der städtischen Verwaltung hingewiesen worden.

7. 2. Ein Irrgarten für die unglücklichen Eltern von Kindern, die eine höhere Schule besuchen sollen, sind die 40 verschiedenen Schulformen an den 160 höheren Lehranstalten Berlins. Die Schulreform hat

hier eine Verwirrung gestiftet, in der kaum noch der Fachmann sich zurechtfinden kann. Die Schulverwaltung legt jetzt einen Organisationsplan für eine Verwaltungsreform vor, der zunächst die gröbste Überorganisation und die falschen Verbindungen verschiedener Schulformen beseitigen soll. Der Besuch der Gymnasien alten Stils hat übrigens erheblich nachgelassen.

9. 2. Besuch des Magistrats in der Transformatorenfabrik und dem Kabelwerk der AEG in Oberschöneweide, die gerade für die Bewag große Schaltapparate und Transformatoren herstellt. Im Hochspannungs-Laboratorium recht geräuschvolle Versuche mit 1 Mill. Volt. Dann ein Gang durch das neue Kupferwalzwerk und die Drahtzieherei.

11. 2. Daß kaum ein Künstler von Ruf in der Lage ist, mit Geld vernünftig umzugehen, ist nicht weiter verwunderlich. Ausnahmen sind selten und wirken dann besonders kraß, wie z. B. *Liebermann* und *Richard Strauß*. Bei den meisten ständige Geldsorgen, die dann auf den Schultern der Frauen der Künstler zu lasten pflegen. Mögen sie mit Generalmusikdirektoren, Intendanten, Bildhauern, Malern, Schriftstellern oder Schauspielern verheiratet sein, immer müssen die Frauen die quälende Sorge um die Finanzen tragen, und aus der Seele gesprochen wird ihnen manchmal, wenn sie den Beifall für den geliebten Mann mitgenießen, das Gedicht „Die Prominenten" in der „Weltbühne" sein mit dem pessimistischen Refrain: „Aber man darf sie nicht kennen, man darf sie nicht kennen ..."

13. 2. Das Provinzialschulkollegium, die Aufsichtsbehörde in Schulangelegenheiten, scheint ebenso wie der Oberpräsident der Provinz Brandenburg und für Berlin seine Hauptaufgabe darin zu erblicken, der Berliner Verwaltung jede nur mögliche Schwierigkeit zu machen, indem man mindestens, wenn eine Genehmigung nicht verweigert werden kann, sie um Monate verzögert. Unsere Bemühungen, daß der Innenminister selbst die Kommunalaufsicht führt, sind leider ergebnislos geblieben. Bis dahin schikaniert eine reaktionäre Bürokratie im Oberpräsidium ungeniert weiter.

17. 2. Personaldezernent einer so umfangreichen Verwaltung wie der Berliner Zentralverwaltung zu sein, gehört zu den verantwortungsvollsten, aber auch zu den undankbarsten Aufgaben. Bei der Besetzung von Stellen entscheidet zwar die Personalkommission des Magistrats, in welcher der Personaldezernent nur eine Stimme hat, aber der Bewerber sucht auf ihn alle Einflüsse zu konzentrieren, die ihm für die Erreichung seines Ziels nützlich erscheinen. Der Widerstand gegen Vetterleswirtschaft und parteipolitische Pressionsversuche erfordert Rückgrat, und gegen die Tränen einer zum letzten Angriff vorgeschickten schönen Frau muß man abgehärtet sein. Aber der Personaldezernent kann tun, was er will, er entgeht nie dem Schicksal, der bestgehaßte Mann der Verwaltung zu sein.

19. 2. „Golem" im Hebräischen Künstlertheater „Habima". Auch wenn man kein Wort verstand, fesselten doch die Bewegungen dieser jüdischen Schauspieler ebenso wie der Klagegesang der Verfolgten die Hörer erschütterte.

20. 2. Für die Zwecke des Städtebaues und für die Bearbeitung von Bebauungsplänen wird nunmehr der erste Luftbildplan von Groß-Berlin angefertigt.

24. 2. Der etwas operettenhaft wirkende feierliche Empfang von *Aman Ullah*, Khan von Afghanistan, durch die Reichsregierung mit einer Festvorstellung in der Städtischen Oper bietet der Presse reichlich Gelegenheit zu satirischen Glossen. Man kann sich denken, welch tiefen Eindruck die „Festwiese" aus den Meistersingern auf die orientalischen Gäste gemacht hat. Auch die städtischen Körperschaften veranstalteten im Rathause einen Empfang für das Königspaar. Eine Verständigung bei Tisch mit den beiden Töchtern war bei ihrem recht mangelhaftem Französisch etwas schwierig. Wo sie nicht verstanden, gaben sie als Antwort das, was einer Frau immer zur Verfügung steht — ein entzückendes Lächeln.

1. 3. Die Kunstdeputation hat eine Reihe von Plastiken erworben. Zwei Trinkbrunnen von Prof. *Kraus* und *W. Berger* sollen im Volkspark Wuhlheide aufgestellt werden, „Aurora" von Prof. *Limburg* im Vorraum des Planetariums, „Mädchenfigur" von *B. Butzke* auf dem Gelände des Kinderkrankenhauses Reinickendorf und zwei Bären von *H. J. Pagels* im Volkspark Jungfernheide.

5. 3. *Heine* hat vor 100 Jahren von Berlin gesagt, es sei gar keine Stadt, sondern gebe bloß den Ort dazu her, wo sich eine Menge Menschen, und zwar darunter viele von Geist versammelten. Was er vielleicht im Vergleich mit Düsseldorf an Berlin vermißte, ersetzte ihm hier das geistige Klima. Nicht so dem Sozialpsychologen Herrn *Willy Hellpach*, Professor in Heidelberg und Entdecker der „Tugendkrisis", der kürzlich Berlin die unbeliebteste Stadt des Deutschen Reiches genannt hat. Er sähe auch am liebsten die alte Krönungsstadt des Heiligen Römischen Reiches Deutscher Nation als zweite Hauptstadt. In etwas unterscheiden wir uns allerdings, wie ein Sprecher der Demokraten in der Stadtverordneten-Versammlung gegenüber dem nörgelnden Katheder-politiker unterhalb der Mainlinie betonte, von manchen anderen: Berlin ist nicht durch einen Zufall groß geworden, sondern durch Arbeitswillen, Organisationstalent und Opferfreudigkeit. Er hätte noch hinzufügen können — durch Kargheit und Hunger im Gegensatz zu dem glücklicheren Westen und Süden.

16. 3. Die repräsentativen Innenräume im ersten Stockwerk des der Stadt gehörenden Ermeler-Hauses sind von dem Maler *Kurt Aghte* restauriert worden. Ich habe *Böss* vorgeschlagen, sie einer von ihm zu gründenden Vereinigung der Freunde Berliner Kunst für gesellschaft-

liche und künstlerische Veranstaltungen zu überlassen. In dem umfangreichen Hofgebäude soll eine Dependance des Märkischen Museums untergebracht werden, das seine wachsenden Schätze nicht mehr aufstellen kann.

27. 3. Die Gemeinnützigkeits-Anerkennung der Reinhardtbühnen durch den Kultusminister, rückwirkend vom 1. März 1926 an, ist von allen Fraktionen der Stadtverordneten — auch die Demokraten fanden kein Wort der Verteidigung für Herrn *Becker* — als Skandal bezeichnet worden. Man hatte Anfang 1926 eine eigenartige Transaktion bei den Reinhardtbühnen in der Schumannstraße vorgenommen. Sie wurden die Basis einer „Deutsches Theater zu Berlin GmbH.", weil die wirtschaftliche Notlage des Deutschen Theaters und die drückende Lustbarkeitssteuer eine Weiterführung des Betriebs in der alten Form ausschließe. Die neue GmbH. ist aber in der Lage, *Max Reinhardt* neben einem sehr hohen Jahresgehalt eine jährliche Pacht von 215 000 RM. zu zahlen, wobei der notleidende Schloßherr von Leopoldskron sein in der Schumannstraße investiertes Kapital auf nicht weniger als 4,3 Mill. RM. bemißt und im übrigen die rentable „Komödie" auf eigene Rechnung weiter betreibt.

1. 4. Die Langeweile mancher Sitzungen der Stadtverordneten vertreiben sich zwei Mitglieder des Hauses auf besondere Art. Der deutschnationale Stadtverordnete *Kimbel*, Inhaber einer der größten deutschen Firmen für Innenarchitektur und Besitzer einer wertvollen Ostasiensammlung, hat die Schublade seines Pults voll feiner Federzeichnungen im japanischen Stil, die er gelegentlich auch einer von ihm geschätzten kommunistischen Kollegin dediziert. Auf der äußersten Linken des Hauses betätigt sich der Stadtverordnete *Fritz Lange* als Karikaturist, für den die ihm gegenübersitzenden Magistratsmitglieder ein besonders beliebtes Objekt sind. Auch Karikaturenzeichner können Haß und Liebe spenden.

12. 4. Im Reichstage ist auf Publikationen der medizinischen Presse hingewiesen worden, aus denen hervorgeht, daß auch in Berliner Krankenhäusern bei Krankenexperimenten eine sehr bedenkliche Auffassung von ärztlicher Ethik eingerissen ist. Ein ärztlicher Forscher berichtet in aller Naivität, er habe floride Rachitiker, seine „Versuchskinder", unter ungünstigen Diät- und Lichtbedingungen gehalten, so daß der Prozeß auch im Sommer monatelang nicht die geringste Heilungstendenz zeigte. Die sehr schwächliche Reaktion der städtischen Gesundheitsverwaltung wird schwerlich zur Beruhigung der Eltern beitragen.

17. 4. Die Stadtweinkeller in Schöneberg, Neukölln und anderen Ortsteilen sind Überbleibsel aus der Zeit vor der Eingemeindung. Die Demokraten ritten eine Attacke auf den „roten" Weinkeller in Neukölln, ohne an dem demokratischen in Schöneberg Anstoß zu nehmen. Daß diese Betriebe in den Kreis kommunaler Aufgaben gehören, kann man ernstlich nicht behaupten. Aber niemand, nicht einmal die Kommunisten,

beantragte die Auflösung dieser Betriebe, die dem Streit der Parteien entrückt sind und den bezirklichen Einkaufskommissionen Gelegenheit zu feuchtfröhlichen Dienstreisen geben. Das soll man ihnen schließlich gönnen.

19. 4. Im Theater des Westens brachte das Moskauer Jüdische Theater das Märchenstück „Die Reise Benjamins III.". Bewegtes jiddisches Spiel im Gegensatz zu dem Ernst des Hebräischen Theaters. Beifall auf offener Szene.

20. 4. Für die Entwicklung des Wohnungsbaues ist der Baukostenindex ausschlaggebend. Setzt man die Baukosten der Vorkriegszeit gleich 100, so ist der Index von 124,5 im April 1924 auf 176 im Oktober 1927 geklettert. Im Vormonat betrug er 171,3. Daneben ein Reichsbankdiskont von wieder 7 Prozent.

3. 5. Die Umwandlung von 6 evangelischen Volksschulen in weltliche Schulen (Sammelschulen) hat, begünstigt durch ein besonders ungeschicktes Verfahren des Bezirksamts Prenzlauer Berg, zu demonstrativen Versammlungen evangelischer Eltern im Zirkus Busch und im Lustgarten geführt. Daß die beiden Kirchen darauf bestehen, schon dem jüngsten Abc-Schützen die konfessionellen Unterschiede einzuhämmern, ist bedauerlich. Der Sprecher der Demokraten verwies in der Stadtverordneten-Versammlung auf die Erfolge der Gemeinschaftsschule in anderen deutschen Ländern, aber er predigte tauben Ohren.

6. 5. Im Berliner Theater das Kriminalstück „Der Prozeß Mary Dugan" mit *Homolka* und Frau *Mannheim*. Schon szenisch einmal etwas anderes, wie hier amerikanischer Strafprozeß sich vor dem Publikum abspielt.

8. 5. Als Organisations- und Personaldezernent gerate ich manchmal in eine unangenehme Situation gegenüber meinen Kollegen im Magistrat, wenn Mitglieder der Bezirksämter, die anerkannte Fachleute auf ihrem Spezialgebiet sind, sich an mich wenden, weil sie für neue Gedanken kein Gehör bei der Fachverwaltung fanden, wie Dr. *Friedländer* vom Bezirksamt Prenzlauer Berg auf dem Gebiet des Sozialrechts oder die Leiter von Bezirksgesundheitsämtern und dirigierende Ärzte. So steht man dann vor der peinlichen Frage, wie sag ich's meinem Kinde. Die Weisheit muß ja nicht immer nur von oben kommen.

12. 5. Von der Kunstdeputation ist eine Kommission für Naturdenkmalspflege gebildet worden. Zu ihren Mitgliedern gehören einige Stadtverordnete, der Kommissar für Naturdenkmalpflege der Stadt Berlin, Dr. *Hilzheimer*, der Berliner Geologe Prof. Dr. *Solger*, als Vertreter der Provinz Brandenburg ihr Naturdenkmalpfleger Dr. *Klose* und ich selbst als Vorsitzender.

15. 5. Der Spielplan unserer Oper ist im letzten Geschäftsjahr auf 71 Werke erweitert worden. Der einzige Opernschlager des Jahres, die Oper „Jonny spielt auf" von *Krenek*, bewies mit nicht weni-

ger als 21 Aufführungen auch hier ihre Werbekraft. Unter den Erstaufführungen der Jahrmarkt von Sorotschintzi, Manon, Hanneles Himmelfahrt, Corregidor, Nachtigall und Feuervogel. Neueinstudiert die Puppenfee.

20. 5. Eigentümer der Dahlemer Schnellbahn, d. h. der Strecke zwischen Breitenbachplatz und Thielplatz, ist der preußische Fiskus. Nach der Erschließung des im Einflußgebiet der Bahn liegenden Geländes hat die Schnellbahn ihren Zweck für den Fiskus erfüllt, zumal sie in den Jahren 1926 und 1927 ein Defizit von je 200 000 RM. aufwies. Zwischen Fiskus und Stadt ist jetzt eine Einigung dahin erzielt worden, daß der Fiskus die Dahlemer Bahn und den Betriebsbahnhof unentgeltlich an die Stadt aufläßt, ihr das zur Verlängerung der Bahn bis zum Bahnhof Zehlendorf-West erforderliche fiskalische Gelände unentgeltlich übereignet, die Hochbahn-Gesellschaft für die Verluste von 1926 und 1927 und die in Zukunft zu erwartenden Fehlbeträge, ein interessantes Eingeständnis, mit einer Ablösung von 1,4 Mill. RM. entschädigt und zu den Baukosten der Verlängerungsstrecke auf fiskalischem Gebiet einen Beitrag von 850 000 RM. leistet. Die ganze Transaktion ist ein eklatanter Beweis dafür, daß Untergrundbahnen und selbst eine wesentlich billigere Einschnittsbahn Zuschußbetriebe sind, sobald man sie mit den Kosten der Unterpflasterstraße belastet.

Der zweite Grundstücksinteressent, die Sommerfeldgruppe, überläßt ihr Gelände der Verlängerungsstrecke ebenfalls unentgeltlich der Stadt, stellt den Rohbau der gesamten Strecke her und übereignet ihn an die Stadt. Ein glänzendes Ergebnis der Verhandlungen des neuen Verkehrsdezernenten Stadtrat *Reuter*. Bei ihren weiteren Schnellbahnprojekten wird die Stadt nicht noch einmal diese glückliche Situation vorfinden.

21. 5. In der Städtischen Oper *Schaljapin* als Mephisto in „Margarethe".

23. 5. Für die Bearbeitung verfassungsrechtlicher Fragen habe ich den Charlottenburger Magistratsrat Dr. *Haas* in mein Generalbüro übernommen. Ein zuverlässiger und bedächtiger Alemanne, der auch in den Verhandlungen mit den in Verfassungsfragen sehr nervösen Bezirksbürgermeistern — ihr Rufer im Streit ist der sehr begabte, aber leicht gereizte Kreuzberger Bürgermeister Dr. *Herz* — seine Ruhe nie verlieren wird.

30. 5. Von den Gläubigern Alt-Berliner Stadtanleihen hatten etwa 66 000 die ihnen angebotene Kommunal-Sammelablösung-Anleihe angenommen, während ganze 50 Gläubiger auf einer Ablösungschuld bestehen. Für diese Eigenbrötler muß nun bei dem minimalen Nennwert von 3700 eine besondere Eigenablösungsanleihe herausgegeben werden.

2. 6. Wien hat einen Literaturpreis von 4000 und zweimal 3000 Kronen gestiftet. Damit der Preisträger — Schriftsteller sind auch in Österreich offenbar a priori unwirtschaftlich — keine extravaganten Sprünge macht und monatlich brav sein Logis bezahlt, erhält er die Summe in 12 Monatsraten. Ich empfahl *Böss* dasselbe für Berlin, natürlich ohne Ratenzahlung, womit er einverstanden war, und ich hatte schon gestern abend bei einem Empfang in der Leibnizstraße Gelegenheit, mit *Ludwig Fulda* und *Georg Engel* über die Angelegenheit zu sprechen. Beide waren gegen eine Teilung des Preises und für die Verleihung an einen Schriftsteller von Ruf, z. B. *Sudermann*. Ich erklärte ihnen, daß der Preis gerade dafür bestimmt sei, junge begabte Berliner Schriftsteller zu fördern, nicht aber Arrivierte, die es nicht mehr nötig haben. Wir trennten uns ziemlich frostig. Es scheint für Prominente sehr schwer zu sein, ihre präsumtiven Nachfolger mit Wohlwollen zu betrachten.

4. 6. Das Universalmusikinstrument des amerikanischen Kinos, die Wurlitzer Orgel, hat nun auch ihren Einzug in Berlin gehalten. Sie ist hörenswert und technisch ein Wunderwerk.

10. 6. Der Kaiser-Wilhelm-Gesellschaft zur Förderung der Wissenschaften wird jetzt an 10 ha des sogen. Seemannsfriedhofes in Buch ein Erbbaurecht zur Errichtung eines Instituts für Hirnforschung bestellt, das dort in enger Verbindung mit den Bucher Krankenanstalten arbeiten soll.

15. 6. Die Reichs-Rundfunk-GmbH. hat zum Bau eines Reichsrundfunkhauses 8000 qm des städtischen Messegeländes zum Preise von 1,2 Mill. RM. mit einem Optionsrecht auf weitere 5000 qm erworben. Die dadurch notwendige Herstellung der Masurenallee kostet der Stadt 1,5 Mill. RM.

19. 6. Die von der Kunstdeputation gekaufte Steinplastik „Mädchenfigur" von *J. Thorak* soll im Stadtpark Lichtenberg aufgestellt werden, die Steinplastik „Knieendes Mädchen" von *K. Trumpf* auf dem Bahnhofvorplatz in Karlshorst, die Marmorplastik „Schwimmerin" von Prof. *E. Wenck* im Müggelseepark und die Brunnenanlage „Knabe mit Ziege" von Prof. *A. Kraus* auf dem Savignyplatz.

21. 6. Empfang der Ozeanflieger Hauptmann *Köhl*, Freiherr *von Hünefeld* und Major *Fitzmaurice* mit einem Frühstück im Festsaal des Rathauses, an dem auch der amerikanische Botschafter teilnahm.

21. 6. Eine Autodidakten-Vereinigung veranstaltet Abendkurse für berufstätige Volksschüler zur Vorbereitung auf die Abschlußprüfung einer Realschule. Zu den Unkosten der Schule, die jetzt die Bezeichnung „Abend-Realschule" führen soll, ist vom Magistrat ein Zuschuß bewilligt worden.

25. 6. Heute vor 60 Jahren wurde die Allgemeine Berliner Omnibus-AG. (Aboag) mit einem Aktienkapital von 1 Mill. Thaler Preußisch Courant gegründet. Bei der sprunghaften Entwicklung der mit ihr konkurrierenden Pferdebahn sank schon 1880 die Beteiligung der Omnibusse am Gesamtverkehr von 89 Prozent auf 17 Prozent. Das wurde noch schlimmer, als *Siemens* 1881 die erste elektrische Straßenbahn in Lichter-

felde baute, 1882 die Stadt- und Ringbahn in den Wettbewerb eintrat, die Große Berliner Pferdeeisenbahn-AG., seit 1897 Große Berliner Straßenbahn-AG., mit der Elektrifizierung ihrer Strecken begann und im gleichen Jahre die Hochbahn-Gesellschaft gegründet wurde. Um den Untergang des Omnibus zu verhindern, baute man ihn auf Akkumulatorenbetrieb um, mußte aber den Probebetrieb 1900 wieder einstellen. Die Gesellschaft suchte sich finanziell mit dem „Sechser-Tarif" für Kurzstrecken zu helfen, der aber kaum die Unkosten deckte. Erst der Verbrennungsmotor rettete sie vor dem Zusammenbruch. Am 19. November 1905 konnten die beiden ersten Kraftomnibusse fahren, von der Verkehrspolizei argwöhnisch beobachtet. Die Berliner waren begeistert, besonders wenn sie an schönen Tagen auf dem „Blumenbrett" sitzen konnten. Die Zahl der Wagen stieg dann schnell auf 336 zu Beginn des Krieges, nachdem 1906 das Aktienkapital auf 12,6 Mill. RM. erhöht worden war. Die Straßenbahn erwarb 1913 davon zwei Fünftel, ebensoviel bald darauf die Hochbahn-Gesellschaft. Im Kriege Beschlagnahme aller brauchbaren Wagen und Pferde. Dann ein mühseliger Aufbau bei Verwendung von Gasöl und Petroleum, die Schrecken der Inflation und schließlich ein schneller Ausbau des Liniennetzes, der zu Konflikten mit den beiden Großaktionären führte.

War schon 1920 mit der Bildung der Einheitsgemeinde das Paket Omnibusaktien der Straßenbahn in die Hände der Stadt gelangt, so fiel ihr 1926 durch den Erwerb der Hochbahn auch deren Aktienbesitz zu und damit die Herrschaft über die drei Nahverkehrsmittel.

26. 6. Der Gewinnanteil Berlins am Kalksteinbruch Rüdersdorf beträgt für das Geschäftsjahr 1925 immerhin ca. 180 000 RM. Der vom Preußischen Staat seinerzeit angebotene Verkauf des städtischen Anteils für 800 000 RM. wäre ein schlechtes Geschäft gewesen.

1. 7. Der Lette-Verein erhält jetzt vom Minister für Handel und Gewerbe und von der Stadt einen Jahreszuschuß von je 36 000 RM.

6. 7. Die Ankäufe von Grundstücken der Parochialstraße, der Waisenstraße und des Großen Jüdenhofes gehen weiter. Der Verlust dieser Reste Alt-Berlins ist leider nicht zu vermeiden.

12. 7. Die Elektrifizierung der Stadt- und Ringbahn ist abgeschlossen. Da die Reichsbahn jetzt zunächst die Umstellung der Wannseebahn vornehmen will, müßten dieselben Arbeiten auf der Ostbahn, da Mittel fehlen, für längere Zeit verschoben werden. Die Reichsbahn wird nun aber die Elektrifizierung der Strecke Kaulsdorf—Mahlsdorf gegen Zahlung eines Zuschusses von 600 000 RM. und Hergabe eines Darlehns von 2,4 Mill. RM. seitens der Stadt in Angriff nehmen.

17. 7. Heute suchte mich der Bildhauer Prof. *Schott* auf, nach einer Besprechung mit *Böss*. Von der Kunstdeputation hatte er den Auftrag für eine „Jagende Nymphe" mit zwei galoppierenden Windhunden erhalten, eine Gruppe von besonderer Beschwingtheit in der Bewegung. Obwohl *Schott* schon ein Jahr daran arbeitet, ist er mit dem gußfertigen Modell bisher nicht fertig geworden. *Böss,* der einen fast das Gesamthonorar erreichenden Vorschuß angewiesen hatte, war über die Verzögerung sehr ungehalten gewesen und hatte dem Künstler Anregungen für die Einteilung seiner Tagesarbeit gegeben, die dessen hellste Empörung hervorriefen. Wir vereinbarten noch für den Abend einen Atelierbesuch. Er berichtete dabei, daß er sieben Gipsmodelle vernichtet habe, da ihm der Entwurf nicht genügte, und versprach Lieferung im Herbst. Dann Klagen über drängende Gläubiger, eine Schuldensumme in fünfstelliger Zahl. Ich rief später den Vorsitzenden des Vereins Berliner Künstler, Prof. *Langhammer,* an und schlug vor, das Honorar zu erhöhen und gleichzeitig einen neuen Auftrag zu erteilen. Er erklärte sich bereit, mit den Faktionen der Kunstdeputation Fühlung zu nehmen und dann dort selbst einen Antrag zu stellen. Für das Spiel auf der parlamentarischen Orgel ist das Präludium oft am wichtigsten.

22. 7. Das Künstlerhaus in der Bellevuestraße ist vom Verein Berliner Künstler an die Firma Wertheim verkauft worden.

26. 7. Um über Mittag ungestört zu sein, esse ich manchmal in dem alten Gasthause „König von Portugal" gegenüber dem Grünen Hut des Stadtschlosses. In diesem Hause mit seinen Erinnerungen an *Lessing* und *Fritz Reuter* feierte einst, als *Jettchen Gebert* durch die Königstraße ging, das wohlhabende Bürgertum der Altstadt seine Feste.

1. 8. Daß die Philharmonie ein für Berlin unmöglicher und unwürdiger Konzertsaal ist, darüber ist man sich längst klar. Den Gedanken, das Grundstück für die Stadt zu kaufen und nach Abriß der Gebäude ein modernen Anforderungen entsprechendes Konzerthaus zu errichten, hat man wegen der hohen Kosten und der ungünstigen Verkehrslage fallen gelassen. *Böss* hatte einen anderen Plan: er schlug dem Ministerium vor, Berlin ein mäßig großes Gelände an der Charlottenburger Chaussee dicht am Bahnhof Tiergarten zu überlassen, um dort einen Konzertsaal mit Räumen für Kongresse, einem Restaurant und Dachgarten zu errichten. Der Vorschlag wurde aus den in Ermangelung triftiger Gründe einer Verwaltung stets zur Verfügung stehenden „grundsätzlichen Erwägungen" abgelehnt, und so wird man weiter nach einer Lösung suchen müssen.

11. 8. Ein eigenartiges Bild, wenn die Berliner Polizeigewaltigen Schuporaden abnehmen. Neben einem vertrockneten Staatssekretär der doppelt massiv wirkende Präsident mit seinem Vipoprä, das Ganze umrahmt von einem eleganten Gefolge früherer Wehrmachtoffiziere. Wenn *Gulbranson* das zeichnen wollte —.

14. 8. Auch die evangelische Kirche folgt im Flaggenstreit der „unpolitischen" Haltung der Berliner Hotels. Sie flaggt plötzlich mit der Kirchenfahne — violettes Kreuz auf weißem Grunde —, die sie vor dem Kriege zu setzen schwerlich gewagt hätte. Das Bezirksamt Mitte hat jetzt den Probst von Berlin und die Gemeindekirchenräte von

St. Marien und St. Nicolai verklagt, die Hissung der Flagge der Republik auf dem der Stadt gehörenden Probsteigebäude zu dulden. Eine interessante Rechtslage.

17. 8. Stadtbaudirektor *Matzdorf*, ein für einen Techniker besonders befähigter Verwaltungsbeamter, tritt in den Ruhestand. Er war während der gesamten Amtsdauer *Ludwig Hoffmanns* dessen sogenannte rechte Hand und hat als getreuer Paladin seines Herrn, immer wieder von ihm desavouiert, alle Angriffe auf die Methoden des Stadtbaurats unverdrossen abgewehrt. Daß er erst jetzt dienstunfähig wurde, ist bewunderungswürdig.

19. 8. Bei einem Gartenfest auf der Berlin gehörenden Abteiinsel schwärmte der amerikanische Botschafter *Schurman*, alter Heidelberger Student, von Schwarzwälder Kirschwasser, zum Entsetzen meiner ältlichen Tischnachbarin, obwohl ich ihr vorsichtshalber nur eine reichlich verschwommene Erklärung dieses mysteriösen Getränks gegeben hatte. *Schurman* suchte sie zu besänftigen. Er muß jedenfalls mit den prohibitionistischen Frauenorganisationen in Gottes eigenem Land rechnen.

21. 8. Die von der Kunstdeputation gekaufte Steinplastik „Sitzendes Mädchen" von *Thorak* soll im Schlesischen Busch aufgestellt werden, der „Bronzesarkophag" von *R. Begas*, den offenbar kein Mensch in Deutschland haben wollte, auf dem Friedhof an der Humboldtstraße. Wir sollten unsere Mittel auf Ankäufe von Werken lebender Künstler beschränken. Die Bronzeplastik „Läufergruppe" von *Lederer*, die vermutlich zu naheliegenden Witzen Veranlassung geben wird, soll ihren Platz an der Heerstraße erhalten.

24. 8. Die Kritik, die an der Finanzgebarung der Städte geübt wird, ist leider nicht ganz unberechtigt. Es handelt sich hier weniger um die laufenden Ausgaben, die meist zwangsläufig sind, als um die einmaligen und außerordentlichen Ausgaben für Neubauten, Grundstückskäufe, Erweiterung von Werken und Verkehrsunternehmungen. Der naheliegende Wunsch, alles das schleunigst nachzuholen, was in zehn Kriegs- und Inflationsjahren zurückgestellt werden mußte, darf die nüchterne Überlegung über die Finanzierung dieser Aufgaben nicht beeinträchtigen. Sie ist nach einem verlorenen Kriege mit seinen Folgen und bei einer sinkenden Wirtschaftskonjunktur nach kurzer Scheinblüte nicht durch Großzügigkeit und Tempo, sondern nur durch Einfachheit und Zähigkeit zu erreichen. Eine verantwortungsbewußte Parlamentsmehrheit sollte die Gefahr, die mangels Anleihemöglichkeiten in der Aufnahme ständig wachsender schwebender Schulden mit hoher Verzinsung liegt, nicht aus dem Auge verlieren.

31. 8. Im Theater am Schiffbauerdamm als Bearbeitung der alten englischen Beggars Opera die „Dreigroschenoper" von *Brecht* und *Weill* mit *Harald Paulsen* als Mackie Messer und *Roma Bahn* als Polly. Das Haus wird mit zahlreichen Wiederholungen rechnen können.

1. 9. Das Gelände zwischen Grünau und Woltersdorf ist geologisch besonders interessant, weil hier ein leidlich anschauliches Bild der Vorgänge gewonnen werden kann, die sich seit dem Ende der Eiszeit zugetragen haben. Die Kommission für Naturdenkmalpflege besichtigte deshalb unter Führung von Prof. Dr. *Solger* die an die Müggelberge angrenzenden Kanonenberge und die Püttberge bei Wilhelmshagen, die höchste Flugsanddüne der Mark, wo das Bezirksamt Köpenick einen größeren Geländekauf vorschlägt, um ein vorzeitkundlich wertvolles Gebiet vor der Bebauung zu retten. Der Plan wird sich aber nicht durchführen lassen wegen der hohen Kosten, die so oft einen wünschenswerten Naturschutz in der Großstadt vereiteln.

19. 9. Der Magistrat beschloß die Zusammenlegung der Berliner Verkehrsunternehmen, um deren Zustandekommen sich der Verkehrsdezernent besondere Verdienste erworben hat.

3. 10. Das Luftschiff „Graf Zeppelin" über Berlin.

4. 10. Aus dem Berlin verbleibenden Hauszinssteuerertrag von 120 Millionen RM. können in diesem Jahr nur 24 000 Wohnungen beschafft werden bei einem Fehlbedarf von über 100 000 Wohnungen. Der Magistrat hat jetzt, wo die Bautätigkeit sich bereits ihrem Ende nähert, für weitere 2080 Wohnungen 15 Mill. RM. aus laufenden Mitteln angefordert, was zu einer scharfen Kritik der Opposition an der Wohnungsbaupolitik der Mehrheit führte. Sie verwies besonders auf die Ablehnung des Angebots der „Bewoag" im Vorjahre, an der zwei Bauhütten beteiligt waren, auf Herstellung von 8300 Wohnungen und auf das ebenso abgelehnte Angebot der Hypothekenbanken. Daß das Siedlungs- und Wohnungswesen nicht zum Dezernat eines Fachmannes, des Stadtbaurates für Hochbau gehört, erweist sich je länger je mehr als schädlich.

7. 10. Durch die Initiative der Lehrerschaft sind in den letzten Jahren einige Schulkinogemeinden entstanden, um die Lehrfilme möglichst unentgeltlich laufen zu lassen. Da die zur Verfügung stehenden Mittel nicht ausreichten, veranstaltete man öffentliche Vorführungen gegen Entgelt und geriet so in unliebsame Konkurrenz mit den privaten Lichtspieltheatern. Nach Schaffung eines Filmseminars zur Ausbildung der Lehrkräfte haben jetzt die städtischen Körperschaften 50 000 RM. für eine Umorganisation der Schulkinos bewilligt.

10. 10. Als leitenden Verwaltungsbeamten habe ich Dr. Dr. *Paproth* zur Städtischen Oper beurlaubt, der mit der Haushaltsführung vertraut ist und in der Geschäftsgebarung des Hauses klare Verhältnisse schaffen soll.

13. 10. „Berlin im Licht" hat heute begonnen, verbunden mit der Anstrahlung zahlreicher öffentlicher Gebäude. Ob die Kopie der ville lumière durch das Messeamt die der Berliner Wirtschaft entstehenden Kosten lohnen wird, ist doch recht zweifelhaft. Auch die zweite

Idee des Messeamts, den rheinischen Karneval in der Form eines Berliner Volksfestes hierher zu verpflanzen, sollte man besser fallen lassen.

18. 10. Die Erkenntnis, daß eine kommunalpolitische Neugestaltung Groß-Berlins dringend erforderlich ist, hatte den Magistrat im vorigen Sommer veranlaßt, die Vorsitzenden der Bezirksämter aufzufordern, selbst Vorschläge zur Vereinfachung der Verwaltung zu machen. Wie zu erwarten, ist es dort zu einer Einigung nicht gekommen. Wir haben deshalb, um die Sache vorwärts zu treiben, zwei Gesetzesvorschläge ausgearbeitet. Gemeinsam ist beiden Entwürfen die Verminderung der Zahl der Verwaltungsbezirke auf höchstens neun mit Bildung eines völlig ausgebauten Stadtkerns von 700 000 bis 800 000 Einwohnern und radialer Anordnung der übrigen Bezirke vom Stadtkern bis zur Peripherie.

Der erste Entwurf sieht die Beseitigung der Bezirkskörperschaften vor. Die Bezirksverwaltung wird der Zentralverwaltung unterstellt und mit ihrer selbständigen Leitung ein Magistratsmitglied mit der Amtsbezeichnung Bürgermeister beauftragt. Neben ihm ein mit erheblichen Rechten ausgestatteter Verwaltungsausschuß, bestehend aus den Stadtverordneten des Bezirks und stimmfähigen Bürgern. Der zweite Entwurf organisiert die Bezirksämter unter Beseitigung der Bezirksversammlungen nach dem bayerischen Stadtratssystem und unterstellt sie dem Magistrat. Für jedes Bezirksamt werden 20 bis 30 unbesoldete Bezirksstadträte gewählt, die ihrerseits einen besoldeten Vorsitzenden und mehrere besoldete Stadträte wählen, mit Stimmrecht nur innerhalb ihres Geschäftsbereichs. Der Vorsitzende ist gleichzeitig Mitglied des Magistrats.

In der gemischten Deputation zur Vorberatung der Entwürfe hat heute eine erste Aussprache stattgefunden. Man kam zu der salomonischen Entscheidung, die weiteren Beratungen bis zu den Landtagswahlen zurückzustellen, da die vorgeschlagenen Lösungen die gegebenen machtpolitischen Verhältnisse außer acht ließen. Die waren für uns allerdings nicht maßgebend gewesen.

30. 10. In der Presse wird wieder einmal die Frage diskutiert, ob *Furtwängler* die ihm angebotene Leitung der Wiener Oper übernehmen wird. Hier verlangte er in der Städtischen Oper zu dirigieren, was wir abgelehnt haben. Nach meinen Beobachtungen eignen sich Orchesterdiktatoren in der Regel nicht zum Operndirigenten, weil ihnen meist die Fähigkeit fehlt, sich den Partnern auf der Bühne in gewissem Grade anzupassen. Das scheinen sie nur zu können, wenn ein Solisten-Star neben ihnen steht.

1. 11. Der Alexanderplatz erhält ein neues Gesicht nach den Plänen von Stadtbaurat Dr. *Wagner*. Bei Kreisumfahrung des Platzes wird die ungefähre Verlängerung der Königstraße zur Symmetrieachse eines großen Hufeisens, dessen Basis zwei Torgebäude in Höhe von 7 Stockwerken zu beiden Seiten der Königstraße bilden sollen.

5.11. Nach einer Schleifenfahrt über Berlin hat das Luftschiff „Graf Zeppelin" am Ankermast des Flugplatzes Staaken festgemacht.

13.11. Den Schlußstein in der Zusammenfassung der drei städtischen Verkehrsunternehmungen bildet die heute von den städtischen Körperschaften beschlossene Gründung einer Berliner Verkehrs-AG. mit einem Aktienkapital von 400 Mill. RM., das ausschließlich in Händen der Stadt ist. Die neue Gesellschaft ist Eigentumsgesellschaft. Der Verkehrsdezernent meint, daß die Zusammenfassung der Substanz der drei Verkehrsmittel eine Vermögensmasse schaffen werde, die als ungewöhnlich starke Unterlage für alle Kreditbedürfnisse des Berliner Verkehrs dienen könne. Vorausgesetzt, daß Anleihen überhaupt zu beschaffen sind. Daß mit Inlandanleihen weder jetzt noch in absehbarer Zeit gerechnet werden kann, hat der Kämmerer mehrfach bestätigt.

14.11. Prof. Dr. *Konrad Biesalski*, der Herausgeber der Zeitschrift für Krüppelfürsorge, feiert heute seinen 60. Geburtstag. Das von dem bekannten Orthopäden zusammen mit seinem erfahrenen Erziehungsdirektor *Würz* geleitete Oskar-Helene-Heim spielt im Rahmen der städtischen Krüppelfürsorge eine besondere Rolle. Die glückliche Verbindung von Krüppelfürsorge und Krüppelpädagogik hat in diesem Hause für die Wohlfahrtsverwaltung sehr wertvolle Resultate erzielt.

17.11. Der Vorschlag des Magistrats, eine Studio-Oper zu schaffen, um Werke junger Komponisten in Matineen herauszubringen, ist von den Stadtverordneten leider abgelehnt worden.

22.11. Es wird weiter gekauft. Die Stadt hatte bereits 1924 von dem Rittergut Neu-Kladow den Uferweg von Gatow bis Kladow und Sakrow erworben. Jetzt ist das gesamte Gut mit einer Fläche von 466 ha zum Preise von 11,6 Mill. RM. gekauft worden, so daß Berlin nunmehr zusammen mit Carolinenhöhe auf dem westlichen Havelufer in den Ortslagen Gatow und Kladow über einen Grundbesitz von rund 5000 Morgen verfügt.

24.11. Die evangelische Kirchengemeinde Wilmersdorf hat den Hamburger Architekten *Fritz Höger*, den Erbauer des Chile-Hauses, mit dem Bau einer Kirche am Hohenzollernplatz beauftragt. Nach dem Entwurf wird dort ein moderner Seelensilo entstehen, an den sich die Gemeindemitglieder wohl erst werden gewöhnen müssen.

26.11. Das zweimalige Nachfordern von Vorbehaltsmitteln, d. h von Mitteln für unvorgesehene dringende Ausgaben innerhalb eines Haushaltsjahres, kann man nur als Unfug bezeichnen. Der Kämmerer sollte wie bei Reich und Preußen die Verwaltungen daran gewöhnen, Vorbehaltsmittel nur in wirklich dringenden Fällen in Anspruch zu nehmen und nicht in solchen, die meist schon seit 1920 dringend sind. Eine energischere Erziehung ist bei den Zentralverwaltungen wie bei den Bezirken sehr vonnöten.

4.12. *Böss* plant zusammen mit dem City-Ausschuß Berliner Festspielwochen für 1929, die neben drei großen Zyklen von Werken *Mozarts*, *Wagners* und von *Strauß* ein Gastspiel der Wiener Staatsoper, eine italienische Stagione sowie Konzerte von *Furtwängler*, *Bruno Walter*, *Kleiber* und *Klemperer* bringen sollen, ungerechnet die Pläne der Berliner Schauspielbühnen.

7.12. Die Volksbühne hatte um Gewährung einer Beihilfe gebeten, da sie durch die Pachtung des Theaters am Schiffbauerdamm, das am 1. September abgegeben werden mußte, und durch das Sinken ihres Mitgliederstandes von 150 000 im Jahre 1924 auf 97 000 in finanzielle Schwierigkeiten gekommen ist. Die städtischen Körperschaften haben ein zinsloses Darlehn von 300 000 RM. bewilligt.

11.12. Tenöre sind amüsante Beobachtungsobjekte. Sie sind sich ihrer Wirkung auf die Weiblichkeit, die sie mehr als alle anderen Solisten mit parfümierter Post verwöhnt, voll bewußt, und das kommt meist in ihrem äußeren Gehaben in naivster Weise zum Ausdruck. Die Männlichkeit, nicht nur außerhalb der Bühne, hat sich dafür durch das in allen Sprachen wiederkehrende Wort „stupido come un tenore" eifersüchtig zu rächen versucht.

13.12. Die von der Personalverwaltung aus guten Gründen vorgeschlagene Anordnung, daß städtische Beamte nicht befördert werden dürfen, solange sie ein städtisches Ehrenamt bekleiden, hat nicht die Zustimmung der Stadtverordneten gefunden.

19.12. Die Idee von *Böss*, eine städtische Gemäldegalerie zu schaffen und als Grundlage dafür die bekannte Sammlung *Max Böhm* zu erwerben, ist von der Kunstdeputation mit Recht abgelehnt worden. Eine Konkurrenz mit der Nationalgalerie ist sinnlos. Wir sollten die Tradition des Märkischen Museums fortsetzen und auch für die Jetztzeit eine ausgesprochen berlinische Galerie schaffen.

22.12. Seit den Wahlen von 1925 besteht eine Linksmehrheit im Stadtparlament, deren kommunistischer Teil allerdings unberechenbar ist und oft genug mit der äußersten Rechten zusammengeht. So ist die SPD gezwungen, Fühlung mit den Mittelparteien zu suchen bis zur Volkspartei, deren besonnener Führer allerdings die reaktionäre Gruppe der Fraktion nicht immer in der Hand hat. Für die Verabschiedung des Haushalts hat sich so eine Etatsmehrheit von SPD bis Volkspartei gebildet. Die Situation der SPD in dieser Mehrheit ist nicht immer sehr erfreulich, so wenig wie das übliche Schlußschauspiel, wenn unter Vorsitz von *Hass* die Steuersorgen und Personalwünsche der Koalitionspartner mit dem Kämmerer und mir „abgestimmt" werden.

1929

10. 1. Mit Handelsgerichtsrat *Haac*, dem Neffen von *Georg Wertheim*, Probleme der Organisation von Großbetrieben besprochen. Auch hier in Handel und Industrie wie bei öffentlichen Verwaltungen die Gefahr der Überorganisation und Unübersichtlichkeit. *Haac* hat die teuren überspitzten Kontrollen beseitigt und erzählte belustigt von dem erbitterten Konkurrenzkampf, den die Leiter zweier Textilabteilungen monatelang auf Kosten der Firma führten, bis er diesem Ehrgeizunfug ein Ende machte.

17. 1. Der vom Kämmerer vorgelegte Haushalt schließt in Einnahme und Ausgabe mit 1120 Mill. RM. ab, wovon 921 Mill. RM. auf den ordentlichen und 154 Mill. RM. auf den außerordentlichen Haushalt entfallen. Die Steigerung von 60,5 Mill. RM. beim ordentlichen Haushalt im Vergleich zu 1928 ist bei der sich ständig verschlechternden Wirtschaftslage recht bedenklich. In der allgemeinen Wohlfahrtspflege und im Gesundheitswesen wird das Tempo der Ausgaben für neue Einrichtungen immer lebhafter trotz der sich ständig mehrenden Aufwendungen für die Erwerbslosenfürsorge. Die einmaligen Ausgaben sind 40 Prozent höher als im Vorjahre. Die Anforderung einmaliger Mittel bei der außerordentlichen Verwaltung ist zwar um 120 Mill. RM. geringer als im Vorjahr, aber bei den ungünstigen Verhältnissen auf dem Anleihemarkt im In- und Ausland wird man die schon recht hohe schwebende Schuld gefährlich erhöhen müssen, um 12 Mill. RM. für den Ausbau der Elektrizitätswerke, 39 Mill. RM. für Schnellbahnen, 17 Mill. RM. für Tiefbau und 30 Mill. RM. für Wohnungsbau aufzubringen, um nur die größten Posten zu nennen.

Die schwebende Schuld beträgt nach den Angaben des Kämmerers nicht weniger als 113 Mill. RM. für die Kämmereiverwaltung und 88 Mill. RM. für die städtischen Gesellschaften. Daß der Kämmerer sich zu der Erklärung gezwungen sah, er sei nicht mit allen Vorlagen des Vorjahres einverstanden gewesen, ist ein recht beachtliches Warnungssignal für die Parlamentsmehrheit. Aber diese Erklärung hätte sehr viel deutlicher ausfallen müssen. Sie genügte ebensowenig wie abweichende Voten des Kämmerers zu einzelnen Magistratsbeschlüssen. So hofft man weiter auf eine Änderung des Finanzausgleichs und eine Besserung der Wirtschaftslage, die sich täglich verschlechtert.

22. 1. Die Kunstdeputation hat einige Plastiken gekauft. Es sollen aufgestellt werden der „Bärenbrunnen" aus rotem Basaltlavatuff von *Lederer* auf dem Werderschen Markt, die Bronzeplastik „Sinnende" von *W. Posorek* vor dem Rathaus in Lankwitz, eine Brunnenanlage von *Wille* im Francke-Park in Tempelhof, eine „Ziegengruppe" von *A. Hoffmann* auf dem Hohenstauffenplatz und ein Planschbecken mit zwei Wasserspeiern von *Schade* auf dem Heuplatz in Köpenick.

26. 1. Die der Stadt durch das Schulwesen entstehenden Kosten zeigen eine ständig wachsende Tendenz. Ein Volksschüler kostet jährlich 270 RM., ein Schüler der höheren Lehranstalten das Doppelte.

1. 2. Die Kosten für den Neubau des Dorotheen-Lyzeums in Köpenick betragen 2 450 000 RM. einschließlich eines Bootshauses mit modernster Einrichtung. Das Direktor-Wohnhaus erfordert allein rund 50 000 RM. Wenn man bedenkt, wieviele von den städtischen Körperschaften genehmigte Schulneubauten mangels Mittel noch gar nicht begonnen werden konnten, dann wäre etwas mehr Einfachheit hier wirklich angebracht. Und wie immer bei Kostenanschlägen der Hochbauverwaltung wird man auch mit diesem Betrage nicht auskommen, da während des Baues die üblichen Zusatzwünsche in Erscheinung zu treten pflegen.

6. 2. Auf einer Tagung des Vereins für das Deutschtum im Auslande, dem Tummelplatz wildgewordener teutonischer Studienräte, hat man Schülerinnen mit Bubikopf vom Besuch ausgeschlossen. Selbst die Rechtspresse verurteilt diese Behandlung der „Andershaarigen". In der Hausordnung eines bekannten französischen Klosters von 1867 werden dagegen der Zopf und das lange Haar in jeder Form geächtet und eine Höchstlänge von 10 cm vorgeschrieben. Tempora mutantur.

11. 2. Die Stadtbibliothek, die 1921 die Säle und Hallen im früheren Marstallgebäude bezogen hatte, war von mir in eine rein wissenschaftliche Bibliothek umgewandelt worden, wobei ihr die Magistratsbibliothek die für die Verwaltung nicht erforderliche Literatur überließ und sie selbst die reine Unterhaltungsliteratur an die Bezirksbüchereien abgab. Der Bücherbestand umfaßt jetzt mit der Lübeck-Göritz-Stiftung und der reichhaltigen Basnerschen Sammlung sozialistischer Literatur rund 250 000 Bände. Die Bibliothek muß ihre Räume zum Frühjahr nächsten Jahres aufgeben, da der Staat sie für eigene Zwecke benötigt. Ein Neubau der Stadtbibliothek wird deshalb auf städtischem Gelände am Bülowplatz neben der Volksbühne geplant. Die vom Hochbauamt entworfene Anlage ist ideal, wird aber mit ihren Baukosten von 4 Millionen RM. noch lange ein Wunschtraum für uns bleiben.

22. 2. Für die Schneeabfuhr aus den Berliner Straßen sind bisher 2,6 Mill. RM. ausgegeben worden. In den Straßen lagern noch ca. 12 Mill. cbm Schnee, deren Abfuhr ca. 15 Mill. RM. kosten würde. So wird man auf ein billigeres Abschmelzen warten müssen.

27. 2. Ende dieses Jahres sollen sämtliche im Bau befindlichen Untergrundbahnstrecken dem Betrieb übergeben werden. Aus der Vorkriegszeit wurden 37,8 km Schnellbahnstrecke von der Stadt übernommen, 1929 werden es 67,3 km sein. Daß dieser Ausbau nicht genügt, liegt auf der Hand. Die verkehrliche Überlastung der City fordert neben Straßendurchbrüchen, deren Kosten für Berlin jetzt unerschwinglich sind, den Bau weiterer Schnellbahnen. Gedacht ist zunächst an eine

Entlastungslinie durch die Leipziger Straße über den Potsdamer Platz und die Potsdamer Straße.

3. 3. Das Gelände am linken Ufer des Tegeler Fließes ist mit Genehmigung der städtischen Körperschaften zum Naturschutzgebiet erklärt worden, um die außerordentlich starken Kalktuffablagerungen, die noch heute in Bildung begriffen sind, zu erhalten. Hier blühen zahlreiche Orchideenarten, die Knabenkräuter, die Kuckucksblume, das Fettkraut, die Swertie, das Glanzkraut und der Lungenenzian neben üppigen Beständen der Lorbeerweide.

12. 3. Um Flughafenpolitik auf weite Sicht zu machen, empfiehlt der Grundstücksdezernent den Erwerb des Flugplatzes Staaken von der Luftschiffbau Zeppelin GmbH. zum Preise von 9,3 Mill. RM. Die später fälligen Ratenzahlungen aus den Großankäufen u. a. werden eine schwere Belastung der nächsten Haushalte sein.

16. 3. Im Haushaltsausschuß wurde bemängelt, daß *Bruno Walter* neben sich nur Kapellmeister im Alter von 20 bis 25 Jahren dulde, und sehr deutlich die Einstellung erster Kapellmeister gefordert, um künstlerisch gleichmäßige Opernaufführungen während der ganzen Spielzeit zu garantieren. Bei den Philharmonikern dieselbe Situation. Überall die gleiche Einstellung der Generalmusikdirektoren, die keine Götter neben sich wünschen.

19. 3. Für die im Vorjahre niedergebrannten Gebäude des Freibades Müggelsee ist ein Brandschaden von 110 000 RM. vergütet worden. Die neuen Aufbaupläne des Bezirksamts Köpenick schließen mit einem Kostenaufwand von 1,5 Mill. RM. ab. Das Bezirksamt Tiergarten erfreut sich des Wohlwollens der Rechtsparteien. Die Gesamtkosten für den Neubau des Kleist-Oberlyzeums betragen 3,8 Mill. RM., davon 1,2 Mill. RM. für eine Filmschule.

22. 3. Die vom Kämmerer mitgeteilte Tatsache, daß die schwebende Schuld, d. h. kurzfristige Kredite mit einer Laufzeit von 3 bis 6 Monaten, am 31. Dezember v. J. sich auf 193 Mill. RM. belief, wurde vom Berichterstatter in der Haushaltsberatung als unerträglich bezeichnet. Er verlangte eine bindende Erklärung des Magistrats, daß größere Bauten, zumal neue Schnellbahnlinien, nicht in Angriff genommen würden, wenn ihre Finanzierung nicht gesichert sei. Diese Erklärung wurde nicht abgegeben, und der Kämmerer fand die Situation nicht einmal besorgniserregend.

24. 3. Zum Vorsitzenden des Vereins Berliner Künstler ist Prof. *Carl Langhammer*, Mitglied der Kunstdeputation, gewählt worden.

26. 3. In einer Denkschrift der Tiefbauverwaltung wird die Möglichkeit eines Ersatzes der Rieselfelder durch das Belebtschlammverfahren erörtert. Die Hoffnung, das neue Verfahren werde eine Erweiterung unserer Rieselflächen erübrigen, wird von Fachleuten stark angezweifelt.

28. 3. Bruno *Walter* fordert bei Verlängerung seines Vertrages ein Jahresgehalt von 60 000 RM. und 15 000 RM. Aufwandsentschädigung oder einen Gastspielvertrag mit einer Gage von 2000 RM. für jede Vorstellung. Da der Aufsichtsrat nur eine Pauschalgage von 60 000 RM. für 40 Vorstellungen bewilligte, verläßt *Walter* Mitte April das Haus in der Bismarckstraße.

2. 4. Im Theater in der Königgrätzer Straße „Rivalen" von *Zuckmayer*. Eine glänzende Aufführung mit *Albers* und *Kortner*, inszeniert von *Piscator*.

8. 4. Bei den Wahlen soll in Zukunft eine Ermittlung der abgegebenen Stimmen nach dem Geschlecht der Stimmberechtigten stattfinden.

12. 4. In der Philharmonie konzertierte der 12jährige Geiger *Jehudi Menuhin*, mit dem von *Bruno Walter* dirigierten Philharmonischen Orchester. Kein Wunderkind, aber ein musikalisches Genie.

15. 4. Zur Abrundung des Messegeländes ist der Exerzierplatz Eichkamp, Eigentum des Reichswehrfiskus, erworben worden.

16. 4. Der von den Demokraten gestellte Antrag, mit dem Bau der Schnellbahn-Verlängerungsstrecken erst zu beginnen, wenn die Finanzierung gesichert sei, ist von der Mehrheit der Stadtverordneten abgelehnt worden.

18. 4. Im Interesse einer „planmäßigen Bodenwirtschaft" folgt der Ankauf des Rittergutes Marienfelde mit 333 ha zu einem Preise von 6,5 Mill. RM. In der Vorlage wird betont, daß die Gutsverwaltung bisher allen Bestrebungen auf Aufschließung widerstanden habe. Da landwirtschaftliche Betriebe dieser Größe innerhalb Groß-Berlins ohnehin Todeskandidaten sind, konnten wir die Dauer dieses Widerstandes ruhig abwarten, statt jetzt die Finanzen weiter zu belasten.

20. 4. Von den angekauften Bildwerken soll die Marmorgruppe „Knabe und Mädchen" von *Wenck* im neuen Verwaltungsgebäude des Bezirks Zehlendorf und die Bronzeplastik „Liegendes Mädchen" von *K. Trumpf* im Stadtbad Lichtenberg Aufstellung finden.

25. 4. Nach einem Beschluß des Magistrats werden der Verkehrsdezernent, der Stadtbaurat für Hochbau und der Dezernent für Markthallen und Schlachthöfe zusammen mit einem Oberbaurat und zwei Direktoren städtischer Betriebe eine Studienreise nach Amerika antreten.

1. 5. Am Wedding, in Neukölln und im Scheunenviertel ist es zu kommunistischen Krawallen mit Barrikadenbau und Plünderungen gekommen, so daß die Polizei mit Panzerwagen einschreiten mußte.

2. 5. Entgegen der Willensäußerung der Stadtverordneten, in den Berliner Volksschulen wie überall auf dem Lande die gemeinsame Erziehung von Knaben und Mädchen durchzuführen, hat das reaktionäre Provinzialschulkollegium in einem Vorstoß gegen die ihm besonders verhaßten Sammelschulen ein Verbot der Koedukation mit sofortiger Wirkung erlassen. Nach Mitteilung des Stadtschulrats ist aber damit zu rechnen, daß der Minister diesen Husarenritt zurückbeordern wird.

4. 5. Der Verein Berliner Künstler, schon 1843 gegründet, eröffnete heute im Moabiter Glaspalast eine Ausstellung von Werken seiner Mitglieder aus den letzten 100 Jahren. In der historischen Abteilung nicht weniger als 75 Arbeiten von *C. V. Blechen*. Die meisten aus der Sammlung von *Julius Freund*. Dazu zahlreiche *Menzel, Gärtner, Hosemann, Franz Krüger, Meyerheim, Stauffer-Bern, Bracht, Steffek* und *A. von Werner* neben Plastik von *Rauch, Schadow* und *R. Begas*. Von jüngeren Malern Werke von *Aghte, Baluschek, Douzette, Dettmann, Eichhorst, Ph. Franck, Paul Herrmann, Hertel, Kampf, Kaiser-Eichberg, Langhammer, Leistikow, Liebermann, Looschen, Lünstroth, Orlik, Plontke, Schlichting, Schuster-Woldan, Skarbina* u. a. Daneben Plastik von *Encke, Esser, Fritsch, Gruson, A. Hoffmann, Klimsch, Lewin-Funcke, Limburg, Placzek, Schaper, C. Starck, Schott, Seger, Wenck* u. a.

10. 5. Die neue Fluchtlinienfestsetzung für die Leipziger Straße zwischen Spittelmarkt und Dönhoffplatz bedingt die Entfernung der Spittelkolonnaden. Ihr Eigentümer, der Fiskus, ist damit einverstanden, wenn ihm die Kosten für den Abriß und den Wiederaufbau an anderer Stelle erstattet werden. Zunächst erfolgt der Abriß auf der Südseite.

15. 5. Im März hatte der Magistrat beschlossen, Prof. *Einstein* zu seinem 50. Geburtstage ein lebenslängliches Wohnrecht an dem Kavalierhause im Schloßpark Kladow einzuräumen. Peinlicherweise stellte sich dann heraus, daß die Stadt noch kein Verfügungsrecht über das Grundstück besaß. Bei einem zweiten Objekt fehlte ein freier Zugang und die Beratung über das dritte führte zu üblen Angriffen der Deutschnationalen in der Stadtverordneten-Versammlung. Prof. *Einstein* hat darauf in einem Schreiben an *Böss* auf jede Ehrengabe verzichtet, deren Relativität immer größer geworden war.

17. 5. Die „Jagende Nymphe" von Prof. *Schott* ist auf dem Pariser Platz zur Besichtigung aufgestellt worden. Ihren Standort wird sie im Humboldthain erhalten.

20. 5. Notleidende Rittergüter und vor der Liquidation stehende Terraingesellschaften finden Berlin immer als willigen Käufer. So erwirbt die Stadt jetzt den Flugplatz Johannistal-Adlershof zum Preise von 5 Mill. RM. Man will das Gelände, abgesehen von einer beschränkten industriellen Auswertung, im wesentlichen als Sport- und Frachtflugplatz, für Übungszwecke und als Notlandeplatz verwenden.

24. 5. Zu Ehren *Toscaninis* und der Mitglieder der Mailänder Scala Empfang im Festsaal des Rathauses. Unter den Gästen der italienische Botschafter, der Bürgermeister von Mailand und *Luigi Pirandello*. In der Städtischen Oper wird die Scala „Lucia di Lammermoor" spielen mit *Toti dal Monte* in der Titelrolle.

.30. 5. In der Schlichtallee sollen für Lichtenberg ein Oberlyzeum, eine Mittelschule und eine Fachschule in einer gemeinsamen Neuanlage errichtet werden. Gesamtkosten 7,2 Mill. RM., davon 620 000 RM. für ein besonderes Aulagebäude, 710 000 RM. für ein Turnhallengebäude und 140 000 RM. für einen Dienstwohnungsbau. Die Bewilligungsfreudigkeit der Mehrheit hat angesichts der bevorstehenden Neuwahlen jedes Maß verloren. Eine Änderung des Finanzausgleichs zu gunsten Berlins wird durch eine solche Finanzgebarung immer unmöglicher gemacht.

2. 6. Die Kunstdeputation hat beschlossen, zur Ausschmückung des Volksparks in den Rehbergen einen monumentalen Brunnen nach einem Entwurf von *G. Kolbe* zu errichten. An den Stirnseiten der beiden Pfeiler der Treppe sollen die Reliefs von *Rathenau* Vater und Sohn angebracht werden. Die Mittel wurden von privater Seite gespendet. Ich möchte wissen, was der Wedding zu diesem Kunstwerk sagt.

11. 6. In der Städtischen Oper die „Schwarze Orchidee" von *d'Albert*. In der Dirigentenloge vier Damen, die sich in der Pause lebhaft und strahlend unterhielten. *D'Alberts* vier Frauen, bemerkte *Tietjen* erklärend. Die drei ersten trugen ihr Los jedenfalls nach außen mit betonter Unbelastetheit, denn jede der drei war sicher davon überzeugt, sie inspiriere den maestro noch heute.

13. 6. Konflikt zwischen *Böss* und *Helene Mayer* mit Diskussion in der Stadtverordneten-Versammlung. Er hatte der Olympiasiegerin im Florettfechten ein Auftreten in der Turn- und Sportwoche untersagt, weil sie nach ihrem Siege in Amsterdam ihren Landsleuten mit einem Fähnchen in den alten Farben zuwinkte. Von der Rechtspresse weidlich ausgeschlachtet, dabei sind Mayers gute Demokraten.

18. 6. Im Rathaus ein Frühstück zu Ehren der Wiener Stadtverwaltung. Man sprach viel von Anschluß, aber in Österreich selbst ist es umgekehrt wie vor dem Kriege bei unsern westlichen Nachbarn in der elsaß-lothringischen Frage: immer davon sprechen, aber niemals daran denken.

20. 6. Die Festspielwochen sind beendet. Sie brachten neben einem Konzert von *Gigli* in der Philharmonie „Tristan", von *Furtwängler* dirigiert, und das Diaghileff-Ballett in der Städtischen Oper. In der Goldenen Galerie des Charlottenburger Schlosses spielte *Albert Harzer*, begleitet von einem kleinen Streichkörper seiner Philharmonischen Kollegen, ein Flötenkonzert von Friedrich II. Wenn man die Augen schloß, konnte man sich leicht *Menzels* festliches Bild vorstellen.

22. 6. Der alte Gedanke der preußischen Kunstverwaltung, Berlin, Wiesbaden und Kassel zu Beiträgen für die Staatstheater heranzuziehen, hat seine Auferstehung in einem Initiativ-Gesetzentwurf im Landtage gefunden, wonach die beteiligten Städte 30 Prozent des Defizits der staatlichen Bühnen tragen sollen. Berlin hätte danach ca. 2 Mill. RM. zu zahlen zur Deckung der Fehlbeträge besonders beim staatlichen Schauspielhaus und der Krolloper. Auf Antrag der SPD haben die Stadtverordneten diese Zumutung einstimmig abgelehnt.

27. 6. Am Dammweg in Neukölln soll die erste Einheitsschule als pädagogischer Versuch errichtet werden, d. h. eine Schule, die sich durch Kombination von Volksschule und höherer Schule in drei Abschnitten als Unter-, Mittel- und Oberstufe aufbaut. Während die Unterstufe in der bisherigen Richtung arbeitet, wird in der Mittelstufe theoretischer und praktischer Arbeitsunterricht erteilt — für ihn ist ein besonderer Werkhof vorgesehen. Die Oberstufe soll entsprechend den Begabungsrichtungen der Schüler vierzipflig sein und bestimmten Berufsrichtungen entsprechen. Neuartig auch die äußere Anlage: Flachbau mit Schulräumen zu beiden Seiten eines Flurs, die Außenwände aus verschiebbaren Glasfenstern bestehend. Ob nur Oberlicht gewählt werden soll, steht noch nicht fest. Das Ganze die Idealschule der Zukunft, aber wann werden wir uns diesen Luxusbau leisten können, der nicht weniger als 7 Mill. RM. erfordert.

2. 7. Eine Debatte der Stadtverordneten über einen Zuschuß für die Internationale Rennwoche Berlin ergab interessante Einblicke in die Verhältnisse des Rennsportpersonals. Der Traum aller Lehrlinge, einmal Jockey zu werden, geht nach statistischen Feststellungen nur bei 2 Prozent in Erfüllung. Der Rest endet in schlechtbezahlten Stellungen als Stallmann, günstigstenfalls als Futtermeister. Die bunte Jacke wird trotzdem ihre Anziehungskraft auf die Jugend nicht verlieren. „Das höchste Glück der Erde ..."

10. 7. Zu den Berliner Naturschutzgebieten gehören jetzt die Krumme Laake zwischen Rahnsdorf und Müggelheim, wo noch Blaurake und Wiedehopf zu finden sind; die Grunewaldseen zwischen Hundekehle und Schlachtensee mit ihren Hochmooren; das Teufelseegelände und der sogen. Stadtbruch im Spandauer Stadtforst; der Faule See im Ortsteil Hohenschönhausen mit seiner Vogelschutzstätte, der Schloßpark Lichterfelde und der Köpeniker Dammforst zwischen Köpenick und Mahlsdorf-Süd.

17. 7. Der Rektor der Universität hat dem sozialistischen Hochschulausschuß verboten, im Vorhof der Universität eine Verfassungsfeier abzuhalten. Er kann sich allerdings darauf berufen, daß in der Giebelwidmung seines Hauses eine Verfassung nicht genannt wird.

23. 7. An dem Berliner Kunstkonsum sind unsere jüdischen Mitbürger besonders stark beteiligt. Sie stellen einen großen Teil der Abonnenten der Philharmonischen Konzerte und der Besucher der

Bühnen von Rang, sie sind Käufer von bildender Kunst und Literatur. Sie teilen zwar nicht die Vorliebe der Berliner Großschlächter für den Trabersport, lassen aber dem Berliner Kunstmarkt jährlich Millionenbeträge zufließen, ohne die das künstlerische Niveau der Hauptstadt seine heutige Höhe nie erreicht hätte.

6. 8. Ein modernes Kühlhaus ist am Osthafen von der Kühltransit-AG. heute eröffnet worden. In diesem größten Berliner Eisschrank können 70 Mill. Eier gestapelt werden.

16. 8. Im Anschluß an den hier veranstalteten Welt-Reklame-Kongreß überbrachte eine amerikanische Abordnung im Auftrage des Bürgermeisters von New York eine Stadtfahne für das Berliner Rathaus mit einem Schreiben *Walkers,* in dem er New York bezeichnet als „die Stadt, die mehr Männer deutscher Geburt und Abstammung unter ihren Einwohnern hat als irgendeine andere Stadt in Deutschland, Berlin ausgenommen". *Böss* wird New York einen Gegenbesuch in Begleitung von drei Magistratsmitgliedern abstatten.

19. 8. Von den angekauften Bildwerken soll die Bronzeplastik „Badende" von *E. Seger* im Wasserbecken des Staudengartens am Schäfersee in Reinickendorf aufgestellt werden und die „Wasserkrugträgerin" von *E. Freese* im Sportpark Neukölln.

25. 8. Die wirtschaftliche Depression und die Wiedereröffnung der Lindenoper haben sich bei der Städtischen Oper in einem starken Rückgang der Einnahmen bemerkbar gemacht. Der Jahreszuschuß ist deshalb auf 2,5 Mill. RM. gestiegen. In *Eckermanns* Gesprächen mit *Goethe* bemerkenswerte Anregungen des Weimarer weil. Theaterdirektors über Wirtschaftsführung und Intendant — „Wenn ich der Großherzog wär ..." Unter den Erstaufführungen der Oper Der Dorfbarbier, Die neugierigen Frauen, Don Carlos, Othello, Madame Butterfly und das Ballett „Der arme Reinhold".

9. 9. Aus dem Nachlaß von *Julius Jakob,* des Malers des alten Berlin, hat die Kunstdeputation zahlreiche Studienblätter für das Märkische Museum erworben.

12. 9. Die chronischen Finanznöte des Philharmonischen Orchesters haben mich veranlaßt, eine Umorganisation zu versuchen, da es bei der jetzigen Situation immer schwerer wird, die Solisten zu halten und Nachwuchs zu gewinnen, und da Furtwängler mit dem Weggang nach Wien droht. Das Reich, das dem Orchester im Vorjahre einen Zuschuß von 50 000 RM. zahlte, hat einer Umstellung zugestimmt, Preußen hat leider abgelehnt. Die Umstellung ist wie folgt gedacht: das Reich und Berlin schließen sich zu einer Arbeitsgemeinschaft zusammen zur Unterstützung des Orchesters, soweit seine Einnahmen nicht ausreichen. Beide treten als Gesellschafter in die bestehende Orchester-GmbH. ein, an deren Gesellschaftskapital die 95 Orchestermitglieder mit ihrem An-

teil von je 600 RM., Berlin mit einem Anteil von 36 000 RM. und das Reich mit einem Anteil von 14 400 RM. beteiligt sind, während ein Anteil von 7200 RM., zunächst von mir formell übernommen, für Preußen offenbleibt. *Furtwängler* wird als erster Dirigent auf zehn Jahre verpflichtet. Der Gesamtzuschuß wird auf 480 000 RM. jährlich begrenzt, wovon das Reich 120 000 RM. zu tragen hätte und Berlin 360 000 RM. bzw 300 000 RM. bei einem Eintritt Preußens. Das Orchester bleibt wie bisher verpflichtet, 20 Volks-Sinfoniekonzerte, 6 Kammermusikabende und 6 Nachmittagskonzerte für Schüler zu veranstalten.

Die Vorstandsmitglieder der Philharmoniker, der Harfenist *Otto Müller*, der Kontrabassist *Pingel* und der Geiger *Diburtz* waren ebenso wie ihr rühriger Geschäftsführer, der Bratscher *Höber*, um ihre schwere Aufgabe in den letzten Jahren nicht zu beneiden, die ihnen hoffentlich bald erleichtert wird.

15. 9. Aufnahmeprüfung in der Schauspielschule des Deutschen Theaters. Neben wenig ausgesprochenen Begabungen ein Übermaß von Bühnenbegeisterten, die in erschütternd unfreiwilliger Komik die Jungfrau von Orleans, Gretchen oder Hamlet vorsprechen. Dabei sucht die Provinz jugendliche Helden und sentimentale Liebhaberinnen.

20. 9. Von den angekauften Bildwerken sollen ein Brunnen mit Tierplastiken von *W. Menzner* auf dem Koppenplatz und ein Denkstein mit Bronzeplakette von *P. Gruson* für den vielfachen Lebensretter *August Herrmann* auf dem Schulplatz in Rahnsdorf aufgestellt werden. Drei von Geheimrat *Elschner* geschenkte Marmorplastiken von *Brütt*, „Knieendes Mädchen", „Diana" und „Stehendes Mädchen" sind den Bezirksämtern Wedding, Schöneberg und Pankow für ihre Verwaltungsgebäude überwiesen worden.

22. 9. Das von der Bewag vorgelegte Bauprogramm erfordert in einem Nachtrag für 1928 und einem Teilprogramm für dieses Jahr 64 Mill. RM., um dem sogen. Spitzenbedarf gerecht zu werden. Die Sorgen der Techniker um die Lichtspitze sind bekannt. Sie tritt etwa an 20 Tagen vor und nach Weihnachten ein und liegt in dem Dreieck Alexanderplatz — Potsdamer Platz — Weidendammer Brücke. So erfreulich die Konsumentwicklung bei der Bewag ist, so bedenklich ist gerade jetzt ihre finanzielle Auswirkung. Dazu kommt noch für die Stadt die nicht gleichgültige Konkurrenz der Bewag bei der Straßenbeleuchtung und ihre Propaganda für Heiz- und Kochstrom gegenüber den Gaswerken, deren Kapazität immer weniger ausgenutzt wird.

26. 9. In einer außerordentlichen Sitzung beschäftigte sich der Magistrat mit der aus der Liquidation der Kleider-Vertriebs-Gesellschaft bekannten Firma *Gebr. Sklarek,* die schon mehrfach Gegenstand der Verhandlungen der Stadtverordneten gewesen ist. Der mit ihr abgeschlossene Monopolvertrag ist, wie jetzt bekannt wird, ohne Wissen des Magistrats im April dieses Jahres ein Jahr vor seinem Ablauf auf fünf Jahre verlängert worden, unterzeichnet von einer unbesoldeten

Stadträtin als Vertreterin des Bürgermeisters und zwei weiteren unbesoldeten Stadträten, darunter ein Mitglied der Volkspartei. Jetzt hat sich durch eine Revision der Stadtbank herausgestellt, daß die Sklareks durch gefälschte Bestellscheine der Bezirksämter einen Betrag von ca. 10 Mill. RM. erschwindelt haben. Die drei Inhaber der Firma sind verhaftet worden. *Böss* befindet sich gerade auf seiner Amerikareise.

4. 10. *Böss* setzt unverständlicherweise seine Amerikarundfahrt fort, obwohl er über den Sklarekskandal und die Debatten in der Stadtverordneten-Versammlung laufend unterrichtet wird.

15. 10. Das Statistische Jahrbuch Deutscher Städte bringt interessante Angaben über die finanziellen Verhältnisse der deutschen städtischen Theater. Bei allen sind die Zuschüsse von Jahr zu Jahr gestiegen und haben im Rechnungsjahr 1927 für 93 Städte ca. 48 Mill. RM. betragen, um im Jahre 1928 auf 58 Mill. RM. zu steigen. Während für Bühnen wie Aachen und Chemnitz noch ein Jahreszuschuß von 700 000 RM genügt, beläuft er sich bei Frankfurt (Main) bereits auf 2,5 Mill. RM., Summen, die keine ausländische Kommunalverwaltung in ihrem Etat kennt. Der größte Teil dieser Zuschüsse ist durch das starke Anwachsen der persönlichen Ausgaben bedingt infolge der Auswüchse, die sich beim Engagement der Solomitglieder seit der Inflation allmählich entwickelt und die ganze Marktlage völlig verändert haben.

Waren vor der Inflation feste Verträge, auf eine volle Spielzeit ausgestellt, noch die Regel, so werden jetzt diese Normalverträge mit kleiner fester Gage, aber mit verhältnismäßig hohen Spielgeldgarantien, nur noch von der zweiten und dritten Garnitur abgeschlossen. Künstler, die auch nur einigermaßen zu Ruf gekommen sind, lassen sich nur noch durch Fristverträge binden, um ihre frei bleibende Zeit an anderen Bühnen zu verwerten. Daneben Gastspielverträge ohne zeitliche Bindung für Künstler mit Seltenheitswert oder Gagenverträge für reine Attraktionsgastspiele. Man kann hier nicht einmal von merkantiler Ausbeutung sprechen. Die Künstler haben ihre Ersparnisse durch die Inflation verloren. Dazu kommen noch die für den Beruf typische Unsicherheit der Erhaltung der Arbeitsfähigkeit, steigende Gagenangebote im Wettkampf der einzelnen Opernbühnen und die Lockung des Auslandes, besonders Amerikas mit seinen unvergleichlich reicheren Mitteln, wo *Maria Müller* eine Abendgage von 2500 Dollar erhielt.

Bei den Sprechtheatern liegen die Verhältnisse nicht viel anders. Man sucht mit allen Mitteln eine Änderung dieses unleidlichen Zustandes herbeizuführen, sucht vor allem die grundsätzliche Forderung nach einem Ensemble durchzusetzen, aber Intendanten wie Direktoren der Privatbühnen scheinen wenig Hoffnung zu haben, diese für die Finanzgebarung ihrer Häuser immer unheilvollere Entwicklung zu bremsen.

21. 10. Im Deutschen Theater die politische Komödie „Der Kaiser von Amerika" von *Shaw* mit *Krauß, Gülstorff, Gerron* und der *Lion* — ein großer Erfolg.

31. 10. Der Sklarekskandal zieht weitere Kreise. Der kommmunistische Dezernent des Anschaffungsamtes ist von seiner Partei ausgeschlossen worden. Die Veröffentlichungen eines früheren Angestellten der Müllabfuhr-AG., deren Bereinigung durch den Verkehrsdezernenten des Magistrats erfolgte, lassen die Verquickung von amtlicher und privater Tätigkeit eines früheren deutschnationalen unbesoldeten Stadtrats in einem eigenartigen Lichte erscheinen. Auch eines der unbesoldeten bürgerlichen Magistratsmitglieder, deren geschäftliche Tüchtigkeit *Böss* nicht genug rühmen konnte. Bei seiner Ankunft in Bremerhafen ist es übrigens wegen seines unglücklichen Pelzjackentelegramms zu recht peinlichen Zwischenfällen gekommen.

2. 11. Der Vorstand des deutschen Städtetages hat beschlossen, sofort eine Einschränkung der öffentlichen Neubauten eintreten zu lassen und die Wohnungsbauprogramme zu strecken. Der Gesamtbetrag der kurzfristigen Verbindlichkeiten ist in der Sitzung mit 1100 Mill. RM. angegeben worden, dürfte aber wesentlich höher liegen, da die Städte über diese Gretchenfrage schwerlich eine erschöpfende Auskunft gegeben haben.

7. 11. Der Oberpräsident hat auf Antrag von *Böss* gegen ihn das förmliche Disziplinarverfahren eingeleitet und sein Urlaubsgesuch genehmigt.

14. 11. Seit dem 1. Oktober beschäftigt sich die Stadtverordneten-Versammlung mit dem Sklarekskandal, den darin verwickelten Mitgliedern der städtischen Körperschaften und der Person des Oberbürgermeisters. Die beiden letzten Sitzungen endeten mit einem Tumult, wie ihn die Versammlung bisher noch nicht erlebt hat. Ein Abflauen der allgemeinen Erregung werden wohl erst die Neuwahlen bringen.

19. 11. Die Wahlen am Sonntag haben die Linksmehrheit im Roten Hause noch um drei Mandate verstärkt. Während das Stimmverhältnis bisher 117 : 108 war, ist es jetzt 120 : 105. Auf die SPD entfallen 64 Mandate, die KPD 56, die Deutschnationalen 40, die Volkspartei 16, die Demokraten 14, die Nationalsozialisten 13, die Wirtschaftspartei 10, das Zentrum 8, den Christlichen Volksdienst 3 und die Deutsch-Völkischen 1. Die höchste Stimmenzahl in den Bezirken hat die SPD in Neukölln und Prenzlauer Berg, die KPD in Wedding und Friedrichshain, die Deutschnationalen in Zehlendorf und Wilmersdorf, die Demokraten in Wilmersdorf, die Volkspartei in Zehlendorf und Steglitz, die Nationalsozialisten in Steglitz.

12. 12. Die neugewählten Stadtverordneten sind heute von Bürgermeister *Scholtz* in ihr Amt eingeführt worden. Mehr als die Hälfte neue Gesichter in allen Fraktionen. Ihr Niveau ist seit 1920 ständig gesunken. Listenwahlen sind das Ideal aller Parteiseniorn.

19. 12. Zum Stadtverordneten-Vorsteher ist zum 7. Male der Sozialdemokrat *Hass* mit großer Mehrheit gewählt worden. Führer der kommunistischen Fraktion ist *Wilhelm Pieck* geworden, während

Dr. *Göbbels* die Nationalsozialisten führt. Die neue Partei beginnt sofort damit, ihren kommunistischen Gegnern das Leben dadurch schwer zu machen, daß sie deren Anträge noch maßlos übertrumpft, wobei sich beide keine Sorgen um die Finanzierung machen. Zur Deckung der Kosten von 60 Mill. RM. für eine von ihnen geforderte Notstandsaktion schlagen die Nazis naiverweise eine Schaufenstersteuer der Warenhäuser und Konsumverkaufsstellen sowie eine Getränkesteuer der Luxusgaststätten vor. — Bürgermeister *Scholtz* teilt noch mit, daß die Stadt außerstande sei, die fälligen Gehälter und Zinsen am Ende des Monats zu zahlen.

20. 12. Ein von einem amerikanischen Bankhause angebotener Kredit von 15 Mill. Dollar ist von der Beratungsstelle nicht genehmigt worden. Statt dessen hat ein Konsortium unter Führung der Seehandlung den zur Rückzahlung fälliger Kredite erforderlichen Betrag zur Verfügung gestellt, nachdem der Magistrat auf Anordnung der Aufsichtsbehörde die längst notwendige, aber vor den Wahlen vermiedene Erhöhung der Tarife für Strom, Gas, Wasser und Verkehrsmittel beschlossen hat. Der Oberpräsident hat ferner verfügt, daß neue Aufgaben nicht übernommen werden dürfen und daß Überschüsse aus Tariferhöhungen und etwaigen Steuererhöhungen in einen besonderen Tilgungsfonds bei der Preußischen Staatsbank mit mindestens 5 Mill. RM. monatlich einzuzahlen sind. Die schwebende Schuld hat sich seit Januar verdoppelt, sie beträgt über 400 Mill. RM. Der Magistrat hat hiervon erst jetzt Kenntnis erhalten. Daß der Kämmerer nicht längst einen der vielen ihm zur Verteidigung offenstehenden Wege eingeschlagen hat, ist völlig unverständlich.

23. 12. Von *Scholtz* bin ich mit der Vertretung des erkrankten Kämmerers beauftragt worden trotz meines Protestes, da mir für dieses Arbeitsgebiet Begabung wie Neigung völlig fehlen. Auch ein Weihnachtsgeschenk.

24. 12. Ich habe heute den Gelddezernenten der Finanzverwaltung, Stadtamtmann *Nalbach*, kommen lassen, um mich zuerst über unsere Kassenlage zu informieren. Die Höhe der schwebenden Schuld wurde mir mit etwa 500 Mill. RM. angegeben. Eine erschütternde Situation.

1930

3. 1. Der Gesundheitszustand des Kämmerers wird seine Rückkehr in absehbarer Zeit nicht gestatten, so daß ich diese leidige Stellvertretung sobald nicht wieder loswerde. Erleichtert wird mir meine Arbeit allerdings durch unsere katastrophale Situation, die jetzt endlich bei allen Beteiligten das Verständnis für Einfacheit und Sparsamkeit erzwungen hat. Im übrigen werde ich von den hochqualifizierten Beamten

der Finanzverwaltung, besonders dem Haushaltsdezernenten Obermagistratsrat *Moldenhauer* und dem Chefmathematiker *Klenke*, in rührender Weise unterstützt, die den Kämmerer-Lehrling unverdrossen in die Geheimwissenschaft der Finanzverwaltung einzuführen sich bemühen. Und dazu noch das mir völlig unbekannte Arbeitsgebiet der Stadtbank, Sparkasse und Stadthauptkasse.

8.1. Der Versuch einer Umorganisation der Philharmonisches Orchester-GmbH. ist leider an der Indolenz des Reichsministeriums des Innern und der ablehnenden Haltung der preußischen Kunstbürokratie gescheitert.

13.1. Schon im Herbst vorigen Jahres war bei zweimaliger Auffüllung der Vorbehaltsmittel von den Stadtverordneten die Forderung nach Einbringung eines ordnungsgemäßen Nachtragshaushalts erhoben worden. Jetzt ergibt sich sowohl ein Fehlbetrag bei den Einnahmen wie eine Überschreitung der Ausgabeposten. Zu einer Mindereinnahme von 3,6 Mill. RM. aus Straßenreinigungskosten auf Grund eines Urteils des Oberverwaltungsgerichts tritt der vollständige Wegfall der Kämmereiabgabe der BVG mit 20 Mill. RM., so daß unter Ausgleich einiger anderer Einnahmeveränderungen der Ausfall 22,9 Mill. RM. beträgt. Bei den Ausgaben muß allein bei der Gesamtwohlfahrt mit einem Mehr von 29,1 Mill. RM. gerechnet werden, bei anderen Verwaltungen mit 7,1 Millionen RM., so daß 36,2 Mill. RM. ungedeckt sind. Dazu kommt noch, um das Unglück voll zu machen, eine Nachforderung von 10,7 Mill. RM. für staatliche Polizeikosten. Der ungedeckte Betrag des Haushalts beläuft sich also auf ca. 70 Mill. RM. Wir haben deshalb den Stadtverordneten einen Nachtragshaushalt zugehen lassen, der die Streichung von 20 Millionen RM. für einmalige Ausgaben und eine Erhöhung des Zuschlags zur staatlichen Grundvermögenssteuer und der Gemeindegewerbesteuer vorsieht. Der dann noch ungedeckt bleibende Betrag von ca. 27 Mill. RM. soll auf den Haushalt 1930 übernommen werden.

16.1. Zwei von der Kunstdeputation erworbene Plastiken von Prof. *A. Kraus* „Jüngling und Jungfrau" werden im Vestibül des Stadtbades in der Gartenstraße aufgestellt.

18.1. *Leopold Jeßner* ist von der Leitung der Staatstheater zurückgetreten und wird dort nur noch als Gastregisseur tätig sein. Sein Nachfolger ist *Ernst Legal* geworden.

19.1. Die Schulverwaltung hatte auf Beschluß der Stadtverordneten bei der Aufsichtsbehörde beantragt, allgemein die Genehmigung zur Durchführung eines gemeinsamen Unterrichts für Knaben und Mädchen in den städtischen Unterrichtsanstalten zu erteilen. Die rückständige preußische Unterrichtsverwaltung hat sich „ausnahmsweise" mit der Zusammenlegung von Knaben- und Mädchenklassen an vier weltlichen Volksschulen einverstanden erklärt. Offenbar ist sie der Meinung, daß es bei dieser verruchten Einrichtung nicht mehr darauf ankommt, daß aber die Koedukation für konfessionelle Schulen besonders gefährlich ist.

22. 1. Bei den Erörterungen der Stadtverordneten über die Finanzlage der Stadt wurde unter anderm auch auf die Gehälter der Direktoren der städtischen Werke hingewiesen, die vielfach das Einkommen des Oberbürgermeisters übersteigen dank der Bewilligungsfreudigkeit ihrer Aufsichtsräte, die im Zahlenrausch der letzten Jahre jedes Maß verloren zu haben scheinen. Dabei hatten einige Direktoren, die früher städtische Beamte waren, nach Erreichung ihrer Gehaltsziele noch die Unverfrorenheit, die Anerkennung ihrer alten Pensionsrechte zu fordern. Die Stargage von über 100 000 RM. bezieht der Direktor der BVG, dem man bei der Straßenbahn einen langjährigen Vertrag mit einem — bei einem Monopolbetrieb! — nach den Bruttoeinnahmen gestaffelten Einkommen konzediert hatte, wie einst dem tüchtigen Braumeister von Schultheiß und einem Direktor der „Viktoria". Ein übles Bild in einer Zeit tiefster wirtschaftlicher Depression und steigender Arbeitslosigkeit. Dem Antrage der SPD auf Kürzung der überhöhten Gehälter stimmten die Stadtverordneten mit großer Mehrheit zu.

23. 1. Dringende Zahlungsverpflichtungen haben uns zu einem Darlehnsgeschäfte mit den Elektrowerken gezwungen, die der Stadt einen 1931 in Raten zurückzuzahlenden Kassenkredit von 25 Mill. RM. zu wucherischen Bedingungen gaben. Erschwerend kommt noch hinzu, daß ein nach Fertigstellung des Westwerkes neu auftretender Leistungsbedarf durch Erhöhung der von den Elektrowerken jetzt schon vertraglich abzugebenden Strommenge gedeckt werden muß. Vom Reich wird unsere Notlage ebenso schamlos ausgebeutet wie von der Preußischen Staatsbank und der Finanzverwaltung der Reichsversicherungsanstalt für Angestellte.

24. 1. Die Erregung durch den Sklarekskandal ist noch immer nicht abgeklungen und macht sich in Dutzenden von Anträgen und Anfragen in der Stadtverordneten-Versammlung Luft. In dem allgemeinen Wettrennen liegen die Nationalsozialisten am weitesten vorn. Als Neulinge im Hause fangen sie natürlich ab ovo an. Im übrigen ist ihr Katalog sehr reichhaltig und umfaßt in bunter Reihenfolge ebenso die Ablehnung der Antiqua in städtischen Drucksachen wie die ostjüdische Einwanderung seit dem Kriege, den Kampf gegen die Warenhäuser, die Konsumgenossenschaft und überhaupt gegen „diese bemerkenswerte Republik", wie sie sich noch höflich ausdrücken.

27. 1. Bei der Überführung der städtischen Betriebe in die Gesellschaftsform war man von der Überlegung ausgegangen, daß die Betriebe der kommunalen Atmosphäre soweit wie möglich entrückt sein und die denkbar größte Bewegungsfreiheit besitzen müßten. Jetzt stellen plötzlich die Befürworter dieser Umorganisation erstaunt fest, daß diese Entrückung längst ein Ausmaß erreicht hat, das sich mit den Interessen der Stadt nicht mehr vereinbaren läßt. Die Tatsache, daß die mit Vor-

schußlorbeeren überhäufte BVG im Vorjahre nicht einen Pfennig an die Kämmerei abgeführt und noch dazu hinter dem Rücken der städtischen Körperschaften Grundstückskäufe für noch völlig imaginäre Projekte in der Größenordnung von Dutzenden von Millionen Reichsmark getätigt hat, gibt allein genug zu denken. Die Gründe liegen auf der Hand: die Gesellschaften führen ein Eigenleben ohne Rücksicht auf die Belange der Stadt, treiben eine ungesunde, privatwirtschaftlich nie zu rechtfertigende Expansionspolitik und werden von Aufsichtsräten überwacht, deren meiste Mitglieder mangels jeder Sachkenntnis beim besten Willen ihrer Aufgabe nicht gewachsen und ein Spielzeug in der Hand der Direktoren sind. Wo einmal einige wenige Sachverständige aus der Privatwirtschaft in die Aufsichtsräte gewählt waren, hat man sie später wieder entfernt. Zu demselben Ergebnis kommt ein Beitrag der „Kommunalen Rundschau" zu diesem Thema: „Bei vollem Verständnis für die Gründe, die zur Wahl der privatwirtschaftlichen Form geführt haben, wird man doch feststellen müssen, daß die Art der Durchführung letzten Endes den Erfolg gehabt hat, daß der Stadt, der Eigentümerin der Gesellschaft, fast jeder Einfluß auf ihre Geschäftsführung verloren ging. Es fehlte eben eine Gesellschafter-Versammlung, die ihren Willen wirkungsvoll hätte zur Geltung bringen können." Die fehlt allerdings.

30. 1. Das Schicksal des Nachtragshaushalts war bereits nach den Beratungen im Ausschuß entschieden. Da der größte Teil der alten Haushaltsmehrheit sich der Verantwortung für den Haushalt 1929 entzog, blieben die Sozialdemokraten mit ihrem mutigen Bekenntnis, die Verantwortung für den letzten Haushalt zu tragen, allein auf weiter Flur. Die Stadtverordneten haben den Nachtrag unter Billigung der Ausgabenstreichungen und scharfer Kritik an der Finanzgebarung der BVG abgelehnt.

19. 2. Die verzweifelte Kassenlage gefährdet besonders die Fortführung begonnener Straßen-, Schul- und Brückenbauten, die einen Betrag von 44,4 Mill. RM. erfordern. Zur Deckung dieses Betrages ist es nach schwierigen Verhandlungen möglich gewesen, von einem Konsortium unter Führung der Staatsbank ein Darlehn von 45 Mill. RM. zu erhalten. Die halsabschneiderischen Bedingungen dieses Kredits wurden uns diktiert: Zinssatz mindestens 7 Pozent, monatlich $1/8$ Prozent Provision und 1 Prozent Bereitstellungsprovision sowie Rückzahlung ab 31. Juli 1931 mit monatlich 5 Mill. RM. aus dem ordentlichen Haushalt. Als Sicherheit Hinterlegung der im Eigentum der Stadt befindlichen 45,3 Mill. Aktien der Deutschen Gasgesellschaft AG. Um den Kredit schneller abdecken zu können, gibt die Stadt 45 Mill. 8prozentiger Goldschatzanweisungen heraus, fällig am 1. Oktober 1933.

23. 2. Mit *Furtwängler* Verhandlungen wegen des Philharmonischen Orchesters zu führen, ist bei seiner mangelnden Entschlußfähigkeit besonders schwierig. Im Notfalle muß ich dann auf die Hilfe seiner klugen und begabten Sekretärin Dr. *Bertha Geismar* zurückgreifen, in deren musikliebenden väterlichen Hause *Furtwängler* als Kapellmeister in Mannheim viel verkehrte und von den diesem Hause nahestehenden Kreisen sehr gefördert wurde. Ich beneide sie nicht um ihre schwere Aufgabe, aber ihr Enthusiasmus für den Künstler *Furtwängler* läßt sie immer wieder über die Schwächen des Menschen *Furtwängler* hinwegsehen. So erreichen wir dann nur mit vereinten Anstrengungen das gewünschte Ziel.

2. 3. In den Winterverträgen der „Urania" sprach der Direktor von Telefunken über das elektrische Fernsehen. Für die Allgemeinheit wird die drahtlose Fernübertragung wegen der unerschwinglichen Kosten eines Funkfernsehgeräts noch lange ein Wunschtraum bleiben.

7. 3. Der Staatstheaterbetrieb in der Kroll-Oper soll eingestellt werden. Der Hauptausschuß des Preußischen Landtages hat das Ministerium beauftragt, den Magistrat zu veranlassen, „die grundsätzlich als kommunale Aufgabe zu betrachtende und als solche von allen übrigen Theaterstädten anerkannte und tatsächlich geleistete gemeinnützige Theaterpflege, wie sie in Berlin von der Staatsoper am Platz der Republik geleistet worden ist, seinerseits zu übernehmen und die Städtische Oper für diese Zwecke zur Verfügung zu stellen." Das würde die Übernahme von nicht weniger als 210 000 Plätzen für die Mitglieder der Freien Volksbühne zur Folge haben, geschlossene Vorstellungen an zwei weiteren Wochentagen und die Auslandung von 120 000 Abonnenten. Da Preußen statt der für Volksvorstellungen der Städtischen Oper geforderten Vergütung von 1 Mill. RM. nur einen Zuschuß von 350 000 RM. leisten will, wird man das Weitere abwarten müssen.

11. 3. Schon im Herbst vorigen Jahres hatte der Kämmerer von der Gesellschaft für elektrische Unternehmungen einen Ende dieses Monats fälligen Kassenkredit von 23,2 Mill. RM. erhalten gegen Hinterlegung der im Eigentum der Stadt befindlichen 18 560 000 M. Aktien des Elektrizitätswerks Südwest. Da Rückzahlung nicht möglich ist, hat Gesfürel folgendes Angebot gemacht: Verkauf der Aktien für 25 Mill. RM., Vorauszahlung der Abgaben für die nächsten 14 Jahre mit 32 Mill. RM., Konzessionsverlängerung bis 1960 und Erwerb der Anlagen der Gesellschaft nach Ablauf der Konzessionen. Die städtischen Körperschaften haben notgedrungen zugestimmt. Die erste Aktion der Elektrizitätsindustrie. Für die Aktien der BVG kein Interesse.

18. 3. Dem Staatsrat und dem Landtag ist ein Gesetzentwurf zur Abänderung des Berliner Stadtverfassungsgesetzes zugegangen, ohne daß man es für nötig gehalten hat, den städtischen Körperschaften Gelegenheit zur Stellungnahme zu geben. Die Stadtverordneten haben einmütig schärfsten Protest gegen dies Verfahren erhoben und waren sich ebenso einig in der Kritik dieses Entwurfs gegen die Selbstverwaltung Berlins.

27. 3. Von den Nationalsozialisten wird nach den Ideen ihres Finanzheiligen *Gottfried Feder* und mit der Parole „Los von der Zinsknechtschaft!" die Schaffung sozialer Bau- und Wirtschaftsbanken durch

das Reich zur Bereitstellung zinsloser Darlehen für den Wohnungsbau gefordert. Woher die Mittel genommen werden sollen, darüber zerbricht man sich nicht den Kopf.

3.4. Der ohne Rücksicht auf den Stand des Anleihemarktes mit kurzfristigen Krediten fortgesetzte Bau von Untergrundbahnen zwingt auch hier zu einer neuen Transaktion. Der Geldbedarf zur Fertigstellung der Bahnen betrug am 1. Januar 80 Mill. RM. Die Danatbank als Konsortenführerin hat zunächst die am 28. Juli fälligen 62 Millionen RM. um ein Jahr prolongiert. Sie gibt der BVG einen weiteren Kredit von 80 Mill. RM. Als Bedingung hierfür hat sie gefordert, daß die gesamten von der Stadt gebauten Untergrundbahnen mit ihren sämtlichen Anlagen in das Eigentum der BVG übergehen und die für den Bau aufgenommenen Schulden zum Ausgleich von ihr übernommen werden. Das Aktienkapital der BVG von 400 Mill. RM. bleibt unverändert. Die städtischen Körperschaften haben zugestimmt.

7.4. In der Stadtverordneten-Versammlung wird immer wieder Kritik an dem Geschäftsgebaren städtischer Gesellschaften geübt, zumal an den selbstherrlichen Maßnahmen ihrer Vorstandsmitglieder. Daß die Aufsichtsratsmitglieder durchweg, außerstande sind, eine genügende Kontrolle auszuüben, steht längst fest und sollte die Fraktionen zu energischen Schritten gegen ihre Delegierten veranlassen. Den Beamten der Hauptprüfungsstelle fehlt für eine Beurteilung dieser Wirtschaftsbetriebe die erforderliche Vorbildung und Erfahrung. Abhilfe kann hier nur geschaffen werden durch Heranziehung sachverständiger unabhängiger Treuhandgesellschaften und Wirtschaftsprüfer.

10.4. Bei Einbringung des Haushalts habe ich in der Stadtverordneten-Versammlung folgendes ausgeführt:
„Wenn wir Ihnen den Haushalt 1930 mit einer Verspätung von zwei Monaten vorlegen müssen, so hat das in den Ereignissen des letzten Quartals 1929 seinen Grund. Die ganzen Vorarbeiten sind durch die Finanz- und Kassenlage des Dezember über den Haufen geworfen worden. Der Magistrat stand vor einer völlig neuen Situation. Es waren grundlegende Beschlüsse zur Neukonstruktion des Haushalts zu fassen, und sämtliche Haushalte mußten umgerechnet werden. Das Ergebnis dieser mühevollen Arbeit, unterbrochen von den verschiedenen Finanzaktionen Anfang dieses Jahres, ist dieser Haushalt, von dem man nicht sagen kann, daß er schön ist. (Zurufe rechts: Sehr gut! Sehr richtig!) Der Entwurf ist nur zu verstehen aus der Haushaltsentwicklung der Jahre 1924 bis 1929, sowohl materiell wie psychologisch. Sie zeigt überall eine starke Aufwärtsentwicklung, und es ist ganz interessant, sich einmal diese Zahlen wieder ins Gedächtnis zu rufen. Ich will von den Ergebnissen des Jahres 1924 deshalb nicht sprechen, weil dieses Jahr nach der Inflation anormale Verhältnisse aufwies. Wir hatten bekanntlich einen Überfluß an Steuereinnahmen. Wir glaubten im Gelde zu schwimmen, und Reich und Länder glaubten das auch. Die Folgen dieser optimistischen Auffassung machten sich denn auch in den nächsten Jahren

reichlich bemerkbar. Ganz abgesehen von den besonderen Verhältnissen, die Berlin zu einer Steigerung seiner Ausgaben zwangen. Wenn Sie berücksichtigen, daß wir 1925 eine Ausgabe von insgesamt 621 Mill. RM. hatten, daß diese Ausgabe bereits 1926 auf 694 Mill. RM. stieg, so ergibt das Jahr 1927, bedingt durch die höheren Ausgaben für Werke und Untergrundbahnbauten, eine rechnungsmäßige Ausgabe von 935 Mill. RM., das Jahr 1928 eine solche von 1030 Mill. RM.

Bemerkenswert ist die Entwicklung bei der außerordentlichen Verwaltung. Während der Haushalt 1925 sich noch mit einem Betrage von 61 Mill. RM. begnügte, der von 1926 sogar nur mit einem Betrage von 32 Mill. RM., steigt der Bedarf im Jahre 1927 bereits auf 223 Mill. RM., 1928 auf 255 Mill. RM. Zu erwähnen ist hier noch ein weiterer Punkt. Es besteht eine auffallende Neigung zu Haushaltsüberschreitungen, und das nicht nur in der Periode nach 1926, sondern auch schon vorher. Ich ziehe für die Mitglieder dieser Versammlung diesen Trennungsstrich. Sie werden wissen, was ich damit meine. Wir hatten 1925 Überschreitungen von 71 Mill. RM., im Jahre 1926 von 144 Mill. RM., im Jahre 1927 von 75 Mill. RM. und 1928 von 45 Mill. RM. Sie sehen also, daß neben dem normalen von Ihnen verabschiedeten Haushalt sich ein illegaler Haushalt bewegte, der eine für den Kämmerer gefährliche Höhe allmählich erreichen mußte und auch erreicht hat.

Den Ausgaben entsprachen die Einnahmen. Unsere Steuern sind von 1925 an ständig gestiegen, obwohl 1925 die Gewerbesteuer mit Rücksicht auf die günstigen Ergebnisse von 1924 auf Antrag der Demokratischen Partei von 500 Prozent auf 425 Prozent herabgesetzt wurde. Auch diese Steueransätze waren ständig unzutreffend, meist zu niedrig, auch manchmal zu hoch.

Der Bedarf der Jahre 1926 bis 1929 gibt bei den verschiedenen Verwaltungsgebieten folgendes Bild: beim Straßen- und Brückenbau 1926 ein Bedarf von 14 Mill. RM. gegenüber 1929 von 29 Mill. RM; bei den höheren Lehranstalten 1926 ein Bedarf von 22 Mill. RM., 1928 von 41 Mill. RM.; bei den Volksschulen 1926 ein Bedarf von 46 Mill. RM., 1928 von 65 Mill. RM.; bei den Berufs- und Fachschulen 1926 ein Bedarf von 6 Mill. RM., 1928 von 13 Mill. RM.; beim Unterstützungswesen die ungeheure Steigerung von 113 Mill. RM. im Jahre 1926 auf 171 Mill. RM. im Jahre 1929. (Hört, hört!)

Hier sind bemerkenswert und für die Kassenverwaltung gefährlich die Überschreitungen, die 32 Mill. RM. im Jahre 1926, 42 Mill. RM. im Jahre 1927 und 20 Mill. RM. im Jahre 1928 betrugen. Die Kosten für Sozialhygiene sind von 5 auf 10 Mill. RM. gestiegen, für Krankenhäuser von 13 auf 25 Mill. RM. und für die Feuerwehr von 9 auf 16 Mill. RM.

Daß der Bedarf und damit die Ausgaben in dieser Weise steigen mußten, war ja in erster Linie bedingt durch den Zusammenschluß der neuen Stadtgemeinde. Wir fanden 1920, als wir die Verwaltung hier übernahmen, ein durch den Krieg und die Nachkriegszeit verelendetes Berlin vor, bei dem in Alt-Berlin wie in den Vororten auf den verschiedensten Gebieten für die Bevölkerung lebensnotwendige Einrichtungen entweder überhaupt nicht oder in völlig unzureichender Weise geschaffen waren.

(Rechts: Oh, oh!) Wir waren gezwungen, vieles mit hohen Aufwendungen nachzuholen. Ich darf Sie, Herr Dr. *Steiniger,* als früheres Magistratsmitglied daran erinnern, daß, als die Bevölkerung vor dem Kriege für ihre Kinder Spielplätze forderte, man sie unter die Hochbahnbogen verwies. Ich komme auf die Alt-Berliner Etatswirtschaft nachher noch zu sprechen. In den Vorortgemeinden hatte man sich im Hinblick auf die bevorstehende Eingemeindung allerhand geschenkt. Wir haben dort erst Wasser, Kanalisation, Gas und elektrischen Strom mit ganz erheblichen Mitteln hineinbringen müssen.

Die Entwicklung hat sich bis zum Jahre 1928 einigermaßen gleichartig gestaltet. Aber Sie werden sich erinnern, daß schon im Haushalt 1928 die ersten Zeichen einer rückläufigen Entwicklung bemerkbar wurden, die 1929 mit großer Schnelligkeit sich nach unten bewegte, und zwar in erster Linie wegen der ungeheuren Schwierigkeiten, langfristige Anleihen zu bekommen, um die kurzfristigen Kredite abzudecken.

Ich brauche auch auf die Haushaltsverhandlungen in den ersten drei Monaten dieses Jahres nicht mehr hinzuweisen. Wir waren gezwungen, Ihnen einen Nachtragshaushalt vorzulegen, den Sie allerdings glaubten ablehnen zu müssen, da Ihnen die steuerliche Belastung, die wir zur Deckung brauchten, unerträglich erschien. Jedenfalls ist die Folge dieses Verfahrens ein ungedeckter Betrag von 41 Mill. RM., den wir leider in voller Höhe auf den Haushalt 1930 übernehmen müssen.

Es ist bei diesen Beratungen gerade von der Etatsopposition mit besonderem Stolz auf die frühere Alt-Berliner Sparsamkeit bzw. die verfehlte bisherige Finanzpolitik der Haushaltsmehrheit hingewiesen worden. Es ist ja keine neue Behauptung, wenn ich hier wiederhole, daß die Alt-Berliner Kommunalpolitik mit allen ihren Vorzügen, die sie zweifellos aufweist, doch in den letzten 20 Jahren eine chronische Politik der verpaßten Gelegenheiten war. Ich erinnere nur an die Angelegenheit des Tempelhofer Feldes, und die beiden Kämmerer aus der Zeit vor dem Kriege könnten über diese Fragen recht interessante Mitteilungen machen, wenn sie das täten und wenn sie aus ihrem Herzen keine Mördergrube zu machen brauchten. (Bei den Sozialdemokraten: Sehr richtig!)

Man hat auch früher schon Grundstücke gekauft, die man nicht brauchte. Man hat die Herrschaft Lanke erworben, und kein Mensch weiß heute, zu welchem Zweck. Ich vermute, um den Betrag dem Zugriff der Stadtverordneten-Versammlung für andere Zwecke zu entziehen, falls das überhaupt nötig war. Man hat Güter erworben, die heute ein Ballast für die Güter-GmbH. sind, auf denen bei jedem Sturm die Katastergrenzen neu festgesetzt werden müssen (Heiterkeit), bei denen es sich heute überhaupt nicht lohnt, sie landwirtschaftlich zu nutzen, die Hunderttausende von Unterschüssen haben. Wir werden gut tun, diese Gelände endlich aufzuforsten.

Wir haben uns hier in den letzten Jahren zuweilen aufgeregt, wenn Kostenanschläge für städtische Bauten um 100 000 RM. überschritten wurden. Welches Mehr der Bau des Stadthauses gegenüber seinem Kostenanschlag erforderte, entzieht sich meiner Kenntnis. Es gab in diesem Hause einen Stadtverordneten-Vorsteher, der sich stets geweigert hat, den Palazzo von *Ludwig Hoffmann* zu betreten, weil ihn die Höhe der Bausumme offenbar seelisch belastete. Alt-Berlin hat einen Osthafen betrieben, der einen jährlichen Zuschuß von 500 000 M. erforderte, und hat einen Westhafen gebaut, ohne daran zu denken, wer eigentlich den Verkehr in diesen Hafen bringen sollte. (Zurufe bei den Nationalsozialisten.)

Ja, es hat jemand den Mut gehabt, diesen Westhafen zu übernehmen. Ich muß hier gleich feststellen — wir werden uns ja später noch einmal mit der Sache befassen, denn jede neue Versammlung beschäftigt sich mit der Behala —, daß die gesamten Berliner Spediteure diesen Mut damals nicht hatten. Ob sie ihn heute haben würden, möchte ich bezweifeln. Ich rede nicht von dem bekannten Friedhof in Buch, der überhaupt nicht mit Leichen belegt werden darf, der mit ungeheuren Mitteln angelegt wurde und höchstens für Mitglieder von Wassersportvereinen verwendbar wäre. Ich könnte ihnen noch einiges von Hospitälern und Irrenanstalten erzählen, die wir in einem Zustande vorgefunden haben, der jedenfalls, um es höflich auszudrücken, den Anforderungen nicht entsprach. (Bei den Sozialdemokraten: Sehr richtig!)

Meine Damen und Herren! Der Haushalt 1930 weist zunächst ein neues Prinzip auf, nämlich das der absoluten Haushaltswahrheit. (Bravorufe — Lachen bei den Nationalsozialisten)

Ja, es tut mir leid wiederholen zu müssen: er verfolgt das Prinzip der Haushaltswahrheit! (Stadtv. Dr. *Steiniger:* Gut!)

Aber es soll nicht nur ein Wort sein, sondern es ist ein Wort. Sie werden bei den Haushaltsberatungen finden, daß wir mit allem rücksichtslos aufgeräumt haben, was diesem Prinzip der Haushaltswahrheit widerspricht. Es geht nicht so weiter, daß wir uns hier blauen Dunst vormachen und Zahlen einsetzen, die von vornherein unmöglich sind, um dann im Laufe des Haushaltsjahres ein ähnliches Debacle zu erleben wie im Dezember 1929. Das Soll, das hier eingestellt worden ist, entspricht absolut dem Ist. Wir haben bei den Abgaben der Gesellschaften diese Grundsätze ebenso durchgeführt und bei den Steuern vorsichtig geschätzt, um auch hier Phantasiezahlen zu vermeiden.

Ich habe schon vorhin auf die Haushaltsüberschreitungen hingewiesen. In der Form und in dem Ausmaß, wie sie bisher stattgefunden haben, sind sie für die Zukunft ein Unding. Wir werden Ihnen in den nächsten Tagen eine Vorlage wegen dieser Frage unterbreiten, denn die Erfahrungen, die wir in den letzten Jahren, insbesondere auf dem Gebiet der Wohlfahrts- und der Notstandsaktionsmittel gemacht haben, sind so entmutigend, daß es so nicht weiter geht. Die Bezirksämter haben diesen 25-Millionen-Fonds von jeher als den großen Topf betrachtet, bei dem man sich keine Sorgen darüber zu machen braucht, wann er eigentlich einmal leer wird. Sowohl die Zentrale wie die Bezirksverwaltungen werden sich daran gewöhnen müssen, daß ihnen weitere Mittel als die im Haushalt zur Verfügung gestellten nicht gegeben werden. (Rechts: Sehr gut!) Und wenn eine Verwaltung mit diesen Mitteln vorzeitig fertig ist, dann wird sie vor die Versammlung hinzutreten und darzulegen haben, warum sie ihre Mittel in diesem Tempo ausgegeben hat. Wenn eine Spezialverwaltung von uns weitere Mittel nicht mehr bekommen kann, dann mag sie ihren Betrieb ruhig für den Rest des Jahres schließen und vor ihrer Bezirksversammlung und der Bevölkerung die Verantwortung übernehmen. Es ist für die Haushaltsführung ein Ding der Unmöglichkeit, in dieser Art und in diesem Tempo weiterzuwirtschaften.

Wir haben bei dem konstruktiven Aufbau des Haushalts einige Änderungen vorgenommen. Zunächst werden wir die Kassengebarung schärfer überwachen. Wir können bei dem jetzigen Zustande, wo wir von der Hand in den Mund leben, es nicht der Zentrale und den Bezirksverwaltungen überlassen, in welchem Ausmaße sie kassenmäßig Gelder ausgeben wollen. Wir werden deshalb eine Monatskontrolle einführen und mit einem Ausschuß der Bezirksamtsvorsitzenden, die uns hier in der wärmsten Weise unterstützt haben, von vornherein für den einzelnen Monat eine Regelung für die gesamte Verwaltung treffen.

Wir haben weiter ein neues Kapitel geschaffen: Neubauten der ordentlichen Verwaltung. Ich muß hier gleich sagen, daß die Bezirksamtsvorsitzenden gegen diese Neuerung erheblich Sturm gelaufen sind. Aber wir waren doch dazu gezwungen, weil uns bisher jeder Überblick über die kassenmäßige Ausgabe auf diesem Verwaltungsgebiet gefehlt hat, und es gerade jetzt nicht angeht, hier den Bezirken freie Hand zu lassen. Sie behalten an sich nach wie vor die Bauausführung, die Anweisung und die Bezahlung der Rechnungen. Es handelt sich um einen Versuch. Sollte er mißlingen oder sich als überflüssig erweisen, so sind wir gern bereit, hier wieder eine Änderung vorzunehmen.

Die Mittel der Notstandsaktion, die bisher in einer Post mit 25 Millionen RM. im Zentralhaushalt standen, sind auf die Bezirke verteilt worden, damit jeder Bezirk weiß, was ihm zur Verfügung steht. Wir haben überhaupt bei der Aufstellung des Haushalts grundsätzlich das System verfolgt, die Pauschalbeträge aus dem Haushalt der Zentralverwaltung zu beseitigen. Die Bezirke haben dies seit Jahr und Tag gewünscht. Es liegt kein Grund vor, diesem Wunsch nicht zu entsprechen. Es liegt auch kein Grund vor, einer Zentralverwaltung Geschäfte zuzuweisen, die uns nichts angehen, die Aufgabe der Bezirke sind.

Wir haben die Vorbehaltsmittel leider um ein Drittel kürzen müssen. Es fragt sich, ob wir bei dem Prinzip der Haushaltswahrheit die Verstärkungsmittel in voller Höhe brauchen, denn wenn wir gerade in der Sozialfürsorge Mittel in ausreichender Höhe zur Verfügung stellen, läßt sich darüber reden, ob dann noch Verstärkungsmittel jetzt unbedingt erforderlich sind. Wir haben aber doch andererseits den Bezirken die Reste ihrer Vorbehalts- und Verstärkungsmittel aus den früheren Jahren belassen, weil wir es, wenn ich so sagen darf, aus etatspädagogischen Gründen nicht für richtig hielten, den Bezirken diese Reste, die sie durch vorsichtige Wirtschaft erspart hatten, wieder abzunehmen, während andere sie bereits ausgegeben haben.

Meine Damen und Herren! Die beiden Verwaltungen schließen mit einem Betrage von 1150 Mill. RM. ab, und zwar die ordentliche Verwaltung mit einem Betrage von 1105 Mill. RM., gegen 975 Mill. RM. im Jahre 1929, die außerordentliche mit einem Betrage von kümmerlichen 44,7 Mill. RM. gegenüber 162 Mill. RM. des Vorjahres. Sie sehen hier eine ganz erhebliche Reduktion der bereitgestellten Mittel. Wir haben bei der ordentlichen Verwaltung eine Steigerung der laufenden Ausgaben von etwa 112,6 Mill. RM., woran in erster Linie die Mehrausgabe der Kapital- und Schuldenverwaltung mit 51,7 Mill. RM. beteiligt ist, die Wohlfahrt mit nicht weniger als 43,1 Mill. RM. Sie wissen, daß die Zahl der Unterstützten seit Oktober 1928 um etwa 15 000 Personen gestiegen ist. Auch hier zeigt sich merkwürdigerweise eine starke Differenz bei den Ausgaben der einzelnen Bezirke. Auffallend sind hier besonders Kreuzberg auf der einen und Zehlendorf auf der anderen Seite mit Ziffern, die nicht erklärlich sind und einer Nachprüfung bedürfen.

Beim Gesundheitswesen haben wir eine Mehrausgabe von 9,2 Mill. RM. Davon entfallen allein 6 Mill. RM. auf Krankenhäuser und Irrenanstalten, bedingt durch die Steigerung der Bettenzahl und die Neueinrichtung des Hospitals Buch-West.

Unsere einmaligen Ausgaben weisen einen besonders starken Rückgang auf. Wir waren schon zur Abdeckung des Defizits 1929 gezwungen, bei den einmaligen Ausgaben einen starken Abstrich vorzunehmen, und während wir 1929 noch 51,4 Mill. RM. zur Verfügung hatten, können wir jetzt nur noch 30,3 Mill. RM. bereitstellen. Wir haben nicht einen Pfennig für Neubauten in den Haushalt einsetzen können. Es handelt sich lediglich um die Fortsetzung und Beendigung schon begonnener Bauten, wofür ein Betrag von 19,5 Mill. RM. zur Verfügung steht.

Die außerordentliche Verwaltung zeigt ein besonders trübes Bild. Sie wissen, daß wir 1929 noch einen Anleihebetrag von 162 Mill. RM. als Einnahme — sagen wir mal — fingiert haben. Die Unmöglichkeit, Anleihen zu beschaffen, hat uns dazu gezwungen, jetzt diejenigen Mittel einzusetzen, die uns aus den 45 Mill. RM. Kredit zugeflossen sind. Es handelt sich hier um die Bauten und Vorhaben, die Ihnen in der Vorlage vom 19. Februar mitgeteilt worden sind.

Nun zu unseren Einnahmen. Sie haben sich, abgesehen von dem Kapital- und Schuldenhaushalt, den Betrieben und Steuern nicht wesentlich verändert. Unsere Kapital- und Schuldenverwaltung weist eine Mehreinnahme von 26,9 Mill. RM. auf, vermehrte Erstattungen der Kämmereiverwaltung und der Betriebe, die in früheren Jahren nicht voll zur Einstellung in den Haushalt gekommen sind.

Ein wichtiges Kapitel unseres Haushalts, soweit es sich um Einnahmen handelt, sind bekanntlich die gewinnbringenden Betriebe in Gesellschaftsform (Zuruf rechts: Gewinnbringende? Gewinnbringensollende!), gewinnbringende, nicht sollende und wollende, sondern tatsächlich bringende, wie Sie gleich hören werden und wie Sie eigentlich aus früheren Haushalten wissen sollten. — (Zuruf rechts: Fragezeichen!)

Es ist dies nichts wesentlich Neues. Sie können nur bei einem der gewinnbringenden Betriebe ein Fragezeichen machen, das ist — vermutlich meint ihn auch Herr Kollege Dr. *Steiniger* — unser Sorgenkind, die

BVG. Bei den gewinnbringenden Betrieben erhalten wir von den Gaswerken die alte prozentuale Pachtabgabe von 7,2 Mill. RM. Wir haben hier leider nur einen Überschuß von 1 Mill. RM. gegenüber 7,6 Mill. RM. im Jahre 1926. Dieser Rückgang ist darauf zurückzuführen, daß die Löhne, Ruhegelder und Pensionen 1926 wesentlich erhöht wurden, dazu die Kohlenpreissteigerung. Die Aktien der Deutschen Gasgesellschaft sind, wie Ihnen bekannt, wieder in unsere Hände zurückgelangt. Der Frage der Ferngasversorgung brauchen wir keine besondere Aufmerksamkeit zu schenken. Ich kann mir davon keine Vorteile für Berlin versprechen. Denn wenn wir etwa, wie bei der Bewag auf Grund des Vertrages mit den Elektrowerken, von unseren 450 Mill. cbm Gas auch nur ein Drittel Ferngas beziehen und daran einen Pfennig pro cbm verdienen würden, so würde das nur eine Summe von 1,5 Mill. RM. ausmachen. Das lohnt die ganze zweifelhafte Aktion nicht. Das Erfreuliche bei der Gasag ist jedenfalls, daß für Neubauten eine Investierung neuen Kapitals in der nächsten Zeit nicht erforderlich sein wird.

Bei den städtischen Elektrizitätswerken haben sich die Einnahmen von 26,5 auf 32,5 Mill. RM. erhöht. Bedauerlich ist nur, daß hier ein ständiger Kapitalbedarf für die nächsten Jahre vorhanden sein wird, denn die Herstellung des Werkes Klingenberg und des Westendwerkes stellen keinen Abschluß der Bautätigkeit dar, da es sich nur um primäre Anlagen handelt. Immerhin sind wir durch den Abschluß des Elektrovertrages für die nächste Zeit von Investierungen für primäre Anlagen befreit.

Die städtischen Wasserwerke werden dieselbe Pachtabgabe wie im vorigen Jahr erbringen. Die Schulden, die sie an die Stadt haben, betragen nur 14 Mill. RM. Wir versuchen zur Zeit, diesen Betrag in einen mittelfristigen Kredit umzuwandeln, um ihn so wiederzuerhalten. Es ist ganz interessant, daß es den Wasserwerken gelungen ist, innerhalb der letzten Jahre für 75 Mill. RM. Neubauten zu errichten und nichts weiter an Schulden als einen Anteil von 10 Mill. RM. an der letzten Englandanleihe zu haben. Sie werden auch in der Lage sein, ihre Neubauten in den nächsten beiden Jahren aus eigenen Einnahmen zu bestreiten, wobei ich daran erinnern darf, daß sie ein Wassergeld von nur 0,20 RM von der Bevölkerung fordern, während in fast allen Großstädten der Wasserpreis 0,25 RM. beträgt und Frankfurt am Main ihn vor einigen Wochen auf 0,27 RM. erhöhen mußte.

Die Berliner Stadtgüter-Gesellschaft lieferte lediglich einen Betrag von 103 000 RM. ab. Ihr Liefersoll beträgt 600 000 RM., wobei sie 450 000 RM. an Pensionen zu zahlen hat, sodaß von dem ganzen Überschuß nichts übrig bleibt.

Die Berliner Verkehrs-AG. hat weder eine prozentuale noch eine feste Pachtabgabe zu leisten. Wir haben darauf verzichtet, sie wie 1929 mit einer Verkehrsabgabe von 20 Mill. RM. zu belasten. Sie ist ja am 1. Januar 1929 mit einem gewissen Elan in Erscheinung getreten, aber es ist doch sehr fraglich, ob wir den Einheitstarif mit Rücksicht auf die ungeheure Belastung, die die BVG jetzt durch die neu erbauten Untergrundbahnstrecken übernehmen muß, werden aufrechterhalten können. (Hört, hört!) Ich gebe hier lediglich meiner persönlichen Überzeugung Ausdruck. Es ist auch sehr fraglich, ob es bei dem Umsteigefahrpreis verbleiben kann, und es wird zu prüfen sein, ob der Kurzstreckenfahrschein aus sozialen Gründen einzuführen ist. Jedenfalls haben wir die BVG durch die Übernahme der für die Stadt gebauten Strecken in eine Situation gebracht, die es ihr nicht leicht machen wird, diese Lasten zu tragen. (Zuruf rechts: Zweite Klasse!) Die zweite Klasse wird daran herzlich wenig ändern. Die Zinsbeträge und die neuen Kosten sind so horrend, daß auch die zweite Klasse als Mehreinnahme nur ein Tropfen auf den heißen Stein sein würde. (Zuruf rechts: Besser als Null!)

Meine Damen und Herren! Ich will auf die Details der BVG nicht näher eingehen. Ihr Aufsichtsrat beschäftigt sich schon, ich glaube, in der zehnten Sitzung mit dieser Materie, und er wird wohl noch weitere zehn Sitzungen brauchen, wenn er sich mit den Grundstückskäufen der Gesellschaft für Untergrundbahnprojekte befaßt. Eine Feststellung möchte ich hier noch machen. Wir haben aus den Erörterungen über den Zustimmungsvertrag eine Lehre gezogen und wir werden noch viel mehr aus den späteren Erörterungen über die Feststellung der Kosten bei Übernahme der einzelnen Strecken zu lernen haben. Es ist uns endlich einmal klar geworden, was eine Untergrundbahn kostet. Weder dem Magistrat noch Ihnen sind jemals Unterlagen gegeben worden, die ein Urteil gestattet hätten. Wenn ich Sie daran erinnere, welche Rentabilität in der Vorlage für die Strecke Alexanderplatz—Friedrichsfelde ausgerechnet wurde, und wenn Sie sehen, was diese Strecke einbringt, dann werden Sie nicht bestreiten können, daß meine Behauptung richtig war. (Sehr richtig! bei den Sozialdemokraten. Zuruf rechts: Wer war das?) Ich weiß nicht, ob die Verhältnisse damals — ich kann das als Laie nicht beurteilen — so grundlegend anders waren, daß man diese Schlußfolgerung nicht hätte ziehen können. Wir wissen heute jedenfalls nicht nur, daß ein Kilometer Untergrundbahn durchschnittlich 12 Mill. RM. kostet, sondern wir wissen auch, daß hierzu erhebliche Bauzinsen kommen und die Kosten für den Erwerb von solchen Grundstücken, die unterfahren oder angeschnitten werden oder in die Eingänge zu Stationen gelegt werden müssen. Das sind Beträge, von denen man uns früher nie gesprochen hat.

Ich möchte bei diesen gewinnbringenden Betrieben noch eine Frage erörtern, das ist die Frage der Auflösung und Zusammenlegung städtischer Gesellschaften, die ja hier mehrfach diskutiert worden ist. Ich kann Ihnen heute schon sagen, daß wir uns im Magistrat mit dieser Frage sehr sorgfältig beschäftigen und daß das erste Opfer dieser Beschäftigung die Anschaffungsgesellschaft geworden ist. (Bravo!) In den nächsten Tagen wird Ihnen eine Vorlage von Herrn Kollegen *Wutzky* zugehen, die die Gesellschaft in eine städtische Beschaffungsstelle umwandelt. Wir brauchen für diese Betätigung der Stadt nicht die Gesellschaftsform. Die neue Stelle wird lediglich im Submissionswege ihre Lieferungen ausschreiben und alles übrige den Anstalten und Bezirksämtern überlassen, wird keine Skontobeträge mehr in Rechnung stellen und nicht mehr Zuschläge fordern, die den besonderen Unmut der Abnehmer erregten und zu einer gewissen Verfälschung des Haushalts geführt haben.

Der Steuerhaushalt weist ein nicht erfreuliches Bild auf. Wir haben zunächst bei der Einkommensteuer, d. h. bei unserm Anteil, ein Minus von 800 000 RM. Der Ansatz an Gemeindegrundsteuer mit 88 Mill. RM. wurde unverändert belassen. Unsere ganzen Schätzungen hier stellen den Durchschnitt der letzten 14 Monate dar, so daß man sagen kann, daß wir einen hinreichend weiten Zeitraum zum Vergleich gewählt haben. Bei der Grunderwerbssteuer wurde ein Aufkommen von 4,8 Millionen RM. eingesetzt gegenüber den etwas phantastischen 32 Mill. RM. im Vorjahr, und die Grunderwerbssteuer von der Toten Hand haben wir im Haushalt überhaupt nicht berücksichtigt, da wir mögliche Steuern nicht schon im Haushalt diskontieren wollen. Bei der Wertzuwachssteuer haben wir gegenüber einem Ansatz von 29,5 Mill. RM. vom Jahre 1929 nur 15,3 Mill. RM. eingesetzt, wobei allerdings wird geprüft werden müssen, ob unsere Vorschriften hier nicht dahin geändert werden können, daß sie einen lebhafteren Anreiz zur Veräußerung von Grundstücken bieten. Schließlich haben wir, rein kaufmännisch betrachtet, kein Interesse, aus zehn Verkäufen große Beträge an Wertzuwachssteuer zu bekommen, als aus hundert kleineren Verkäufen das Mehrfache.

Bei der Gewerbesteuer haben wir zunächst die Erträge aus der Lohnsummensteuer mit 130 Mill. RM. eingesetzt. Ansätze für die Gewerbesteuer der freien Berufe fehlen im Haushalt, weil Schätzungen hier unmöglich sind, weil mit Rücksicht auf die 6000-RM.-Grenze — das ist meine persönliche Überzeugung und auch die Auffassung meiner Mitarbeiter — der ganze Ertrag unter 1 Mill. RM. liegen wird. Unser Anteil an der Reichsumsatzsteuer ist im Ansatz um 3,6 Mill. RM. gekürzt worden. Bei der Vergnügungssteuer haben wir den Ansatz von 1929 belassen, da wir eher mit einem Rückgang rechnen müssen, zumal die Interessenten immer wieder den Versuch machen, eine Herabsetzung zu erreichen, und auch im Reichsrat eine ähnliche Bewegung im Gange zu sein scheint. Auch die Biersteuer ist unverändert wie 1929 eingesetzt. Es scheint kaum, als ob die Reichsbiersteuererhöhung jemals effektiv werden wird, im besten Falle wäre nur mit einem Plus von 1,2 bis 1,5 Millionen RM. zu rechnen. Die Kraftfahrzeugsteuer erscheint mit einem Ertrag von 2,4 Mill. RM. gegenüber dem reichlich willkürlichen Ansatz von 7,3 Mill. RM. im Jahre 1929. Der Ansatz für Hundesteuer ist unverändert geblieben. Wir haben in Berlin jetzt 6000 Hunde weniger. Im Magistrat bestand eine gewisse Neigung, die Hundesteuer zu erhöhen. Da aber eine Erhöhung diesem Hause stets unsympathisch war und in der Regel nur ein verstärktes Hundesterben zur Folge hatte, verzichtete der Magistrat auf die Erhöhung. Der Steuerhaushalt schließt mit einem Ertrage von 430 Mill. RM. ab gegenüber 441 Mill. RM. im Jahre 1929.

Meine Damen und Herren! Noch ein Wort zum Grunderwerbsstock. Dieser Haushalt war in den letzten Jahren eine völlig unmögliche Angelegenheit. Ich weiß nicht — ich bitte um Vergebung —, was Stadtverordneten-Versammlung und Magistrat, ich selbst inbegriffen, sich unter der Einnahmepost dieses Haushalts eigentlich vorgestellt haben. Der Grunderwerbsstock zeigt neben seiner Einnahmepost aus Pacht usw. von 6,5 Mill. RM. eine Kapitaleinnahme von 15,4 Mill. RM. und diese kommt, wie aus einer verschämten erläuternden Bemerkung hervorgeht, dadurch zustande, daß als voraussichtliche Einnahme aus zu erwartenden Grundstückverkäufen 14 Mill. RM. eingesetzt worden sind. Der Grunderwerbsstock ist also in den letzten Jahren haushaltsmäßig in der Weise balanziert worden, daß man einfach den fehlenden Betrag als zukünftige Einnahme aus Verkäufen eingesetzt hat. Nun wissen Sie aber selbst, daß man Grundstücke im Werte von mindestens 60 bis 70 Mill. RM. verkaufen muß, wenn man 14 Mill. RM. bar aus diesen Verkäufen erzielen will, denn die Stadt muß Raten bewilligen oder Hypotheken übernehmen. Der Magistrat hat deshalb beschlossen, das Kapitel Grunderwerbsstock aus dem Haushalt herauszunehmen und Ihnen in den nächsten Monaten eine Gewinn- und Verlustrechnung der Grundstücksverwaltung vorzulegen. Weder der Magistrat noch die Stadtverordneten-Versammlung wissen heute, woran sie mit ihren Grundstücken eigentlich sind, (Rechts: Hört, hört!) was diese Grundstücke wert sind. Die ganze Organisation muß grundlegend geändert werden.

Wenn Sie berücksichtigen, daß zur Deckung des Defizits bei der Stadthauptkasse 29 Mill. RM. erforderlich sind, daß wir von der BVG aus den Grundstücksankäufen der „Berolina" usw. 73 Mill. RM. übernehmen müssen, also einen Bedarf von 113 Mill. RM. haben, so können Sie sich einen Begriff davon machen, welche Belastung der Kassenlage in diesem Jahre noch für uns eintreten wird. Man kann ja nicht, wie vielfach gesagt worden ist, leichthin erklären: Verkaufen wir doch für 60 oder 100 Millionen RM. Grundstücke, dann sind wir unsere Schulden los. So einfach ist das nicht, und diese Abstoßung würde sich sehr langsam vollziehen.

Meine Damen und Herren! Der Haushaltsausgleich: Sie haben bereits aus unserer Vorlage ersehen, daß zur Deckung des Unterschusses und der Fehlbeträge des Vorjahres 132,7 Mill. RM. erforderlich sind. Wir schlagen Ihnen vor, sie zu decken einmal durch einen Betrag von 25,6 Mill. RM. an Mehrerträgen aus Gas, Wasser und elektrischem Strom. Den Verkehr lassen wir völlig aus der Haushaltsdeckung heraus, da der Verkehr mit der Abdeckung des 58-Millionen-Kredits evtl. vom 1. November ab mit der Bildung des Tilgungsfonds bei der Danatbank hinreichend beschäftigt ist. Wir haben dann den gesamten Rest des Ausgleichsstocks von 15 Mill. RM. in den Haushalt eingesetzt und einen Betrag von 27,7 Mill. RM. aus der Gesfürel-Aktion sowie 64,4 Mill. RM. aus Steuererhöhungen in den Ihnen aus dem Nachtragshaushalt bekannten Sätzen.

Für die Berliner Wirtschaft bedeutet dieser Haushalt neben der steuerlichen Mehrbelastung zunächst einmal einen ungeheuren Ausfall von Aufträgen. Je weniger wir von Reich und Staat von dem bekommen, was wir zu beanspruchen haben, je weniger man sich darum kümmert, hier Arbeit und damit Ruhe zu schaffen, und je weniger man sich darum sorgt, welche Steuern hier erwirtschaftet werden müssen, je mehr wird die Beschäftigungskonjunktur in Berlin sinken, und wir werden diesen Ausfall ganz erheblich durch Wohlfahrtslasten zu fühlen bekommen.

Wir haben in diesem Jahr nicht einen Pfennig für Wohnungsbau einsetzen können und verhandeln deshalb wegen eines langfristigen Kredits mit der Reichsversicherungsanstalt für Angestellte. Sie verlangt neben außerordentlich scharfen Zinsbedingungen, wie sie gerade für eine soziale Einrichtung nicht nötig wären, die selbst 80 Prozent ihrer Jahresleistung aus den Zinsen ihres Kapitals bestreiten kann, und deshalb der Bevölkerung billigeres Baugeld zur Verfügung stellen sollte, auch noch die Verpfändung von Hypotheken als Sicherheit. (Stadtv. *v. Jecklin:* Bei d e m Schuldner!)

Meine Damen und Herren! Unsere Finanzlage am 31. März: Ich habe Ihnen während der Beratungen zum Nachtragshaushalt ein Verzeichnis unserer schwebenden Schuld, unserer Kassenkredite und kurzfristigen Kredite vorgelegt. Die Situation hat sich etwas verändert. Während unsere gesamte schwebende Schuld sich am 31. Januar auf 555 Mill. RM. belief, betrug sie am 31. März 511 Mill. RM. Hierzu kommt allerdings in nächster Zeit, hoffentlich in nächster Zeit, ein Betrag von 80 Mill. RM., den die Danatbank der BVG zur Vollendung der noch im Bau befindlichen Strecken geben will. Aber eine Feststellung ist hierbei wichtig. Die schwebende Schuld der Kämmereiverwaltung betrug am 31. März 262 Mill. RM., und zwar die äußere Schuld 207 Mill. RM., die innere Verschuldung 54 Mill. RM. Die Gesellschaften schulden der Kämmerei 261 Mill. RM., das heißt also, daß abgesehen von der geringen inneren Verschuldung die Kämmerei schwebende Schulden nicht zu haben brauchte, wenn sie nicht durch Verkehr und Werke zu diesen Ausgaben gezwungen worden wäre. (Bei den Sozialdemokraten: Sehr richtig!) Wir ständen, abgesehen von Lasten, die andere Städte überhaupt nicht kennen, mit kurzfristigen Krediten wesentlich besser da als irgendeine deutsche Großstadt. Ein Beweis, daß unser laufender Haushalt absolut gesund ist. Wir sind zu Ausgaben gezwungen worden durch die üble Erbschaft der AEG-Schnellbahn, und die Verkehrsverhältnisse haben uns zu diesem Tempo genötigt. (Zuruf rechts: Wer denn?) Die Notwendigkeiten der Verkehrsentwicklung. (Zuruf rechts: Und das System!) Wir konnten doch die AEG-Schnellbahn nicht an zehn Stellen der Stadt mit offener Baugrube liegen lassen. (Bei den Sozialdemokraten: Sehr richtig!) Wir können höchstens darüber streiten, ob die Untergrundbahn nach Friedrichsfelde eine unbedingte Notwendigkeit war. (Zuruf bei den Kommunisten.) Um die Erweiterung der Elektrizitäts- und Wasserwerke kamen Sie auch nicht herum. Ich kann also nur sagen, wir können uns selbst mit dieser Situation immer noch sehen lassen.

Das Schwierige ist natürlich die Konsolidierung dieser schwebenden Schuld. Sie wird Jahre erfordern, denn es gibt keine Stelle der Welt, meine Damen und Herren, die in der Lage wäre, uns 600 Mill. RM. kurzfristige Kredite von heute auf morgen in langfristige Anleihen umzuwandeln. Wenn nach Schätzungen der Banken heute der amerikanische

Markt höchstens einen Betrag von jährlich 800 Mill. RM. Deutschland zur Verfügung stellen kann, so können Sie sich denken, daß wir nicht Anspruch darauf erheben dürfen, davon wenigstens die Hälfte in einem Jahr für uns zu fordern. Wir werden also Jahre lang an dieser Last zu tragen haben, die uns noch dadurch erschwert wird, daß eine Reihe mittelfristiger Anleihen, die in den Jahren 1928 und 1929 aufgenommen worden ist, in den Jahren 1933 und 1934 fällig wird, und zwar 121 Millionen RM. im Jahre 1933 und ein Jahr später 112 Mill. RM. Immerhin, diese Beträge sind nicht verwirtschaftet, sie sind nicht zum Fenster hinausgeworfen worden, sondern es wurden, das läßt sich nicht leugnen, ungeheure wirtschaftliche Werte mit diesem Gelde geschaffen. (Bei den Sozialdemokraten: Sehr richtig!) Wir befinden uns da lediglich in dem Zustande eines Menschen, der zu rasch gelaufen ist und der plötzlich etwas langsamer laufen muß, um Atem zu schöpfen. (Zuruf rechts.) Das soll auch anderswo vorgekommen sein! Wir werden eben langsamer laufen, und wir werden das, was wir in etwas zu raschem Tempo fertiggestellt haben, in ruhigeren Jahren jetzt zu ordnen und auch die Mittel dafür in Ordnung zu bringen haben.

Meine Damen und Herren, wir haben nicht das getan, was eine ganze Reihe von Städten in der Provinz gemacht hat. Wir haben nicht Ausstellungsbauten errichtet, um uns in jedem Jahre zu überlegen, welche Ausstellung man nun dort eröffnen soll. Wir haben nicht für eine „Gesolei" Millionen Zuschüsse vertan, wir haben keine „Pressa" mit Millionen Unterschüssen gemacht. Aber wir haben ein Messeamt geschaffen, das mit seinen Fachmessen in wenigen Jahren 5 Mill. RM. in das Berliner Messegelände hineingebaut hat und heute in der angenehmen Lage ist, ein Effektenkonto im Werte von 1 Mill. RM. zu besitzen. Zeigen Sie uns eine deutsche Stadt, die im Messewesen auch nur annähernd derartige Ergebnisse zu erzielen vermochte. Wir haben auch keine Stadien gebaut, keine Festhallen in die Welt gesetzt. Kurz und gut, wir haben uns von allem ferngehalten, was eine ganze Reihe von Städten für dringend hielt.

Ich will hier nicht vom Finanzausgleich und vom Lastenausgleich sprechen. Über diese beiden Fragen ist soviel geschrieben und gesprochen worden und mit so geringem Effekt, daß es mir zwecklos erscheint, das zu wiederholen. Wir sind nun einmal nicht die so beliebte Ostmark. Wir sind auch nicht die so beliebte Westmark, in der Köln für eine weitere Ausstellung 3,2 oder 3,5 Mill. RM. als Zuschuß vom Reich fordert, sondern wir sind die von jeher denkbar unbeliebte Reichshauptstadt. (Zuruf rechts.) Das war vor dem Kriege auch nicht anders, Herr *von Jecklin.* Die Verhältnisse haben sich nicht geändert, und als Dokument dieser Unbeliebtheit ist ja dieser prachtvolle Selbstverwaltungsgesetzentwurf für Berlin. (Bei den Sozialdemokraten: Sehr richtig!) Aber auch die Antwort auf den von Ihnen abgelehnten Nachtragshaushalt. Darüber wollen wir uns keine Illusionen machen. (Bei den Kommunisten: Hört, hört!) Ich bin der letzte, der hier Drohungen auszusprechen die Absicht hätte, aber wir werden uns bei den Haushaltsberatungen klarzumachen haben, welche Folgen eine Ablehnung dieses Haushalts für die Gesetzgebung unserer Stadt haben kann. (Bei den Sozialdemokraten: Sehr richtig!)

Meine Damen und Herren, wir werden auch ohne das Wohlwollen des Reiches und des Landes Preußen und selbst mit dem Übelwollen der Provinz uns genau so weiterentwickeln, wie wir uns bisher entwickelt haben. Da hilft es auch nichts, wenn ein Landeshauptmann der Rheinprovinz sich hinstellt und glaubt, in recht naiver Weise Angriffe gegen Berlin erheben zu müssen. Wenn Herr *Horion* erklärt, Berlin müsse deshalb der Provinz etwas abgeben, weil die Sterblichkeit hier eine höhere sei als der Geburtenüberschuß und infolgedessen Berlin auf den Zustrom aus der Provinz angewiesen sei, daß es aus der Provinz Leute bekomme, die dort ihre Kräfte gesammelt hätten, so möchten wir nur wünschen, daß alle diese Beteiligten mit der Kräftesammlung in der Provinz fortfahren und uns mit ihrem Zustrom hierher verschonen. (Bei den Sozialdemokraten: Sehr richtig! Zuruf bei den Kommunisten: Siehe *Zörgibel!*) Wir haben diesen Zustrom nicht nötig. Der größte Teil derjenigen Personen, die hierher kommen, fällt ja ohnehin der öffentlichen Wohlfahrtspflege zur Last.

Unser Kredit ist unerschüttert, er ist nur geschädigt. Er ist geschädigt durch die Form, in der die Verhandlungen im Landtagsausschuß getätigt werden. (Sehr richtig) Er ist geschädigt durch die Schlagzeilen eines Teiles der Berliner Presse. (Bei den Sozialdemokraten: Sehr richtig!) Die Berliner Steuerzahler werden diese Schlagzeilen mit Millionen mehr Zinsen in den nächsten Jahren zu bezahlen haben. Jeder wird am eigenen Leibe spüren, was diese Verhandlungen und die Schlagworte „Ausverkauf" — „Berliner Bankrott" — „Ein neuer Skandal in Berlin" und wie sie alle lauten, tatsächlich der Stadt gekostet haben. Eines ist ganz interessant: größer als das Vertrauen des Inlandes zu uns ist bezeichnenderweise das Vertrauen des Auslandes. Glauben Sie, daß das Ausland weniger objektiv ist? (Zuruf rechts) Herr *von Jecklin*, wenn Sie wüßten, was Privatbanken und öffentlichrechtliche Banken in Deutschland an Zinsen von uns gefordert haben, dann würden Sie nicht mehr sagen, das kostet noch mehr. Diese Banken haben sich nicht geniert. Aber ich sage Ihnen, wir werden uns die Banken merken, die uns zu diesen Bedingungen hochgenommen haben. Es wird auch in Zukunft für eine D-Bank noch eine Ehre sein, der Bankier Berlins zu werden. Die Anzeichen mehren sich schon heute, und es wird eines Tages anders werden. (Stadtv. *von Jecklin*: Wir werden ja erleben, was dahinter ist!) Meine Damen und Herren, Sie werden das nicht erleben. Sie wissen, was dahinter ist, und Sie kennen unseren ernstlichen Willen — den können Sie uns nicht abstreiten —, diese Verhältnisse wieder restlos in Ordnung zu bringen. (Lebhafter Beifall bei den Sozialdemokraten. Händeklatschen.)

14. 4. Die Kosten für die letzten Wahlen zu den Berliner Vertretungskörperschaften betragen über 400 000 RM.

16. 4. Der sozialen Gliederung der lebenden Berliner entspricht die der toten in der neuen Friedhofsordnung. Die Eitelkeit der Hinterbliebenen oder des Toten selbst wird hier zweckmäßig ausgemünzt. Für den früheren Villenbewohner bietet sich auch im Tode die Möglichkeit der Distanzierung in einer Familiengruft, für die 150 RM. je qm zu zahlen sind. Er ist hier zwar auch nur höchstens 60 Jahre in Sicherheit, aber immer noch besser daran als der Proletarier in einer Reihengrabstätte, der schon nach 20 Jahren den Platz räumen muß. Wer in der Bel-Etage wohnte, für den stehen Kaufgrabstellen in der Preislage von 75 bis 200 RM. in besonders schöner Lage zur Verfügung. Die der Ordnung beigefügte Preisliste des Todes berücksichtigt die mannigfaltigsten Wunschmöglichkeiten. Sezieren lassen kann man sich mit und ohne Heizung, Unterschied nur 2 RM. Im übrigen ist diese Friedhofsordnung ein Musterbeispiel für eine wildgewordene Reglementiersucht. Sie tobt sich besonders in den ästhetisierenden Vorschriften über Grabdenkmäler aus, während doch in romanischen Friedhöfen schon die fröhliche Naivität der Denkmäler dem Schmerz der Besucher noch ein stilles Lächeln abgewinnt. Bei uns hat man keinen Sinn für dieses Lächeln, man hat Vorschriften.

18. 4. Daß die Leitung der BVG ohne Wissen der städtischen Körperschaften mit Rücksicht auf Untergrundbahnprojekte und die dadurch erforderlich werdenden Straßendurchbrüche und Platzerweiterungen Grundstückskäufe in einem Umfang getätigt hat, der nicht zum wenigsten zu der katastrophalen kurzfristigen Verschuldung beitrug, führte bei Bekanntwerden zu schärfsten Angriffen in der Presse und in der Stadtverordneten-Versammlung. Die Ankäufe erfolgten besonders durch zwei zu diesem Zwecke gegründete Gesellschaften „Berolina" und „Semper idem", von der Presse als eine der dunkelsten Gesellschaftsgründungen der Stadt bezeichnet. Der Ankauf der Grundstücke erforderte 144 Mill. RM., darunter allein 30 Mill. RM. für die Schnellbahn nach Friedrichsfelde. Das „Berliner Tageblatt" schätzt, daß die Stadt bei diesen Geschäften um mindestens 20 Mill. RM. übervorteilt worden sei.

20. 4. Die wie in anderen Großstädten so auch in Berlin immer stärker werdende Neigung, bei Aufstellung von Fluchtlinienplänen umfangreiche Freiflächen auszuweisen, hat nunmehr durch ein Urteil des Reichsgerichts vom 28. Februar gegen Berlin eine erhebliche Einschränkung erfahren. Man hatte sich in den Stadtbauämtern über die schwere Schädigung der Grundstückseigentümer weiter keine Gedanken gemacht und im sicheren Gefühl des wirtschaftlich Stärkeren mit dem längeren Atem eine bewußte Aushungerungspolitik betrieben. Nachdem das Reichsgericht jetzt entschieden hat, daß die Ausweisung von Freiflächen eine Enteignung darstellt und der Eigentümer eine angemessene Entschädigung fordern kann, wird man diese Ausweisungen auf den dringendsten Bedarf reduzieren müssen.

24. 4. Der auf Antrag der Deutschnationalen vom Landtag gebildete Untersuchungsausschuß „zur Prüfung der Mißwirtschaft in der

Berliner Stadtverwaltung" tagt seit November, vernimmt Hinz und Kunz und kostet weiter Diäten. Selbst die Rechtspresse stellt fest, daß dieser ganze Betrieb nur dazu beitrage, das Ansehen der Reichshauptstadt noch mehr zu schädigen.

1.5. An Meliorationen in der näheren Umgebung Berlins zur besseren Gemüseversorgung der Bevölkerung hatte sich die Stadt in den Jahren 1924 bis 1929 mit Darlehen von insgesamt 7 Mill. RM. beteiligt, von denen bisher nur 1 Mill. RM zurückgezahlt ist. Bei der Wirtschaftslage fällt es den Schuldnern schwer, die Zins- und Tilgungsbeträge zu leisten.

7.5. Gegen den früheren Grundstücksdezernenten des Magistrats schwebt ein Ermittlungsverfahren der Generalstaatsanwaltschaft.

13.5. *Furtwängler* hat Differenzen mit den Wiener Philharmonikern. Generalmusikdirektoren sind nun einmal wie alle Künstler schwierige Vertragspartner.

14.5. Für einen Wohnungsbaukredit von 15 Mill. RM. fordert die Reichsversicherungsanstalt für Angestellte von der Stadt neben 8 Prozent Zinsen ein Disagio von 3 Prozent, einen einmaligen Verwaltungskostenbeitrag von 1 Prozent bei Auszahlung zu 96 Prozent — übelste Krawattenmacherei eines sozialpolitischen Instituts.

17.5. Im Disziplinarverfahren gegen *Böss* hat der Bezirksausschuß auf Dienstentlassung erkannt bei Zubilligung einer laufenden Unterstützung in Höhe von ⅔ der gesetzlichen Pension. Eine völlig unmögliche Entscheidung, da von unehrenhaften Handlungen des Oberbürgermeisters keine Rede sein kann.

19.5. Die Wertschätzung von Dienstbezeichnungen und Titeln, eine typisch deutsche Erscheinung, ist in der Republik nicht geringer geworden. Die Orchestermitglieder der Metropolitan Opera in New York werden wenig Verständnis haben für den seit Jahren wiederholten Antrag ihrer Kollegen in der Städtischen Oper, ihnen die Dienstbezeichnung Städtische Kammermusiker zu verleihen. Jetzt hat der preußische Finanzminister sich schützend vor seine staatlichen Orchestermitglieder gestellt und durch sein Verbot den Wunschtraum städtischer Musiker roh zerstört.

23.5. Bei den Verhandlungen wegen Übernahme der Zinsgarantie für die Vollendung des Mittellandkanals hatte die Stadtverordneten-Versammlung die Ausführung bestimmter Ergänzungsbauten im Bereich der Berliner Wasserstraßen durch das Reich gefordert, um dem künftigen 1000-Tonnen-Schiff die Fahrt in die Innenstadt zu ermöglichen. Das Reich plant nun den Kanaldurchstich Siemensstadt—Westhafen, die Begradigung des Spandauer Schiffahrtskanals und den Umbau der Mühlendammstaustufe. Die Gesamtkosten liegen für die Stadt zwischen 11 und 18 Mill. RM., je nachdem welche Lösung für den Umbau der

Mühlendammbrücke gewählt wird. Das Projekt hat weniger als solches, sondern durch die Gefährdung des Ephraimschen Palais, eines der schönsten Rokokobauten des alten Berlin, das Interesse der Öffentlichkeit erregt.

3. 6. Der frühere Grundstücksdezernent des Magistrats ist gestorben. Die Stadtverordneten beschlossen, den Magistrat zu ersuchen, aus dem Nachlaß die als Bestechungsgelder erhaltenen Beträge sicherzustellen. Ein schwieriger Auftrag, bei dem wenig herauskommen wird.

12. 6. Der Volksbühne war ein zinsloses Darlehn von 300 000 RM. bewilligt worden. Das Sinken ihrer Mitgliederzahl infolge der Wirtschaftskrise hatte einen Unterschuß von 70 000 RM. für das Spieljahr 1928/29 zur Folge und einen Bedarf von 100 000 RM. für das laufende Spieljahr. Die Beträge sind der Volksbühne, die wesentlich volksbildnerische Zwecke erfüllt durch hochstehende Vorstellungen zu einem geringen Einheitsbetrag für die minderbemittelte Bevölkerung, als zinsloses Darlehn gezahlt worden.

18. 6. Die von *Böss* ins Leben gerufenen Berliner Kunstwochen, wie sie in diesem Jahre heißen, sind beendet. Höhepunkte waren die „Neunte" und die „Missa solemnis" *Furtwänglers* mit dem Philharmonischen Orchester und *Toscanini* an der Spitze der New Yorker Philharmoniker.

22. 6. Die „DAZ" unterrichtet ihre Leser nach den für die NSDAP erfolgreichen Reichstagswahlen zum erstenmal über die Frage „Wer ist *Adolf Hitler?"* Sie meint, soviel Aktivität und nationale Gesinnung sollte man nutzbringend zu verwerten suchen. Nach seinen bisherigen Kundgebungen wird Herr *Hitler* schwerlich Wert auf politische Teilhaber legen.

26. 6. Der Aufsichtsrat der Städtischen Oper hat sich mit Rücksicht auf die geplante Schließung der Kroll-Oper bereit erklärt, für die Volksbühne, den Bühnenvolksbund und die Volksvorstellungen der Stadt die Oper an zwei Spieltagen der Woche zur Verfügung zu stellen, wenn auch die Staatsoper einen Teil der Mitglieder dieser Organisationen zu ihren Vorstellungen zuläßt.

1. 7. Nachdem der Haushaltsausschuß in nicht weniger als 31 Sitzungen den Haushalt durchberaten hat, ist der vorgelegte Entwurf für den Umlageverteilungsbeschluß von den Stadtverordneten nach sechs Sitzungen heute einstimmig abgelehnt worden. Man überläßt die Entscheidung der Aufsichtsbehörde.

3. 7. Der Kämmerer tritt wegen Dienstunfähigkeit in den Ruhestand. Als Nachfolger wird der Kämmerer *Asch,* Frankfurt (Main), genannt. Niemand wünscht sein Kommen mehr als ich.

6. 7. Mit dem Bau des nördlichen Torhauses am Alexanderplatz nach den Plänen von Prof. *Peter Behrens* ist begonnen worden. Bauherr ist ein amerikanisches Konsortium. Wann es zu der geplanten

Randbebauung des Platzes mit achtstöckigen Hochhäusern kommen wird, steht dahin.

15. 7. Die Verschlechterung der Lebenshaltung fast aller Kreise der Bevölkerung hat zu einer erheblichen Minderung der Einnahmen der Städtischen Oper geführt. Der Zuschuß für das verflossene Spieljahr mit 2,7 Mill. RM. wird stark heruntergedrückt werden müssen. Unter den Erstaufführungen „Sly" von *Wolf-Ferrari,* Samson und Delila, *Mozarts* „Schauspieldirektor", das Ballett Coppelia von *Delibes* und Simone Boccanegra.

17. 7. Republikanische Titelstürme pflegen nicht lange anzuhalten, für ihr Abflauen sorgt das Allzumenschliche. So hat man sich auch in Österreich entschlossen, den Titel Generalmusikdirektor neu einzuführen — endlich.

19. 7. Die amerikanische Steuben-Gesellschaft ist heute im Festsaal des Rathauses empfangen worden. An dem Essen nahmen auch Vertreter der Berliner Vereinigung Carl Schurz teil.

25. 7. Die von den Stadtverordneten abgelehnten Erhöhungen der Grundvermögenssteuer, der Gewerbeertragssteuer und der Lohnsummensteuer sind heute von der Aufsichtsbehörde angeordnet worden.

28. 7. Die Demokratische Partei und der Jungdeutsche Orden haben sich zu einer Deutschen Staatspartei zusammengeschlossen.

31. 7. Das Konsistorium der Französischen Kirche in Berlin veröffentlicht einen Nachruf für ein Mitglied. Man unterzeichnet noch traditionsfest als „modérateur" und „secrétaire".

2. 8. Der Zweckgedanke einer Aufstockungssteuer ist an sich berechtigt, seine steuerliche Auswertung kann aber nach dem geltenden Abgabenrecht nur in der Form einer einmaligen indirekten Steuer erfolgen. Bei der ungünstigen Lage des Kapital- und Baumarktes soll deshalb gewartet werden, bis eine gesetzliche Änderung es den Gemeinden gestattet, die dem Eigentümer zufallenden Gewinne durch eine laufende Steuer zu erfassen.

11. 8. In seinen Memoiren berichtet *Casanova,* er habe eine frühere Geliebte wiedergetroffen und sie entrüstet gefragt, warum sie jetzt mit einem üblen Spieler lebe. Sie gab ihm als Grund an, ihr neuer Freund habe sie an seinem Spiel mit einem Engländer mit einem Gewinn von 50 Guineen beteiligt. Sollten die *Sklareks* das gelesen haben? Sie luden jedenfalls, wie jetzt feststeht, als passionierte Rennstallbesitzer ihre Bekannten zum Rennen ein und überreichten deren Damen nach der Rückkehr vom Rennplatz einen Umschlag mit „ihrem Gewinn", dessen Höhe sich wohl nach dem Wert des Ehemannes für die Firma richtete. Nichts besonderes — sie hatten für ihre Gäste gesetzt. Welch ein Stoff wären die Sklareks für *Balzac* gewesen!

14. 8. Die Schinkelsche Neue Wache wird nach dem Entwurf von Prof. *Heinrich Tessenow* zum Ehrenmal umgebaut. Die Außenarchitektur bleibt erhalten.

20. 8. Besuch im Grauen Kloster zur Besichtigung der Gemälde von *Amiconi, Canaletto* u. a., die einst *Sigismund Streit*, Sohn eines Berliner Brauers, dann Kauf- und Handelsherr in Venedig, der Schule in einem ausgetiftelten Testament hinterlassen hat. Schade, daß diese Kunstschätze der Allgemeinheit nicht zugänglich gemacht werden können.

29. 8. Am Eingang zur Wohnbausiedlung der BVG an der Kreuzung von Knobelsdorffstraße und Königin-Elisabeth-Straße sind zwei monumentale Bildwerke von *Thorak*, „Mutter" und „Arbeit" aufgestellt worden.

18. 9. Den von der SPD vorgelegten Grundsätzen für Ehe- und Sexualberatungsstellen haben die Stadtverordneten zugestimmt.

23. 9. Die Bausparkassen sind durch eine private Bewegung geschaffen worden, zuerst durch die 1924 gegründete „Kasse der Gesellschaft der Freunde" in Wüstenroth. Nachdem sich der Deutsche Sparkassen- und Giroverband dieser Bewegung angenommen hat, beschlossen auch die städtischen Körperschaften die Gründung einer Bausparkasse mit Angliederung an die Sparkasse.

1. 10. Im Disziplinarverfahren *Böss* hat das Oberverwaltungsgericht, wie zu erwarten, die Entscheidung des Bezirksausschusses aufgehoben und auf eine Geldstrafe von 3000 RM. erkannt. Der Magistrat hat auf Antrag des Oberbürgermeisters beschlossen, ihn wegen Dienstunfähigkeit zum 1. November in den Ruhestand zu versetzen.

3. 10. Von der Bewag sind für 1929 eine Pachtabgabe von 14,3 Millionen RM. und eine Sonderabgabe von 12. Mill. RM. gezahlt worden.

7. 10. Der Führer der nationalsozialistischen Fraktion, Dr. *Goebbels*, der schon seit Monaten nicht mehr in der Stadtverordneten-Versammlung erschienen war und nie das Wort ergriff, hat sein Amt als Stadtverordneter niedergelegt.

9. 10. Die Berliner Verdingungsordnung für Bauleistungen ist auf Grund einer 40jährigen Erfahrung aufgestellt worden. Da eine vor Jahren erschienene Reichsverdingungsordnung in wesentlichen Punkten der Berliner Regelung widerspricht, soll es bei dieser verbleiben.

14. 10. Durch die Notverordnung vom 16. Juli sind die Gemeinden zu einer Biersteuererhöhung — die Biersteuer stand schon im Budget der Pharaonen als Einnahmeposten an erster Stelle — und zur Einführung einer Getränkesteuer und einer Bürgersteuer ermächtigt worden. Da bei den durch die Wirtschaftskrise steigenden Wohlfahrts-

lasten mit einer Mehrausgabe von 50 Mill. RM. und einer Mindereinnahme an Steuern von 25 Mill. RM. zu rechnen ist, hat der Magistrat den Stadtverordneten entsprechende Vorlagen zugehen lassen, wobei der Ertrag aus der Biersteuererhöhung auf 3,2 Mill. RM. geschätzt wird, aus der Gemeindegetränkesteuer auf den gleichen Betrag und aus der Bürgersteuer auf ca. 12 Mill. RM. Die Stadtverordneten haben nur der Biersteuererhöhung zugestimmt und die beiden anderen Steuern, besonders die stark bekämpfte „Negersteuer", abgelehnt.

16. 10. Der letzte Akt der Tragödie *Böss* spielte heute in der Stadtverordneten-Versammlung, die sich mit den Anträgen der Kommunisten und der Deutschnationalen zur Pensionierung des Oberbürgermeisters befaßte, denen sich die Nationalsozialisten mit einem Zusatzantrag angeschlossen hatten. Ein trauriges Trio verantwortungsloser Demagogie, das sich in seinen üblen Verunglimpfungen des Gestürzten nicht genug tun konnte. Der Sprecher der Deutschen Staatspartei begnügte sich gegenüber dieser wüsten Hetze mit der kurzen Wiedergabe der Lessingschen Fabel vom sterbenden Löwen, dem der Esel zuletzt noch einen Huftritt versetzt.

In erfreulichem Gegensatz dazu die mutige und noble Art, in der *Scholtz* sich schützend vor seinen alten Gegner stellte, dem auch der Magistrat trotz aller unliebsamen Vorkommnisse in einer gemeinsamen Erklärung die Treue bewahrte. Schade um einen Mann, dessen rastlose und intensivste Arbeit immer nur Berlin galt, und dessen Wirken nur der Mangel an Menschenkenntnis wie eine falsche Kollegialität bei der Beurteilung der Tätigkeit einiger unbesoldeter Stadträte der Rechtsparteien ein Ende setzte.

20. 10. Bei Vorlegung des Bauprogramms der Bewag erfährt man nachträglich, wie das bei der notorischen Eigenmächtigkeit der Organe städtischer Gesellschaften üblich ist, daß die Bewag bereits 1927 Braunkohlen-Abbaugerechtigkeiten in der Lausitz erworben und für sog. Wartegelder, Abschlußkosten u. a. 1,5 Mill. RM. verausgabt hat. Allmählich sollte den städtischen Körperschaften das Vergnügen an der Gesellschaftsform der städtischen Betriebe vergehen.

27. 10. Die Stadtverordneten hatten sich auf den früher nie vertretenen Standpunkt gestellt, daß der Magistrat für die Pensionierung des Oberbürgermeisters ihre Zustimmung einzuholen hätte. Diese Auffassung ist vom Oberpräsidenten abgelehnt worden.

3. 11. Im Deutschen Theater eine glänzende Aufführung von *Ferdinand Bruckners* „Elisabeth von England" mit der *Straub, Krauß, Gründgens* und *Gülstorff*.

5. 11. Die Stadt hat auf ihre Rechte am Deutschen Dom verzichtet, die bei diesem rein dekorativen Bauwerk nur mit Lasten verbunden sind.

7. 11. Der Kultusminister hat eine Fortsetzung der Tätigkeit *Tietjens* für Staats- und Städtische Oper abgelehnt, so daß damit die Verhandlungen über eine künstlerische und finanzielle Fusion, von *Tietjen* immer erstrebt, von *Bruno Walter* stets abgelehnt, gescheitert sind. Die Führung der Oper übernimmt der bisherige stellvertretende Intendant Dr. *Singer*.

Trotz Wirtschaftskrise und Einnahmerückgang weist der Gagenetat unmögliche Zahlen auf. Für zweite Kapellmeister ein Jahresgehalt von 24 000 RM., für die *Salvatini* als erste Zwischenfachsängerin 24 000 RM., die *Malkin* 27 000 RM., die Koloratursängerin *Ivogün* 50 000 RM., die Opernsoubrette *Schöne* 25 000 RM., die Soubrette *Pfahl* 28 000 RM., die Altistin *Onegin* 50 000 RM.! Von den männlichen Solisten brachte es der Heldentenor *Oehmann* auf 60 000 RM., sein Kollege *Burgwinkel* auf 36 000 RM., der lyrische Tenor *Fidesser* auf 67 000 RM., der Heldenbariton *Reinmar* auf 40 000 RM. und der seriöse Baß *Hofmann* auf 50 000 RM., um nur die Spitzengagen zu nennen. Nicht zu reden von den Gästen, deren Abendgage zwischen 1500 und 2000 RM. liegt. Dieser Stargagenunfug herrscht nicht nur an den Berliner Bühnen, sondern auch an denen aller deutschen Großstädte. Daß es so nicht weitergehen kann, haben die Beteiligten bisher noch nicht begriffen.

10. 11. Von den angekauften Bildwerken sollen die Bronzeplastiken „Männliche Figur" von *E. de Fiori* auf dem Rudolf-Wilde-Platz aufgestellt werden, drei Gruppen „Musik", „Theater" und „Tanz" von *W. Sutkowski* im Volkspark Wuhlheide, „Fußballspieler" von *E. Encke* im Volkspark Jungfernheide, „Diana" von *Dorothea Schaper* im Bürgerpark Pankow, „Sitzendes Mädchen" von *K. Trumpf* gegenüber der Stadthalle Weißensee, ein „Vierkinderbrunnen" von *W. Berger* gegenüber dem Rathause Mariendorf und die Marmorplastik „Sitzendes Mädchen" von *O. Placzek* in der Vorhalle des neuen Stadtbades Schöneberg.

12. 11. Die Presse stellt mit Genugtuung fest, daß *Furtwängler* trotz seiner Vorliebe für retrospektive Programmwahl sich jetzt endlich entschlossen habe, in jedem Philharmonischen Konzert ein neues bzw. unbekanntes Stück zu bringen.

27. 11. Nach der Ablehnung der vom Magistrat vorgeschlagenen Bürgersteuer und der Gemeindegetränkesteuer hat der Oberpräsident nunmehr zwei Staatskommissare bestellt, die an Stelle von Magistrat und Stadtverordneten über die beiden Steuern und gleichzeitig über den Steuerverteilungsbeschluß für das Rechnungsjahr 1931 entscheiden sollen.

9. 12. Eine historische Antiquität ist beseitigt worden. Spandau und Köpenick waren berechtigt, Wasserzollentschädigungen zu erheben, die Anfang des vorigen Jahrhunderts durch Wasserzollrenten ersetzt wurden. Preußen hat diese Verpflichtung jetzt durch Zahlung von 103 000 RM. abgelöst.

18.12. Die Stadtverordneten haben die im Nachtragshaushalt zur teilweisen Deckung des Fehlbetrags vorgeschlagenen Steuererhöhungen abgelehnt, die Einnahme auf einen Minderertrag von 38 Millionen RM., die Ausgabe auf einen Mehrbetrag von 33 Mill. RM. festgesetzt und dem Vorschlag des Magistrats zugestimmt, den Fehlbetrag durch einen ab 1932 rückzahlbaren mittelfristigen Kredit von 40 Mill. RM. und Übernahme des Restbetrages auf das Rechnungsjahr 1931 zu decken. Auf dem Papier eine einfache Lösung, aber kein Ausweg aus unserer verzweifelten Situation.

1931

17.1. In den Schießständen Hasenheide hält die Schutzpolizei die Umwohner und die Insassen des Krankenhauses durch tägliches Schießen und Handgranatenwerfen wach. Alle Versuche, diesem Betrieb inmitten der Stadt ein Ende zu machen, sind bisher daran gescheitert, daß der Staat ein Ersatzgelände und Kostenerstattung für dessen Ausbau von der Stadt fordert.

20.1. Zu einem Verbot der körperlichen Züchtigung in allen Schulen hat sich das Provinzialschulkollegium trotz wiederholter Beschlüsse der Stadtverordneten bis heute noch nicht entschließen können.

22.1. Das Haus des Rundfunks in der Masurenallee, nach Plänen von Prof. *Poelzig* erbaut, ist heute seiner Bestimmung übergeben worden.

27.1. Die bisherige Organisation der Volkshochschule war völlig unbefriedigend. Sie war zu einem geistigen Warenhaus geworden mit der Gefahr, Halbwissen und geistige Überheblichkeit zu züchten. Ihr Grundfehler lag darin, daß man es den Hörern überließ, welche Vorträge sie hören wollten, statt sie dabei zu beraten, soweit es sich nicht um rein praktische Kurse handelte. Auffallend die Vorliebe großer Hörerkreise für die schwierigsten philosophischen Themen, für die meist schon allein die Beherrschung der deutschen Sprache fehlt. Daher wohl die Feststellung *Josef Hofmillers*, daß in allen Antiquariaten *Kants* „Kritik der reinen Vernunft" am meisten vertreten ist.

Wir schleusen deshalb unter dem neuen Leiter Dr. *Marquardt* seit einiger Zeit die Hörer durch eine Aufnahmestelle, um Fehlgriffe in der Auswahl der Kurse zu vermeiden und System in das Hören zu bringen. Deutsch, Geschichte und Staatsbürgerkunde müssen die Grundfächer bleiben, die Bildung der Persönlichkeit und die Erziehung zum Staatsbürger das Ziel der Volkshochschule, für deren Besuch die Arbeiterschaft in viel größerem Umfange gewonnen werden muß, als es bisher geschehen ist.

5. 2. In den Sitzungen der Stadtverordneten nehmen die Zusammenstöße zwischen Kommunisten und Nationalsozialisten kein Ende, die sich gegenseitig den Vorwurf der Ermordung ihrer Parteiangehörigen machen. Die Anforderungen an die Leistungsfähigkeit und die Geduld des Vorstehers *Hass* übersteigen jedes Maß. Die Zahl der Ordnungsrufe in jeder Sitzung spricht für das tiefgesunkene parlamentarische Niveau. Die Sitzung endete heute mit einem Handgemenge.

6. 2. Auf der Tribüne des Reichstags. *Brüning* sprach, sehr geschickt, sehr verbindlich, sehr kühl. Äußerlich ein Mittelding zwischen preußischem Offizier und Monsignore. Er scheint sein Amt als göttliche Mission zu betrachten, so daß man ihn schon den Generaldirektor Gottes genannt hat. Immerhin — wo ist ein besserer Ersatz?

11. 2. *Hass* suchte mich heute auf und fragte, ob ich bereit sei, eine Wahl zum Oberbürgermeister anzunehmen. Ich habe dankend abgelehnt und für ihn persönlich erklärt, ich hätte schließlich noch andere Liebhabereien als die, den größten Teil meiner Abende in Frack oder Smoking zu verbringen. Dafür hatte er Verständnis.

13. 2. Gegen das Verbot des Rotfrontkämpferbundes und der Antifaschistischen jungen Garde wie gegen das Uniformverbot für Mitglieder der NSDAP hatten die beteiligten Fraktionen Anträge in der Stadtverordneten-Versammlung gestellt. Die Mittelparteien machten diesem agitatorischen Rummel ein Ende, indem sie Übergang zur Tagesordnung beschlossen. Überraschenderweise beschränkten sich die Antragsteller auf einigen Lärm.

17. 2. Beschwerde des Polizeipräsidenten beim Magistrat: letzten Sonntag baumelte an der Fahnenstange einer Charlottenburger Volksschule die ausgestopfte Figur eines SA-Mannes in voller Ausrüstung. Die Polizei konnte dieses öffentliche Ärgernis selbst nicht entfernen, da die Täter die zur Fahnenstange führende Leiter mitgenommen hatten, und rief deshalb die nächste Feuerwache zur Hilfe. Die Feuerwehrleute holten die Puppe herunter und deponierten sie auf der Gehbahn, weigerten sich aber, wohl aufgereizt durch die muntern Zurufe der in allen Fenstern liegenden Bevölkerung, die Puppe zum Polizeirevier zu fahren, nachdem sie über den Transport abgestimmt hatten. Wir haben dem Polizeipräsidenten geantwortet, daß der SA-Mann ein polizeiwidriger Zustand gewesen sei, dessen Beseitigung Aufgabe der Polizei war, haben aber den Feuerwehrleuten wegen der Abstimmung trotz Befehls ihres Vorgesetzten einen Verweis erteilt.

21. 2. Um den Posten des Oberbürgermeisters hat sich auch der Zirkusdirektor *v. Stosch-Sarasani* beworben. Er meint in seinem Bewerbungsschreiben, daß die Leitung einer Kommune und die eines Zirkus sich ähneln, und daß sich seine Arbeitsmethoden vom Zirkus unschwer auf die Verwaltung übertragen ließen.

28. 2. Unsere verzweifelte Kassenlage, bei der wir wiederholt die Hilfe der preußischen Staatsbank in Anspruch nehmen mußten, hat jetzt zu dem geführt, was längst zu befürchten war, dem Griff der öffentlichrechtlichen und privaten Elektrizitätsinteressenten, an ihrer Spitze *Dannie Heinemann* von der „Sofina", Brüssel, nach dem wertvollsten Vermögensobjekt der Stadt, der Bewag. Man bat mich in die Staatsbank und erklärte mir kaltlächelnd in Gegenwart der Vertreter der Preußischen Elektrizitätswerke AG (Preag) und der Reichselektrowerke, daß ein unter Führung von Staatsbank und Reichskreditgesellschaft stehendes Konsortium in- und ausländischer Banken bereit sei, der Stadt einen Zwischenkredit von 75 Mill. RM. zu geben, wenn wir zu Verhandlungen über die Verwertung der Bewag bereit seien. Wir haben zwar für die geplante Transaktion keinerlei Verpflichtung übernommen, stehen aber der Strangulierung von Reich und Preußen ohnmächtig gegenüber, wo man sich über die Methode offenbar schon geeinigt hat.

6. 3. Im Deutschen Theater *Karl Zuckmayers* „Hauptmann von Köpenick". *Werner Krauß* spielte den Schuster Voigt. Viel Beifall.

10. 3. Kandidat für den Posten des Oberbürgermeisters ist der in Danzig durch sein Stahlhelm-Versammlungsverbot arbeitslos gewordene frühere Präsident des Senats Dr. *Sahm*, enfant gâté von *Hindenburg*. Ich kenne ihn von Anklam her, unserer gemeinsamen Heimatstadt, habe ihn aber nach seinem kurzen Intermezzo als Stadtrat in Magdeburg nicht wieder gesehen. Der lange *Sahm*, wie er in Greifswald hieß, ist begabt, sehr ehrgeizig, sehr vorsichtig und gehört keiner Partei an. So kann er gegebenenfalls andeuten, daß er — nahe steht. Das Klima um ihn herum ist kühl, gelegentlich gemildert durch zweckbedingte Liebenswürdigkeit.

14. 3. Argentinische Kreise haben der Stadt ein Denkmal ihres Nationalhelden *José de San Martin* angeboten, der einst Argentinien, Chile und Peru von der spanischen Herrschaft befreite. Die städtischen Körperschaften haben das Angebot angenommen.

26. 3. Die Vorlage des Magistrats über den Bewag-Zwischenkredit führte zu scharfer Kritik der Stadtverordneten, ohne daß die Fraktionen bereits abschließend Stellung nahmen. — Von Bürgermeister *Scholtz* war der Versammlung ein Schreiben zugegangen, daß er außerstande sei, nach Inkrafttreten des neuen Berliner Verfassungsgesetzes sein Amt weiterzuführen, da das Gesetz seine Stellung völlig verändere. *Scholtz* hat sich aber bereit erklärt, bis zum Amtsantritt des neuen Oberbürgermeisters im Amt zu bleiben.

31. 3. Das Gesetz über die vorläufige Regelung verschiedener Punkte des Gemeindeverfassungsrechts für die Hauptstadt Berlin ist in Kraft getreten. Organe der Stadtgemeinde sind die Stadtverordneten-Versammlung, der Stadtgemeindeausschuß, der Magistrat und der Oberbürgermeister. Der Stadtgemeindeausschuß, der die Versammlung entlasten soll, ist eine selbständig neben ihr stehende Vertretungskörper-

schaft, deren Vorsitzender der Oberbürgermeister ist und deren Sitzungen nicht öffentlich sind. Die Zuständigkeit des Stadtgemeindeausschusses ist leider reichlich beschränkt, da die wesentlichen Beschlußsachen weiterhin zur Zuständigkeit der Stadtverordneten gehören, wie der Verkauf des kleinsten Grundstücks, und die Versammlung von ihrem Recht, eigene Zuständigkeiten dem Ausschuß zu übertragen, bei ihrer Abneigung gegen dieses Nebenorgan sicher nicht Gebrauch machen wird.

Die Funktion des Gemeindevorstandes ist auf Magistrat und Oberbürgermeister aufgeteilt: in der Legislative gilt die Magistratsverfassung, in der Exekutive die Bürgermeistereiverfassung. Der Magistrat beschließt über alle Vorlagen an die Vertretungskörperschaften und in den Fällen, wo es sich um die Zustimmung zu deren Beschlüssen handelt. Alles andere ist Exekutive des Oberbürgermeisters, der die Verwaltung führt und die beiden Bürgermeister wie die Stadträte mit Weisungen und Anweisungen versehen kann.

Der Aufbau der Bezirksverwaltung ist durch das neue Gesetz nicht grundlegend geändert worden. Vorsitzender der Bezirksversammlung, deren Sitzungen nicht öffentlich sind, ist jetzt der Bezirksbürgermeister. Die Bezirksämter unterliegen den Weisungen und Anweisungen des Oberbürgermeisters nur, soweit auf den ihnen übertragenen Verwaltungsgebieten Grundsätze aufgestellt sind.

9. 4. Die erste Sitzung der Stadtverordneten unter dem neuen Verfassungsgesetz. Die Versammlung wählte die 45 Mitglieder des Stadtgemeindeausschusses und auf Antrag der Mittelparteien einen Ausschuß zur Prüfung der Bewag-Transaktion.

14. 4. Zum Oberbürgermeister haben die Stadtverordneten Dr. *Sahm* gewählt, zu Bürgermeistern den Vizepräsidenten des Deutschen Städtetages Dr. *Elsas* und mich, zum Stadtkämmerer *Asch* und zu unbesoldeten Stadträten die Herren *Ahrens, Jursch, Kinscher, Lange, Linxweiler* und *Ortmann*.

16. 4. *Sahm* rief mich aus seinem Hotel an und bat mich um eine vertrauliche Besprechung an einem unauffälligen Ort. Wir trafen uns in der Wohnung meines Bruders. Ich gab ihm die gewünschten Auskünfte über die Situation im Magistrat und in der Stadtverordneten-Versammlung. Im übrigen habe ich das Gefühl, daß er von dem Zusammentreffen mit mir im Berliner Magistrat nicht sehr entzückt ist, da er zu den Menschen gehört, die an ihre Herkunft aus einfachen Verhältnissen nicht gern erinnert werden.

20. 4. Besuch in den Mosaikwerken *Puhl & Wagner* im Ortsteil Treptow. Ihr Inhaber *August Wagner*, den ich schon als Neuköllner Stadtverordneten kannte, hat zuerst mit italienischen Mosaicisten, später mit Berliner Arbeitern die Herstellung der farbigen Mosaiksteinchen und ihren Brand in eigen konstruierten Öfen in mühevollster Arbeit zu einer künstlerischen Höhe entwickelt, so daß seine Firma zur Restaurierung altrömischer Mosaiken nach Italien berufen wurde. Ar-

beiten der Werke, nach den Kartons der bekanntesten deutschen Maler hergestellt, schmücken zahlreiche Kirchen und Profanbauten der ganzen Welt. Im Ausstellungsraum der Werke eine Reproduktion von *Lionardos* „Abendmahl" von stärkster Wirkung. Wer wird es kaufen können?

21. 4. Die Verhandlungen in der Bewag-Transaktion haben zu folgendem Ergebnis geführt: es wird von den am Poolvertrag Beteiligten eine neue Gesellschaft gegründet, die Berliner Kraft- und Licht-AG., in die Berlin die Bewag und deren Aktien von nom. 15 Mill. RM. einbringt. Das Grundkapital der Gesellschaft besteht aus nom. 160 Mill. RM. Aktien mit einfachem Stimmrecht (A-Aktien) und nom. 80 Mill. RM. Aktien mit doppeltem Stimmrecht (B-Aktien). Von diesen letzteren erhält die Stadt zunächst 30 Mill. RM., die Elektrowerke und die Preag je 25 Mill. RM.

Die Stadt erhält neben den Aktien 210 Mill. RM. in bar, eine Konzessionsabgabe von 22,4 Mill. RM und Befreiung von den Forderungen der Bewag auf dem Kapitalverpflichtungskonto in Höhe von 320 Mill. RM. Da die Stadt 67 Mill. RM. Schulden für Zwecke der Bewag hat, muß Verzinsung und Tilgung dieser Schuld mit jährlich 6,4 Mill. RM. aus der Konzessionsabgabe erfolgen, die deshalb auf 22,4 Mill. RM. statt der zunächst bewilligten 16 Mill. RM. erhöht wurde. Die Stadt kann erstmalig am 30. Juni 1956 ihr Rückkaufsrecht ausüben. Die alte Bewag bleibt bestehen, ebenso der Pachtvertrag zwischen der Stadt und der Bewag, dessen Rechte und Pflichten auf die neue Gesellschaft übergehen. Beschlüsse über Festsetzung oder Abänderung der Stromliefertarife bedürfen einer Mehrheit von ¾ der vertretenen Stimmen.

Unsere eigene Situation ist leider recht eindeutig: von den kurzfristigen Krediten werden im Mai 160 Mill. RM., im Juni 120 Mill. RM. und im Juli 175 Mill. RM. fällig.

7. 5. Stadtrat *Reuter* ist zum Oberbürgermeister von Magdeburg gewählt worden.

9. 5. Die Ausstellungsstadt am Kaiserdamm hat heute den größten Tag in der Geschichte ihrer Entwicklung. Die Deutsche Bauausstellung wurde in Anwesenheit von 2000 Ehrengästen feierlich eröffnet. Sie ist in erster Linie ein Werk des stark befehdeten Stadtbaurats Dr. *Wagner*.

12. 5. Besuch im Atelier des Malers *Schuster-Woldan*, der seine Bekannten aus Feudalkreisen in Samt zu empfangen pflegt. Zum Besten seiner Arbeiten gehören einige raffiniert gemalte Porträts eleganter Frauen, die er, wie ein Kritiker zutreffend bemerkt, „mit dem Milchglas sanfter gainsboroughhafter Verzauberung bedeckt".

14. 5. Oberbürgermeister *Reuter* hat in einer Rundfunkrede zum Arbeitslosenproblem betont, daß die auf die Dauer nur korrumpierenden Unterstützungszahlungen durch ein geeigneteres Mittel ersetzt werden müßten. Die Frage des freiwilligen Arbeitsdienstes wird übrigens

in Besprechungen amtlicher Stellen mit den Verbänden gerade weiter diskutiert.

15. 5. Empfang im neuen Berliner Künstlerhaus Tiergartenstraße 2a durch den Vorsitzenden des Vereins Berliner Künstler, Prof. *Carl Langhammer*. Das Ganze wirkt im Innern wie ein altes vornehmes Bürgerhaus aus dem vorigen Jahrhundert mit Gemälden von *Menzel*, *Meyerheim* und vielen anderen. Die Ausstellungsräume sind leider sehr unzulänglich.

17. 5. *Richard Strauß* hat den Wert des ihm vom österreichischen Staat überlassenen Grundstücks für sein Wiener Haus nunmehr nach fünf Jahren „abdirigiert". Eine neue Form der Abgeltung von Dirigentenhonoraren, die man noch vielfach variieren könnte.

20. 5. Die ersten nichtöffentlichen Bezirksversammlungen traten gestern auf Grund des neuen Verfassungsgesetzes zusammen. Ich glaube, sie haben mangels Tribüne und politischer Agitationsanträge jeden Reiz für die bisherigen Interessenten verloren.

23. 5. In der Volksbühne Differenzen zwischen dem Direktor *Karlheinz Martin* und dem Vorstand. *Martin* verlangt als Grundprinzip der Volksbühne: kein Unterhaltungstheater, sondern unabhängige Kunstpflege. Tatsächlich machte er dort Literatur-Theater, ohne sich um sein Publikum zu kümmern. *Martin* ist zwar noch Sieger geblieben, aber Dr. *Nestriepke* wird doch recht behalten, wenn er einen vernünftigen Mittelweg fordert.

29. 5. Die Änderung der Gemeindeverfassung und die Neuwahl mehrerer Magistratsmitglieder bedingten eine starke Verspätung bei der Einbringung des Haushalts, der in Einnahme mit 1293 Mill. RM. und in Ausgabe mit 1385 Mill. RM. abschließt. Die Finanzlage der Stadt ist durch die weiter sinkenden Steuereinnahmen und die sprunghafte Steigerung der Wohlfahrtslasten noch katastrophaler als im Vorjahr geworden, zumal dessen Jahresrechnung voraussichtlich einen Fehlbetrag von 75 Mill. RM. aufweisen wird. Deshalb schärfste Drosselung der Ausgaben, Streichung der Vorbehalts- und Verstärkungsmittel der Bezirke und Kürzung der Unterhaltungsarbeiten auf ein kaum erträgliches Maß. In den außerordentlichen Haushalt mußten die für die Untergrundbahnbauten und ihre Grundstückskosten verausgabten Beträge mit der enormen Summe von 257 Mill. RM. eingesetzt werden, eine üble Erbschaft, die der neue Kämmerer aus den Vorjahren übernimmt. Trotz Tarif- und Steuererhöhungen bleiben 92 Mill. RM. ungedeckt.

1. 6. Selbst die Rechtspresse wird nervös. Sie weist auf die groteske Tatsache hin, daß eine nationalistische Bewegung unter Führung des Herrn *Adolf Hitler* aus Braunau bei allen deutschen Wahlen atemberaubende Fortschritte erzielt, daß sämtliche bürgerlichen Parteien mit Ausnahme des Zentrums einem Trümmerhaufen gleichen und daß Hunderttausende von beschäftigungslosen Intellektuellen dieser romantischen Bewegung zuströmen, die eines Tages alle Brücken und Dämme wegreißen werde. Aber man wurstelt in allen Parteien geruhsam weiter.

3.6. In seiner Haushaltsrede hat der Kämmerer dieselben Feststellungen machen müssen wie seine Vorgänger: Benachteiligung Berlins beim Lastenausgleich — Abgabe von 100,8 Mill. RM. an Berlin 1924 bei einem Reichs- und Landesaufkommen an Einkommen- und Körperschaftssteuer von 2,5 Milliarden RM., in diesem Jahre bei einem Voranschlag von 3,2 Milliarden RM. nur 85 Millionen RM. — Benachteiligung bei der Verteilung des Aufkommens an Hauszinssteuer, Umsatzsteuer und Kraftfahrzeugsteuer. Dabei haben die voraussichtlichen Ausgaben für die gesamte Wohlfahrtsverwaltung, soweit hier Schätzungen überhaupt noch möglich sind, die Summe von 352 Mill. RM. erreicht gegenüber 54 Millionen RM. im Jahre 1924.

7.6. Die Nachfolge *Tietjens* in der Städtischen Oper hat Generalintendant *Ebert* vom Hessischen Landestheater in Darmstadt angetreten, früher Staatsschauspieler in Berlin.

18.6. An Stelle des ausgeschiedenen Stadtrats *Reuter* ist Stadtrat Dr. *Heuer,* Magdeburg, zum besoldeten Mitglied des Magistrats gewählt worden, Stadtrat *Katz* zum unbesoldeten.

24.6. Im neuen Heim des Vereins Berliner Künstler lernte ich bei einem Empfang das Ehepaar *Gerhart Hauptmann* kennen. Der Dichter scheint stark gealtert zu sein. Seine Frau in tief ausgeschnittenem weißen Kleid trägt zwar noch immer die schwarze Pagenfrisur der ehemaligen Geigerin, kann sich aber offenbar mit ihrem Alter noch nicht recht abfinden. Der jüngste *Hauptmann* — Benvenuto — in Tropensmoking. Er begnügt sich nach seiner Angabe mit der Übersetzung ausländischer Literatur und ist, wie man erzählt, ein begabter Vertreter der kaufmännischen Interessen seines großen Vaters. Da ich kurz vorher *Kutzlebs* amüsanten und gescheiten Roman „Das Haus der Genesung" gelesen hatte, lag es nahe, seine Schilderung des in diesem Seelensanatorium weilenden Dichterfürsten „Obrist" mit dem lebenden Objekt zu vergleichen.

5.7. Der Abstieg der Wirtschaftskonjunktur hat das Einnahmesoll der Städtischen Oper stark verschlechtert, der Kartenverkauf ist um mehr als 30 Prozent zurückgegangen. Unter den Erstaufführungen u. a. „Armer Columbus" von *Dressel,* die „Afrikanerin", von dem Bremer *Roselius,* „Doge und Dogaressa", von *Lothar* „Lord Spleen", und „Vertauschte Rollen" von *Auber.*

10.7. Besonderes Interesse erregt auf der Akademie-Ausstellung eine Plastik von *Käthe Kollwitz* „Die Eltern", die zum Andenken an ihren in Flandern gefallenen jüngeren Sohn ihren Platz auf einem belgischen Friedhof finden soll. Neben dem Vater in seinem starren Schmerz die in tiefstem Leid sich zu dem Toten neigende Mutter.

13. 7. Die Danatbank hat heute früh ihre Schalter im ganzen Reich geschlossen. Die Reichsregierung hat die volle Garantie für alle Einlagen übernommen. Sämtliche deutschen Börsen sind geschlossen worden. Die Großbanken rationieren ihre Auszahlungen.

16. 7. Der Reichsrat genehmigte die Verordnung über den freiwilligen Arbeitsdienst, für den die Bezieher von Arbeitslosenunterstützung und Krisenfürsorge in Betracht kommen. Die Zusammenfassung in Arbeitsgruppen darf nach der Verordnung nicht für politische Zwecke mißbraucht werden.

20. 7. In der alten Stadt an der wendischen Spree wälzt man Probleme: Die Köpenicker fordern eine Namensänderung. Der Hauptmann von Köpenick, jetzt auch noch dichterisch behandelt und über alle Bühnen gegangen, hat die spottfreudigen Berliner dazu verführt, dem Namen Köpenick einen mehr oder weniger ironischen Unterton zu geben. So geht das nicht weiter.

26. 7. Besuch auf Scharfenberg, der Inselschule im Tegeler See, von Prof. *Blume* zu einem idealen Gemeinschaftslebensversuch in mühevollster und selbstloser Arbeit entwickelt. Die Lehrmethode ein moderner Konzentrationsunterricht ohne das Schubkastensystem kurzer abgeschlossener Stunden. Dazu Handwerkergruppen und eigene Bühne, ein Schuldorado für leider viel zu wenige.

1. 8. Die Vereinigung *Carl Schurz* gab zu Ehren amerikanischer Gäste ein Frühstück im Hause der Deutschen Presse. Die Vereinigung hat sich dank der Tätigkeit von Dr. *Draeger* und Geheimrat Dr. *Führ* vom Auswärtigen Amt um den geistigen und wirtschaftlichen Austausch zwischen Deutschland und den USA besondere Verdienste erworben.

7. 8. Die Notverordnung des Reichspräsidenten verbietet die Kreditgewährung an Gemeinden durch Sparkassen und öffentlichrechtliche Banken, da die Fehlbeträge der deutschen Gemeinden über 25 000 Einwohner annähernd 1 Milliarde RM. betragen. Die Gehaltszahlung für August muß deshalb in zwei Raten erfolgen.

13. 8. Das Ulmensterben nimmt in Berlin seinen Fortgang, ohne daß es bisher gelungen wäre, ein Mittel gegen den mörderischen Pilz zu finden.

8. 9. Zum 100. Geburtstage von *Wilhelm Raabe* ist die Spreestraße in Berlin-Mitte in Sperlingsgasse umgetauft worden. An dem Hause, in dem der Dichter der „Chronik der Sperlingsgasse" von 1854 bis 1855 wohnte, hat der Magistrat eine Bronzetafel anbringen lassen.

3. 10. Auch Hamburg ist zu radikalen Sparmaßnahmen gezwungen. Unsere Hafenpolitik ist doch richtig gewesen, wenn man jetzt erfährt, daß der Hamburger Hafen einen Monatszuschuß von nicht weniger als 3 Mill. RM. bei der heutigen Wirtschaftslage erfordert.

8. 10. Die Mitglieder der nationalsozialistischen Fraktion der Stadtverordneten-Versammlung sind die reinsten Schlagwort-Rastellis, aber das ist wieder zu viel Lob. Wenn sie noch spielerisch mit Schlagworten jonglieren könnten oder sie gar, wie *Morgenstern* sagt, wie Münzen schlügen, aber sie schlagen mit ihnen brutal zu wie mit Schlagringen.

13. 10. Die Rasendecke auf dem Gleiskörper der Straßenbahn brachte zwar etwas Farbe in das Grau der Straßen, ihre gärtnerische Pflege verursacht aber erhebliche Kosten. Jetzt muß das Grün deshalb durch Schotter ersetzt werden. Ebenso kostspielig durch ihre Pflege sind Hecken, von denen z. B. das Rudolf-Virchow-Krankenhaus einige Kilometer besitzt. Als ob wir nicht auch ohne abwehrende Hecken und drohende Verbotstafeln auskommen könnten.

22. 10. Die Gesamtverpflichtung der Volksbühne aus Darlehen der Stadt mit 475 000 RM. soll unter Erlaß von 175 000 RM. durch Zession einer Forderung der Volksbühne gegen den preußischen Staat getilgt werden.

14. 11. Bei der Beratung des sog. Notprogramms hat der Haushaltsausschuß überraschenderweise den dort gestrichenen Beitrag für das Berliner Sinfonieorchester wiederbewilligt, jedoch die Beihilfe für das Philharmonische Orchester abgelehnt. Als Begründung wurde mir angegeben, das Philharmonische Orchester sei nationalsozialistisch stark verseucht. Künstler scheinen zwar nach meinen Beobachtungen radikalpolitischen Infektionen leichter zu erliegen als der normale Staatsbürger, aber wenn diese Behauptung richtig wäre, hätten mich die jüdischen Mitglieder des Orchesters und dessen jüdische Sekretärin Dr. *Geismar* sicher davon unterrichtet. Mitwirkend bei dem Beschluß der beiden Linksparteien war wohl auch die Enttäuschung darüber, daß *Furtwängler* das Dirigieren volkstümlicher Konzerte zunächst brüsk abgelehnt hatte und sich diesem weniger snobistischen Publikum ohne große Toiletten recht selten widmet.

20. 11. Um die Dezembergehälter der Philharmoniker zahlen zu können, habe ich in der Erwartung, die Linksparteien durch einen Vermittlungsvorschlag umstimmen zu können, auf eigene Kappe die Zahlung der Rate angeordnet, obgleich mir dabei nicht ganz wohl ist.

24. 11. *Sahm* wurde heute aus der Magistratssitzung abgerufen. Er bat mich, den Vorsitz zu übernehmen, und wies mit einer einladenden Handbewegung auf seinen Sessel. Ich lehnte dankend ab mit der Begründung, ich sei abergläubisch. Auf seine erstaunte Frage teilte ich ihm mit, daß alle Inhaber dieses Sessels ihn in den letzten Jahrzehnten unter wenig angenehmen Begleiterscheinungen verlassen mußten. Der lange *Sahm* hatte dafür nur ein überlegenes Lächeln. Er ist sicher fest davon überzeugt, ihm könne das bei seiner diplomatischen Begabung nicht passieren.

27.11. Die stark verwitterte Schadowsche Gruppe „Herkules im Kampf mit dem Zentaur" mußte aus Sicherheitsgründen von der Herkulesbrücke entfernt werden. Da sie für das Märkische Museum zu groß ist, will die Stadt sie dem Deutschen Museum in Berlin gegen vier Steinreliefs vom Berliner Opernhaus überlassen.

9.12. Das vom Oberbürgermeister auf Grund der preußischen Notverordnung vom 12. September aufgestellte „Notprogramm 1931", das zur Entlastung der Kassenlage eine scharfe Drosselung der im Haushalt vorgesehenen Ausgaben vornahm und von den Stadtverordneten abgelehnt wurde, ist durch Beschluß des Magistrats aufrechterhalten worden. Belastend für die Finanzlage der Stadt sind der Fehlbetrag 1930 mit 65 Mill. RM. und der voraussichtliche Fehlbetrag dieses Jahres mit 67 Mill. RM.

15.12. Die Bank für Handel und Grundbesitz ist zusammengebrochen. Nicht weniger als 36 000 Sparer sind davon betroffen.

18.12. Eine Spar- und Notverordnung folgt der anderen, dafür steigt die Mitgliederzahl der Nationalsozialisten, der Nutznießer der wachsenden Wirtschaftsdepression. Jetzt hat auch die A. Borsig GmbH. in Tegel ihre Zahlungen eingestellt und ein Vergleichsverfahren eingeleitet.

23.12. Das Reich hat der Stadt zur Durchführung der vorstädtischen Kleinsiedlung und zur Bereitstellung von Kleingärten einen Betrag von 5 Mill. RM. zugesichert. Die städtischen Körperschaften haben für diesen Zweck 14 000 Morgen stadteigenes Gelände zur Verfügung gestellt. Das Land für die Kleinsiedlungen wird auf 30 Jahre in Erbbaurecht zu einem Erbbauzins von 4 Rpf. je qm jährlich (mindestens 800 qm), und das Land für die Kleingärten auf die Dauer von 10 Jahren zu einem Pachtzins von 2 Rpf. je qm (mindestens 500 qm) abgegeben. Die Verpachtung der Kleingärten ist dem Reichsverband der Kleingartenvereine Deutschlands übertragen worden.

26.12. Es gibt Bohrwürmer der Literatur- und Musikgeschichte. Die bei einer Bühne angestellt sind, heißen Dramaturgen. Ihr Ahnherr ist *Lessing,* und *Herbert Eulenberg* nennt sie in seinen geistreichen „Schattenbildern" die Gilde der Bühnenbeiräte, die unter der hochtrabenden Bezeichnung Dramaturgen als fünftes Rad am deutschen Thespiskarren nebenher laufen muß. Ihre wesentliche Tätigkeit besteht in der Ausgrabung alter Werke, zumal wenn sie von ihnen bearbeitet wurden, deren Aufführung Privattheater zum Zusammenbruch bringen würde. Meist verkappte Dichter und Komponisten, vergeuden sie an öffentlichen Bühnen das Geld der Steuerzahler und treiben Raubbau mit den Kräften des Personals. Aber sie fühlen sich als die Hohenpriester der Kunst, da sie es sind, die über das Niveau des Hauses wachen. Daß sie nicht längst in der Versenkung verschwunden sind, verdanken sie allein der Kritik, für die Ausgrabungen ein Ball sind, mit dem sie spaltenlang jonglieren kann. Und gutgelaunte Kritiker braucht der Intendant und deshalb kann er den Dramaturgen nicht entbehren und — ja und deshalb ändert sich nichts an diesem circulus vitiosus.

1932

5. 1. Die steigenden Wohlfahrtslasten und die Verschärfung der Wirtschaftslage haben bei zahlreichen Gemeinden im Reiche zu regelrechten Zahlungseinstellungen geführt. Auch in Berlin erfolgt die Gehaltszahlung für die Beamten seit einigen Monaten in zwei Raten am 1. und am 10. des Monats. Die zweite Januarrate kann bei der schwierigen Kassenlage erst am 18. gezahlt werden.

20. 1. Von den Sozialdemokraten ist die Beseitigung der Verwaltungsdeputationen des Magistrats und ihre Ersetzung durch entsprechende ständige Ausschüsse der Stadtverordneten gefordert worden, ohne Gegenliebe für diese Idee bei den übrigen Parteien zu finden. Der Gedanke hat viel für sich, denn der schleppende Geschäftsgang der Deputationen hat zur Beschleunigung der Verwaltungsarbeit nicht beigetragen. Der Vorteil für den Magistrat, in der Deputation die Stellung der Fraktionen zu einer Vorlage zu erfahren, wird oft genug dadurch illusorisch, daß die Parteien bei der Behandlung der Vorlage im Plenum im Gegensatz zu der sachlichen Arbeit ihrer Deputationsmitglieder politische Gesichtspunkte entscheiden lassen.

23. 1. Die Aufwendungen der Stadt für den Bau der Untergrundbahnen einschließlich Grundstücksbeschaffung, Bauzinsen und Straßenwiederherstellung betragen 340 Mill. RM. Für Verzinsung und Tilgung hat die Stadt jährlich 30 Mill. RM. aufzubringen.

1. 2. *Sahm* macht nun auch in Innenpolitik. Er hat einen *Hindenburg*-Ausschuß zur Vorbereitung der Reichspräsidenten-Wahl ins Leben gerufen, vermutlich im Einverständnis mit dem Hause *Hindenburg*, dem er besonders nahe steht. Daß er vom Stahlhelm eine Absage erhielt, war nach dem Zusammenstoß beider in Danzig vorauszusehen.

10. 2. Eine Katastrophe des Philharmonischen Orchesters, meines schlimmsten Sorgenkindes, muß auf jeden Fall verhindert werden. Nachdem ich zunächst die beiden Linksparteien von der Haltlosigkeit ihres Verdachts überzeugt hatte, soweit man in diesem Falle von überzeugen reden kann, machte ich ihnen klar, daß eine Auflösung dieses in jahrzehntelanger Arbeit von den bedeutendsten Dirigenten der Welt geschulten Klangkörpers von internationalem Ruf nicht verantwortet werden könnte. Da die Stadt bei ihrer Finanzlage nicht zwei Orchester unterhalten kann, schlug ich den beiden Fraktionen vor, das Berliner Sinfonie-Orchester aufzulösen, die künstlerisch wertvollen Mitglieder in das Philharmonische Orchester zu übernehmen und den übrigen ohne Rechtsanspruch Überbrückungsunterstützungen bei Erwerbslosigkeit und Versorgung unter bestimmten Bedingungen zu gewähren. Die Linksparteien stimmten nach längeren Verhandlungen zu, und der Führer der Sozialdemokraten, der kunstinteressierte Stadtverordnete *Flatau*, versprach, im Haushaltsausschuß entsprechende Anträge zu stellen.

16. 2. Im Deutschen Theater Gerhart *Hauptmanns* Jubiläumsstück zu seinem 70. Geburtstag „Vor Sonnenuntergang" mit *Krauß* als Verleger. Viel Goethesches und Marienbader Elegie.

20. 2. Die in großen Abständen stattfindenden Sitzungen des Stadtgemeindeausschusses zeichnen sich durch wohltuende Kürze aus. Auch hier wirkt das Fehlen einer Tribüne heilsam.

26. 2. Geheimrat Prof. *Kuttner*, ein Onkel meiner Schwägerin, erzählte heute abend seinen Gästen, er sei vormittags auf der Treppe seines schönen Hauses am Lützowplatz *Adolf Hitler* begegnet, der dort in den Räumen der Braunschweigischen Gesandtschaft als Regierungsrat vereidigt worden sei. Meine jüdischen Bekannten stehen dem Nationalsozialismus mit seiner ausgesprochen antisemitischen Tendenz in überraschender Sorglosigkeit gegenüber.

28. 2. Von den Stadtverordneten ist die Aufhebung der Gemeindegetränkesteuer gefordert worden. Da sie den Verlust der Wohlfahrtszuschüsse zur Folge haben würde, hat der Oberbürgermeister die Aufhebung abgelehnt.

3. 3. Nach dem Abänderungsgesetz vom 30. März v. J. ist die Zuständigkeit der Bezirksverwaltung im Verhältnis zur Stadtgemeindeverwaltung durch eine vom Staatsministerium zu genehmigende Ortssatzung bis zum 1. April d. J. zu regeln. Die Abgrenzung hat auch nach dem neuen Gesetz so zu erfolgen, daß Angelegenheiten, die wegen ihrer Bedeutung für die gesamte Stadtgemeinde eine einheitliche Verwaltung erfordern, von den Organen der Stadtgemeinde, alle sonstigen von denen der Bezirke zu verwalten sind. Die Stellung der einzelnen Fraktionen zu dem vom Oberbürgermeister vorgelegten Satzungsentwurf war recht bemerkenswert: auffallende Neigung zu straffer Zentralisation, im wesentlichen bedingt durch die Finanzlage der Stadt, die ein an sich erwünschtes Eigenleben der Bezirke völlig unmöglich macht. Während man im Ausschuß zu einer Verständigung nicht gekommen war, nahm im Plenum eine Mehrheit von Sozialdemokraten bis Volkspartei die Vorlage mit einigen Änderungen an.

12. 3. Abendgesellschaft bei Professor *Plesch*, begabter Internist der Berliner Universität, aber wenig beliebt bei seiner Fakultät, wie einst sein Kollege *Schleich*, wegen einiger medizinischer Extratouren,

aber wohl besonders wegen seines sehr hohen Lebensstandards. Seine Frau, aus dem Frankfurter Hause *Gans*, stammt aus der chemischen Großindustrie und ist eine ebenso bescheidene wie charmante Hausfrau. *Plesch*, vielseitig talentiert, sammelt etwas snobistisch Namen, und so trifft man in diesem gastfreundlichen Hause die Spitzen von Diplomatie, Theater, Oper, Musik, Literatur und bildender Kunst: neben dem französischen und italienischen Botschafter der Maler *Slevogt*, der eine Terrasse im Garten mit einem Fresko geschmückt hat. Der Geiger *Kreisler* mit seiner geschäftstüchtigen amerikanischen Frau Harriet, *Alfred Kerr*, über Eigenweste und Binde hinweg sehr von oben herab, und in dem Gatower Landhause, gelegentlich still für sich Geige spielend, der große *Einstein*. Abgesehen von dieser fröhlichen Sammelleidenschaft ist *Plesch* Arzt im besten Sinne geblieben, ebenso interessiert an wissenschaftlicher Forschung wie an der objektiven Erkundung der Heilerfolge bekannter deutscher Heilpraktiker. Er könnte auf seinem Fachgebiet Größeres leisten, wenn seine Interessen nicht allzu sehr in die Breite gingen.

17. 3. Der wirtschaftliche Abstieg im Reich weist erschütternde Ziffern auf. Die Zahl der arbeitsfähigen Erwerbslosen beträgt über sechs Millionen. Die Einkünfte aus Steuern, Zöllen und Abgaben sinken ständig. Die Erzeugung von Produktionsgütern ist seit 1929 fast auf die Hälfte zurückgegangen, der Großhandelsindex von 138,9 auf 99,8. Das Außenhandelsvolumen beträgt nur noch 60 Prozent der Zahlen von 1929 und die Deckungsmittel der Reichsbank liegen unter 1 Milliarde RM. gegenüber 3 Milliarden RM. vor der Septemberkrise 1930. Ein fruchtbarer Boden für die Saat des Nationalsozialismus.

23. 3. Vor 40 Jahren erließ *Bruno Wille* seinen Aufruf zur Gründung einer Freien Volksbühne, um Stücke echter Realisten auch der Arbeiterschaft zugänglich zu machen. Schon am 19. Oktober 1890 brachte die Eröffnungsvorstellung Ibsens „Stützen der Gesellschaft" heraus, der ein Jahr später von dem Publikum der neuen Bühne begeistert sagte: „Das sind Hörer!" Weniger begeistert war und blieb die Reaktion, deren schlimmstes Organ, die Kreuz-Zeitung, gegen das „von Schuhmachergehilfen, Tapezierern und anderen Kunstverständigen geleitete Unternehmen" hetzte. Die Haltung der Rechtsparteien zur Volksbühne hat sich bis heute nicht geändert.

7. 4. Durch den Zusammenbruch der Handelsbank AG. sind besonders kleine und mittlere Gewerbetreibende der Berliner Ernährungswirtschaft schwer geschädigt worden. Die Stadt wird den Konteninhabern weitgehende Stundung der Steuern und Standgelder gewähren.

15. 4. Das Philharmonische Orchester feierte in recht depressiver Stimmung mit einem Festkonzert in der Philharmonie sein 50jähriges Bestehen. *Furtwängler* dirigierte u. a. Paul Hindemiths Jubiläumsgabe, sein „Philharmonisches Konzert".

18. 4. Gestern abend zu Tisch bei dem Zahnarzt *Joseph Grünberg*, russischer Emigrant und Spezialist für Orthodontie. Da die meisten seiner Patienten Kinder sind, hatte er zu ihrer Beruhigung Kinderbücher beschafft und ist so allmählich Besitzer einer der größten internationalen Sammlungen geworden. Eng befreundet mit *Max Slevogt* und dem Böhmen *Emil Orlik*, die mit ihm an der von *Grünberg* konstruierten Kupferdruckpresse zu experimentieren pflegen. Selbst Zeichner und Radierer und ein besonderer Kenner des japanischen Farbenholzschnitts. Als meine Frau und ich ein Stobwasser-Tablett auf dem Kamin bewunderten, ließ er trotz der späten Stunde eine ganze Sammlung dieser Arbeiten vom Boden herunterholen und zwei Stücke, die wir als die schönsten bezeichnet hatten, für uns einpacken als Gegengabe für einige seltene Kinderbücher, die meine Frau aus ihrer eigenen Sammlung ihm geschenkt hatte. Heute morgen erfahre ich durch Prof. *Plesch,* daß ein Herzschlag diesen bescheidenen seltenen Menschen seinen vielen Freunden entrissen hat.

20. 4. Die Stadtverordneten tagen nur noch in größeren Zwischenräumen, da neue städtische Aufgaben nicht mehr in Angriff genommen werden können. Den Hauptteil der Tagesordnung nehmen die Verkäufe der Grundstücksverwaltung ein, die endlich eine Menge bebauter Grundstücke abstößt, die im Zusammenhang mit großen Ankäufen früher erworben wurden. Der jetzt erzielte Preis von nur des Fünffachen der Jahresmiete ist allerdings reichlich niedrig. Im übrigen wird das Plenum durch agitatorische Anträge der Kommunisten und Nationalsozialisten in Bewegung gehalten, die vor Wahlen mit besonderer Schärfe behandelt werden und die Geduld des Vorstehers auf eine harte Probe stellen. Aber *Hass* ist ein alter parlamentarischer Kämpe und steuert sein Schiff mit eiserner Ruhe durch die wildesten Strudel.

26. 4. Durch den Verkauf der Bewag war die kurzfristige Schuld der Stadt um 180 Mill. RM. vermindert worden. Trotz Bewältigung der Fehlbeträge aus den beiden letzten Haushaltsjahren und trotz Zahlung von 50 Mill. RM. außerhalb des Haushalts für Untergrundbahnbauten ist es dem Kämmerer gelungen, die Gesamtverschuldung der Stadt und ihrer Gesellschaften nicht mehr zu erhöhen.

3. 5. Nach den vorläufigen Beschlüssen des Magistrats schließt der Haushalt 1932 in Ausgabe mit 1009 Mill. RM. und in Einnahme mit 896 Mill. RM. ab. Vor Einbringung des Haushalts soll das Ergebnis der mit Reich und Preußen schwebenden Verhandlungen wegen anderweiter Regelung der kommunalen Arbeitslosenfürsorge abgewartet werden. Der Haushalt rechnet mit allein 300 000 Wohlfahrtserwerbslosen. Nicht weniger als 25 Prozent der gesamten Bevölkerung muß aus öffentlichen Mitteln unterstützt werden. Der preußische Finanz- und Lastenausgleich ist weiter zu ungunsten Berlins verschlechtert worden. Die Haushalte der einzelnen Verwaltungen mußten deshalb rücksichtslos gedrosselt werden, um den Wegfall einmaliger Einnahmen und die Steuerausfälle auszugleichen. Der Gesamtaufwand der Stadt für die Wohlfahrtserwerbslosen beträgt nach Abzug der Reichszuschüsse 166 Mill. RM. Davon sind im Haushalt 113 Mill. RM. nicht gedeckt. Auch der Ausgleich der beim Grunderwerbsstock in den Vorjahren entstandenen Mehrausgaben von ca. 50 Mill. RM mußte zurückgestellt werden, da dieser Betrag auch durch einen forcierten Verkauf städtischer Grundstücke nicht erbracht werden kann.

13. 5. Der „Temps" schreibt: „Es scheint, daß die Zeit der Republik und der Demokratie in Deutschland zu Ende ist. Die Ereignisse in Berlin machen den Eindruck, als befinde man sich am Vorabend eines Staatsstreiches."

16. 5. Die Frage der Asphaltart für die Berliner Straßen beschäftigt seit Jahren die Öffentlichkeit, die sich gegen die weitere Verwendung von Stampfasphalt (Rutschasphalt) wendet. Die Tiefbauverwaltung versuchte die schlüpfrige Straßendecke durch einen Überzug von griffigem Material oder durch Aufprägung von Waffelmustern verkehrssicherer zu machen. Beides ist teuer und von geringer Lebensdauer. Man experimentiert also weiter.

25. 5. Die im Rahmen der Berliner Kunstwochen bei Fackelschein stattfindenden Abendmusiken im Schlüterhof des Schlosses haben besonders starken Zuspruch. Nach alten Wächterliedern mit Trompeten, Posaunen und Pauken vom Dach her eine Symphonie von Friedrich dem Großen für Streicher und Holzbläser, eine Ballettmusik von *Händel* und zum Abschluß eine Serenade von *Mozart,* wie geschaffen für Ort und Stunde.

26. 5. Im Preußischen Landtag ist ein Nationalsozialist im ersten Wahlgang mit den Stimmen des Zentrums und der Deutschnationalen zum Präsidenten gewählt worden.

28. 5. Aufträge städtischer Verwaltungen und Gesellschaften an Mitglieder der Stadtverordneten-Versammlung müssen dieser jetzt in besonderer Vorlage mitgeteilt werden.

2. 6. Die innenpolitische Lage spitzt sich weiter zu. Nach dem Rücktritt der Regierung *Brüning* hat Herr *von Papen* ein „Kabinett der nationalen Konzentration" gebildet.

10. 6. Der Haushaltsausschuß der Stadtverordneten hat der Fusion der beiden Orchester grundsätzlich zugestimmt, nachdem mein Versuch, eine Verständigung zwischen den Beteiligten zu erzielen, in zwei getrennten recht stürmischen Versammlungen gescheitert war. Die Sinfoniker wehrten sich verzweifelt gegen eine Auflösung, die Philharmoniker befürchteten eine Senkung ihres künstlerischen Niveaus.

15. 6. Die Deutsche Reichsbahn hat Anfang des Jahres mit der Elektrifizierung der Wannseebahn begonnen, Kosten rd. 23 Mill. RM. In Zusammenhang mit diesen Arbeiten sind der Umbau der Feldstraßenbrücke am Bahnhof Feldstraße und die Unterführung der Potsdamer

Chaussee in Zehlendorf erforderlich. Leider lassen sich die Wünsche der Bevölkerung in den Bezirken, die an der Wannseebahn liegen, die Unterführungen und Bahnhöfe entsprechend auszugestalten, noch nicht erfüllen, da die Erhöhung der Bahndämme einen Zuschuß der Stadt von 8 Mill. RM. erfordern würde.

23. 6. Dem 1922 gebildeten Grunderwerbsstock sollten alle städtischen Grundstücke angehören, die noch keinem bestimmten Zweck zugeführt werden können oder aus kommunalpolitischen Gründen gekauft wurden. Der außerhalb des Haushaltes stehende Stock sollte sich durch Verkauf entbehrlicher Grundstücke selbst erhalten. Das ist seit 1925 nicht mehr möglich gewesen, und der Stock hat mit wachsendem Defizit gearbeitet, ohne daß die Finanzverwaltung eingriff. Der Grunderwerbsstock und die bei den Bezirken vorhandenen noch nicht zweckgebundenen Grundstücke werden jetzt in einem Haushaltskapitel Grundeigentum vereinigt, um klare Verhältnisse zu schaffen.

28. 6. Der vor der Großen Strafkammer seit mehr als acht Monaten schwebende *Sklarek*-Prozeß hat heute am 124. Verhandlungstage mit der Verurteilung der Gebrüder Sklarek und einer Reihe von städtischen Beamten sein Ende gefunden.

6. 7. Der weitere Rückgang der Kaufkraft des theaterfreudigen Publikums als Folge der wachsenden Arbeitslosigkeit und Einkommensverminderung hat auch bei der Städtischen Oper zu einem Einnahmerückgang von 16 Prozent geführt. Der Zuschuß der Stadt beträgt 2,22 Mill. RM. Trotz Senkung der Eintrittspreise eine weitere Abwanderung zu den billigeren Plätzen. Unter den Erstaufführungen Angelina, Die Bürgschaft, Die verkaufte Braut, Friedemann Bach, Josephslegende und mit nicht weniger als 23 ausverkauften Häusern „Das Spitzentuch der Königin".

10. 7. Mit *Max Oppenheimer* gen. Mopp im Romanischen Café, um mir einmal einen Blick auf dies eigenartige Milieu zu verschaffen. Mopp ist der typische Wiener, mit einer leisen stets mokanten Art zu sprechen, zumal wenn es sich um das Verhältnis von bildender Kunst zur Kunstbürokratie handelt. Er gehört nicht zu den modernen Gegenstandslosen, die es für überflüssig halten, erst einmal zeichnen zu lernen. Selbst guter Geiger, hat er interessante Musikerbilder gemalt, am eindrucksvollsten ein Bild, das nur die beseelten Hände eines Streichquartetts zeigt. In seinem Atelier steht gerade ein Riesenbild des Philharmonischen Orchesters mit hinreißendem Schwung der Streicher, aber die kommunale Kunstbörse notiert: lustlos. Mopp hat den Malergesellen, die das häßliche Äußere des alten Gutshauses im Bucher Park erneuern sollten, eigenhändig die Farbe in der Tönung von Sanssouci gemischt und bestand darauf, daß dazu nur Fensterläden in der verblichenen Farbe alter Rosenpfähle paßten.

16. 7. Die Lage des Philharmonischen Orchesters ist noch immer unbefriedigend. Die Philharmoniker sind schließlich nicht ein Ber-

liner, sondern das deutsche Orchester, das auf seinen Konzertreisen im Ausland, besonders durch seine ständige Mitwirkung bei der Londoner Season, deutscher Musik Weltgeltung verschafft hat. Es wäre also in erster Linie Sache des Reichs und dann Preußens, das Orchester zu unterstützen. Die vom Reich bewilligte Beihilfe von 10 000 RM. ist lächerlich klein, und Preußen zögert eine Entscheidung hinaus. Um die Mitglieder des Orchesters ein für allemal von ihren chronischen Sorgen um das tägliche Brot zu befreien, die ihre künstlerische Arbeit nur beeinträchtigen müssen, wäre es nötig, dem Orchester eine neue Rechtsstellung zu geben in der Weise, daß Berlin, das Reich und Preußen die Geschäftsanteile einer neuen GmbH. übernehmen und die Orchestermitglieder Angestellte dieser Gesellschaft unter Zusicherung von Altersversorgung werden. Ich habe die Verhandlungen hierüber aufgenommen, die leider durch die politische Entwicklung stark erschwert werden.

20. 7. Zur Wiederherstellung der öffentlichen Sicherheit und Ordnung im Gebiet des Landes Preußen hat der Reichspräsident durch Verordnung den Reichskanzler zum Reichskommissar für Preußen ernannt und den Essener Oberbürgermeister Dr. *Bracht* zum kommissarischen Innenminister. Herr *von Papen* hat den Preußischen Ministerpräsidenten und die Staatsminister ihrer Ämter enthoben. Für Berlin und die Provinz Brandenburg ist der Ausnahmezustand erklärt worden.

26. 7. Herr *Bracht* hat gegen die Mitgliedschaft von preußischen Beamten in der NSDAP nichts mehr einzuwenden.

2. 8. Rechnet man das Ergebnis der Reichstagswahl vom Sonntag auf Berlin um, so wären die Nationalsozialisten die stärkste Partei in der Stadtverordneten-Versammlung mit 65 Sitzen. Die SPD und die KPD würden je 62 Sitze erhalten haben, die Deutschnationalen 19, das Zentrum 11, die Deutsche Staatspartei 4, Volkspartei und Christlich-Soziale je 1 Sitz. Die heutige Linksmehrheit wäre mit 124 Sitzen von 225 noch stärker geworden.

4. 8. Bei der Beratung über die Arbeitsbeschaffungspläne der Reichsregierung spielt die Ausweitung des freiwilligen Arbeitsdienstes zu einer Arbeitsdienstpflicht für arbeitslose Jugendliche bestimmter Jahrgänge eine besondere Rolle.

6. 8. Besuch bei *Emil Orlik* in seiner Wohnung am Lützowplatz. Seltsamerweise besteht in der Kunstdeputation kein Interesse für seine Arbeiten. Der sonst so lebensfrohe Künstler scheint unter dem Verlust seines Freundes *Slevogt* schwer zu leiden und macht einen fast apathischen Eindruck. Erst als ich das Gespräch auf seine Drucke brachte und die gemeinsame Arbeit mit *Grünberg,* taute er langsam auf, erzählte von seinen Studienreisen in Japan und zeigte einen Teil seiner umfangreichen Sammlungen. Sein Gesundheitszustand ist recht beunruhigend.

11. 8. Bei der gemeinsamen Verfassungsfeier Berlins und Preußens hielt die Festansprache Prof. *Poetzsch-Heffter* (Kiel), über dessen Wahl sich die Herren *Bracht* und *Sahm* wohl leicht verständigt hatten. Er forderte die „Gemeinschaft im Innern", um damit unsere außenpolitischen Beziehungen zu verbessern. Verfassungsfragen zu erörtern wäre heute nur peinlich gewesen.

13. 8. *Hindenburg* hat es abgelehnt, *Hitler* zum Reichskanzler zu ernennen, der verlangt hatte, ihm die Führung der Reichsregierung und die gesamte Staatsgewalt zu übertragen.

19. 8. Ich suchte heute von Misdroy aus *Furtwängler* in Bansin auf, um eine dringende Angelegenheit der Philharmoniker mit ihm zu besprechen. Im Laufe der Unterhaltung kamen wir auch zu einer Erörterung der politischen Situation. Ich war entsetzt, mit welcher Naivität *Furtwängler* die Entwicklung beurteilte.

2. 9. Die bisher geheimen Verhandlungen zwischen Zentrum und Nationalsozialisten werden jetzt offen fortgesetzt. Dabei hat *Hitler* im Sportpalast noch gestern erklärt, die parlamentarische Demokratie sei überholt, jetzt müsse der Staat „vom Volke her erneuert werden". Zur gleichen Zeit betonte *Bracht* auf dem Katholikentag: „Es gibt keine Gewalt außer von Gott!"

6. 9. Sämtliche Mitglieder der Fraktion der Wirtschaftspartei in der Stadtverordneten-Versammlung sind aus der Partei ausgetreten und haben für ihre Fraktion die Bezeichnung „Bürgerliche Vereinigung" angenommen.

7. 9. Nach langem Sträuben hat sich *Furtwängler* bereit erklärt, die brauchbaren Mitglieder der Sinfoniker nach Vorspiel in das Philharmonische Orchester aufzunehmen. Das Vorspielen hat heute in der Philharmonie stattgefunden in Gegenwart von *Max von Schillings* als Vertrauensmann der Sinfoniker, dazu *Furtwängler* und ich selbst als Unparteiischer. Eine grauenhafte Atmosphäre in diesem schon an sich unschönen leeren Saal, der an dem trüben Morgen noch trostloser wirkte. Dazu die Stimmung der Sinfoniker, von denen hier jeder mit überreizten Nerven um seine Existenz kämpfte. Das gesamte Orchester spielte zuerst kurze Zeit unter Leitung seines talentierten jungen Dirigenten *Weismann*, dann begann das Einzelspiel. Nach einer Stunde erklärte *von Schillings*, er lehne diese Scharfrichtertätigkeit ab, und verließ den Saal. So mußte ohne ihn fortgefahren werden, was den seelischen Zustand der Sinfoniker nicht gerade verbesserte. In persönlicher Verhandlung erklärte sich *Furtwängler* schließlich bereit, über die zunächst beschlossene Zahl der Aufzunehmenden hinaus noch weitere Mitglieder probeweise zu beschäftigen, so daß damit der größte Teil der Sinfoniker entsprechend den Forderungen der Mehrheit der Stadtverordneten untergebracht ist.

8. 9. Der Staatsrat hat mit großer Zweidrittelmehrheit die Auffassung vertreten, daß die Verordnung des Reichspräsidenten betr. Einsetzung eines Reichskommissars für Preußen in Widerspruch zu der Reichsverfassung und der preußischen Verfassung steht.

11. 9. Der Entwurf für die Neugestaltung der Bezirksverwaltung stellt verfassungsmäßig eine Verbindung der bayerischen Stadtratsverfassung mit der rheinischen Bürgermeister-Verfassung dar und mußte der Verfassung der Stadtgemeinde-Verwaltung nach dem Abänderungsgesetz vom 30. März 1931 angepaßt werden. Die wesentlichen Änderungen gegenüber der bestehenden Verfassung sind die Vereinigung der Bezirksversammlung mit dem heutigen Bezirksamt in einem neuen Organ, dem Bezirksamt, und die dadurch notwendig gewordene Hervorhebung des Bezirksbürgermeisters durch Stärkung seiner Befugnisse. Er ist Vorsitzender des Bezirksamts, das jetzt sowohl Beschluß- und Vertretungskörperschaft wie Verwaltungsbehörde ist und dessen Sitzungen im Gegensatz zu denen der zu politischen Debattierklubs gewordenen Bezirksversammlungen nicht öffentlich sind.

Die Abänderung der Bezirksverfassung ist dazu benutzt worden, gleichzeitig eine neue Bezirkseinteilung vorzunehmen, um gleichartige und gleichleistungsfähige Verwaltungsgebilde zu schaffen unter Beseitigung der kostspieligen kleinen Bezirke. Dabei ist das schon früher einmal vorgeschlagene Radialsystem gewählt worden, das eine Verkoppelung von Innen- und Außenbezirken vorsieht. Der Entwurf schlägt die Bildung von 9 Verwaltungsbezirken vor. Es sollen vereinigt werden Tiergarten und Kreuzberg mit Mitte, Reinickendorf mit Wedding, Pankow mit Prenzlauer Berg, Lichtenberg und Weißensee mit Friedrichshain, Köpenick mit Treptow, der Ortsteil Treptow mit Neukölln, Tempelhof und Zehlendorf mit Steglitz, Wilmersdorf mit Schöneberg und endlich Spandau mit Charlottenburg.

Resultat: empörter Widerspruch von allen Seiten. Die Bezirksbürgermeister sind mit der Verfassungsänderung natürlich einverstanden, protestieren aber dort, wo sie „eingemeindet" werden sollen. Die politischen Parteien wollen auf die Öffentlichkeit der Sitzungen des neuen Bezirksamts nicht verzichten und lehnen eine Verringerung der Zahl der Bezirke grundsätzlich ab.

17. 9. Charakteristisch für die Finanzlage der deutschen Gemeinden ist die Preußische Notverordnung zur Sicherung der Ablieferung der Staatssteuern, die den Finanzminister ermächtigt, unmittelbar Anweisungen an die städtischen Kassenbeamten zu erteilen. Daß das Herrn *Adenauer* in Köln, dem wärmsten Freunde Berlins, passieren mußte! Für andere rheinische Städte ist aus demselben Grunde ein Staatskommissar bestellt worden.

19. 9. Der Reichskommisar für Preußen hat die städtischen Körperschaften ersucht, die Frage der Neuabgrenzung sowie der Verfassungsänderung der Berliner Verwaltungsbezirke durch Gemeindebeschlüsse bis zum 15. Oktober zu regeln. Da die Vorarbeiten hierfür beendet sind, wird der Oberbürgermeister den Stadtverordneten eine Dringlichkeitsvorlage zugehen lassen. Die kurze Terminsetzung ist eine starke Brüskierung des Stadtparlaments, zumal der „Zar aller Preußen", wie er von dem sozialdemokratischen Sprecher tituliert wurde, seinen Erlaß mit den Worten beginnt: „Wie ich aus der Presse ersehe, erörtern die Organe der Stadt Berlin die Frage der Neuabgrenzung der Verwaltungsbezirke." Ein Telefonanruf von *Bracht* bei *Sahm* hätte näher gelegen.

24. 9. Von *Hans Brennert*, städtischer Beamter und Dichter der „Asphaltblume" und der „Hasenpfote", ein neues Stück im Theater am Schiffbauerdamm: „Kolonne Immergrün" mit *Harald Paulsen* als Scheitel-Karle. Starker Beifall.

28. 9. *Emil Orlik* ist heute gestorben. Sein Nachlaß wandert leider nach Prag.

4. 10. Daß *Bracht*, mein alter, mit soviel Humor und Ironie begabter Bekannter, Urheber des Zwickel-Erlasses geworden ist, hätte ich ihm nicht zugetraut. Vor 20 Jahren dachte er anders über solche Dinge. Aber wenn die Kirche christlich-kulturwidrige Badehosen beanstandet, muß ein alter Zentrumsmann schon mitmachen.

6. 10. Die Verhandlungen mit Preußen wegen der Umorganisation der Philharmonisches Orchester GmbH. sind leider wieder erfolglos gewesen. Die Gesellschaft als solche soll nach dem Wunsche der Stadtverordneten erhalten bleiben mit einer Höchstkopfzahl von 105 Musikern, aber das Reich und die Stadt übernehmen Geschäftsanteile. Der jährliche Zuschußbedarf von ca. 270 000 RM. wird durch vertraglich zugesicherte Beihilfen der Stadt von 180 000 RM. und des Reichs von 90 000 RM. jährlich gedeckt. Bei der Situation im Reichsministerium des Innern bietet seine Zusage natürlich nicht die geringste Sicherheit.

13. 10. Der bei der Gründung der Berliner Kraft- und Licht-AG. zwischen den B-Aktionären, der Stadt, der Preag und den Reichselektrowerken abgeschlossene Konsortialvertrag vom 2./9. Mai 1931 hinderte die einzelnen Konsorten nicht daran, den ihnen gehörenden Aktienbesitz selbständig in der Generalversammlung vertreten zu lassen und ihren Vertreter mit selbständiger Abstimmungsanweisung zu versehen. Im Einvernehmen der drei Konsorten sollen jetzt die gesamten B-Aktien in eine neu zu gründende Berliner Elektrizitäts-Union-GmbH. eingebracht werden, um den Poolvertrag der Gruppe B zu sichern und durch einheitliche Ausübung des Stimmrechts eine wirksamere gemeinschaftliche Wahrnehmung der Interessen der B-Aktionäre zu erreichen. Von den beiden Konsortialpartnern hat Berlin inzwischen je 4 Mill. RM. B-Aktien erhalten, so daß die Stadt jetzt über 38 Mill. RM. verfügt.

16. 10. Die Preußische Badehosenverordnung, eine Fundgrube für Feuilleton und Kabarett, zieht weiterhin ihre Kreise. Jetzt verhandelt das Innenministerium mit der Badeanzug-Industrie über die Verlängerung des Rückenausschnitts bis zur Gürtellinie. Warum auch nicht. Ein erotischer Eindruck verliert stets seinen Reiz in dem Augenblick, wo er massenhaft in Erscheinung tritt.

25.10. In nächster Zeit werden 300 Arbeitsdienstwillige in den ersten geschlossenen Arbeitslagern der Stadt auf den Stadtgütern und in den städtischen Forsten untergebracht werden. Die Arbeit besteht in Bodenverbesserung, Wasserregulierung und Ödlandkultivierung.

2.11. Die Notverordnung über die Haushaltsführung der Gemeinden bestimmt, daß bei der Beratung des Haushaltsplans Anträge, die zu einer Mehrausgabe oder Mindereinnahme gegenüber den Ansätzen führen würden, in der Vertreterkörperschaft nur erörtert werden dürfen, wenn ihnen gleichzeitig ein Deckungsvorschlag beigefügt ist, der rechtlich zulässig ist und eine wirkliche Deckung enthält. Eine Vorschrift, die eigentlich überflüssig sein sollte, aber endlich, wenn auch viel zu spät, Agitationsanträge einer verantwortungslosen Opposition ausschließt.

7.11. Die Nationalsozialisten haben bei den gestrigen Reichstagswahlen zwei Millionen Stimmen verloren. Sie erhalten 195 Mandate gegenüber 221 der beiden Linksparteien.

10.11. Bei den Haushaltsberatungen verwies der Sprecher der Sozialdemokraten gegenüber der von den Deutschnationalen immer wieder behaupteten „sozialistischen Mißwirtschaft" auf die Ergebnisse der sozialdemokratischen Kommunalpolitik seit der Vereinigung Groß-Berlins. Im Gegensatz zu den Mietskasernen der Gründerjahre hat die Stadt 176 000 allen Forderungen modernen Wohnungsbaues entsprechende Wohnungen geschaffen, einen Grüngürtel und Volksparks angelegt, die vernachlässigten Verkehrsmittel ausgebaut, große Übungsstätten für den Sport, die Freibäder Wannsee und Grünau und die mustergültigen Stadtbäder Gartenstraße und Lichtenberg errichtet. Dazu noch die Einrichtung von 83 Jugend-, Lehrlings- und Schullandheimen, von Mütterberatungs- und Tuberkulosebekämpfungsstellen, von Schulzahnkliniken u. a. und die für ganz Preußen vorbildlich gewordene Förderung des Schulwesens durch niedrige Klassenfrequenzen, freie Lernmittel, Unterstützung neuzeitlicher Arbeitsmethoden, Einrichtung von Werkstätten, Förderung der Aufbauschulen und Ausbau des Sonderschulwesens. Endlich die ungeheuren Anstrengungen, die für die Erweiterung der Versorgungswerke bei niedrigen Tarifen gemacht werden mußten.

14.11. Die Feier des 70. Geburtstages *Gerhart Hauptmanns* durch die Schrifttums- und Bühnenverbände fand heute in der Ausstellungshalle am Kaiserdamm statt in Anwesenheit des Dichters. Die Festrede hielt *Carl Zuckmayer*.

18.11. Die Stadtverordneten haben die Vorlage des Oberbürgermeisters betr. Neugestaltung der Bezirksverwaltung abgelehnt. Der Preußenkommissar wird schwerlich Lust haben, sie durch eine eigene Regelung zu ersetzen.

23. 11. Nach dem Rücktritt des Kabinetts *von Papen* hat *Hitler* den Auftrag Hindenburgs zur Kabinettsbildung mit der Erklärung beantwortet, daß er die Bildung eines parlamentarischen Kabinetts für undurchführbar halte, sich aber für eine „Präsidiallösung" zur Verfügung stelle. Der Reichspräsident hat abgelehnt.

26. 11. Der Magistrat hat seine Vorschläge für die Bezirkseinteilung geändert. Nunmehr sollen Schöneberg mit Tempelhof, Wilmersdorf mit Steglitz und Zehlendorf sowie Treptow ungeteilt mit Köpenick vereinigt werden.

1. 12. In dritter Beratung haben die Stadtverordneten heute, vier Monate vor Schluß des Haushaltsjahrs, den Haushalt glücklich genehmigt, nachdem zwei vorhergehende Sitzungen sich mit dem Verkehrsstreik beschäftigt hatten. Das parlamentarische Niveau hat bei den Flügelparteien einen Tiefstand erreicht, der kaum noch verschlimmert werden kann. Die Neigung der Deutschnationalen zu einer Zusammenarbeit mit den Nationalsozialisten macht sich immer deutlicher bemerkbar.

2. 12. Mit der Kabinettsbildung hat der Reichspräsident den bisherigen Reichswehrminister *von Schleicher* beauftragt.

15. 12. Die Finanzgebarung des Reichs und Preußens in den letzten Jahren, die den Großstädten immer höhere Steuereinnahmen entzog unter gleichzeitiger Aufbürdung steigender Lasten, hat zur Zahlungsunfähigkeit von Frankfurt (Main), Köln und Dresden geführt. Auch Berlin ist außerstande, die im nächsten Jahre fälligen Goldschatzanweisungen der letzten Emission von ca. 110 Mill. RM. einzulösen. Der Schuldendienst der Stadt erfordert in diesem Jahre den Betrag von 108 Mill. RM. Der Oberbürgermeister ist deshalb ermächtigt worden, mit den Gläubigern der Stadt wegen Prolongation zu verhandeln.

20. 12. Die von der Stadt mitten in das Waldgebiet von Krumme Lanke hineingebaute Rodelbahn mit einem Gefälle von 21 m und nur einer Kurve ist heute freigegeben worden.

23. 12. Am 1. April tritt das Wohnungsmangelgesetz außer Kraft, während das Reichsmieten- und das Mieterschutzgesetz weiter wirksam bleiben. So werden endlich die Wohnungsämter verschwinden.

27. 12. Zur Intimität eines Kabaretts gehört die nahe Berührung von Publikum und Bühne. Wie einst in der „Katakombe", als sie noch im Keller des Künstlerhauses in der Bellevuestraße zu Gast war, als unmittelbar vor den enggestellten Tischen *Werner Fink* auf der Miniaturbühne als Ansager eigenhändig den Vorhang auf- und zuzog, und dort *Rudolf Platte, Dolly Haas, Hans Deppe* und die Geschwister *Höppner* debütierten.

1933

6. 1. Herr *von Papen* verhandelt mit *Hitler* über die Möglichkeit einer „nationalen Einheit".

8. 1. Dem geplanten Erweiterungsbau der Reichsbank wird ein weiterer Teil von Alt-Berlin zum Opfer fallen. Die Gegend um den von *Friedrich Nicolai* so genannten „Triangel" auf dem Friedrichswerder gehört zu den denkwürdigsten Berliner Erinnerungsstätten.

12. 1. In der ersten Sitzung der Stadtverordneten ist auch diesmal wieder der Sozialdemokrat *Haß* zum Stadtverordneten-Vorsteher gewählt worden. Er übt dieses undankbare und schwierige Amt jetzt bereits im zehnten Jahre aus.

14. 1. Finanzkrise im Deutschen Theater. Der Betrieb wird in der Form einer Spielgemeinschaft weitergeführt, bis sich eine neue Direktion gefunden hat. Der umsichtige Direktor *Clemens Herzberg* war um seine langjährige schwierige Arbeit nicht zu beneiden.

25. 1. Die Vorschläge des Oberbürgermeisters zur Berliner Bezirksreform sind vom Reichskommissar, wie zu erwarten war, abgelehnt worden. Inzwischen hielt und hält *Sahm* Vorträge über die Verwaltung einer Großstadt.

28. 1. Das Kabinett *Schleicher* ist zurückgetreten. Der Reichspräsident hat Herrn *von Papen* mit der Führung der Verhandlungen zur „Klärung der politischen Lage" beauftragt.

30. 1. Diese Verhandlungen haben die Ernennung *Hitlers* zum Reichskanzler und die Bildung eines Kabinetts der Harzburger Front als Ergebnis gehabt.

2. 2. Der Reichstag ist durch Dekret des Reichspräsidenten aufgelöst worden.

6. 2. Das seit Jahren verwaiste Patronat von St. Nicolai und St. Marien hat endlich einen Patronatsvertreter gefunden. *Sahm* hat sich entschlossen, die Schutzherrschaft zu übernehmen, da „in diesen schweren Zeiten Kirche und Obrigkeit zusammenhalten müßten".

8. 2. Sämtliche kommunalen Vertretungskörperschaften, damit auch die Berliner Stadtverordneten-Versammlung, sind durch Verordnung aufgelöst worden.

22. 2. Die Reaktion wittert Morgenluft. Das Provinzialschulkollegium hatte bereits Revisionen der weltlichen Versuchsschulen vorgenommen, um dieser verhaßten Schulform den Garaus zu machen. Jetzt hat das Staatsministerium beschlossen, einen Abbau der weltlichen

Schulen einzuleiten. Gleichzeitig hat der Reichskommissar für das Innenministerium die Umorganisation der Karl-Marx-Schule in Neukölln und die Beurlaubung ihres Leiters, Dr. Carsen, eines bekannten Schulreformers, angeordnet.

25. 2. Der Magistrat hat dem Entwurf einer Ortssatzung betr. Verkleinerung der Bezirksämter zugestimmt. Grundsätzlich soll die Zahl der besoldeten Mitglieder 4, die der unbesoldeten 5 betragen. Es hat lange gedauert, bis man sich zu dieser Erkenntnis durchgerungen hat.

28. 2. Gestern abend brannte der Reichstag, zweifellos Brandstiftung. Der Volksmeinung entsprechen die Vermutungen des Oberbranddirektors. — In Preußen ist die gesamte sozialdemokratische und kommunistische Presse verboten worden.

2. 3. Mit Rücksicht auf die „staatsgefährliche" Tätigkeit der SPD hat der Führer der nationalsozialistischen Landtagsfraktion ein „Marxistengesetz" angekündigt, das die Zugehörigkeit von Beamten zur SPD verbieten wird. — Das Deutsche Theater ist von seiner neuen Direktion mit *Hoffmannsthals* „Großes Welttheater" wieder eröffnet worden. Ein zeitgemäßer Titel.

3. 3. Heute ist Stadtrat *Ahrens,* das einzige unbesoldete Magistratsmitglied, das dem Magistrat seit Bildung der Einheitsgemeinde bis heute angehört hat, verhaftet worden unter der lächerlichen Beschuldigung, er habe als Dezernent des Tarifvertragsamtes Hunderten von Nazis gekündigt. Vielleicht folgen wir mit Ausnahme von *Sahm* bald hinterher.

6. 3. Die gestrigen Reichstagswahlen brachten der NSDAP einen Zuwachs von nicht weniger als 5,5 Millionen Stimmen. Die SPD hat nur 1 Mandat verloren, die KPD 19. In Groß-Berlin haben die beiden Linksparteien trotzdem zusammen mehr Stimmen auf sich vereinigt als die NSDAP. In der Beamtenschaft des Rathauses decouvriert man sich langsam.

8. 3. In einem Runderlaß *Görings* an die Polizeibehörden wird schärfste Bekämpfung der Nacktkulturbewegung gefordert, die übrigens auch in rechtsstehenden Kreisen zahlreiche Anhänger hat.

11. 3. Die Dinge entwickeln sich immer turbulenter. Ein SA-Sturm hat heute unter Führung eines nationalsozialistischen Mitgliedes des Aufsichtsrats der Städtischen Oper den Intendanten *Ebert* aus der Probe herausgeholt und auf die Straße gesetzt. Herr *Sahm* hat den Intendanten gehorsam beurlaubt. Er hüllt sich in vorsichtiges Schweigen. Im Schutze *Hindenburgs* wird er auch dem neuen Regime — nahe stehen.

12. 3. Der Reichspräsident hat bestimmt, daß bis zur endgültigen Regelung der Reichsfarben die schwarz-weiß-rote Fahne und die Hakenkreuzfahne gemeinsam zu hissen sind.

13.3. Die Stadtverordnetenwahlen haben der NSDAP mit 86 Sitzen und der Kampffront Schwarz-Weiß-Rot mit 27 Sitzen eine knappste Mehrheit gebracht. Die SPD erhielt 50 Sitze, die KPD 44, das Zentrum 11, die Volkspartei 2, die Staatspartei 4 und der Christlich-Soziale Volksdienst 1 Sitz. — Die zur SPD gehörenden Stadträte und der Kämmerer sind beurlaubt worden. Ich selbst habe in meinem Dienstzimmer alles so geregelt, daß ich jeden Augenblick reisefertig bin.

14.3. Auf meinem Schreibtisch fand ich heute morgen ein Schreiben *Sahms*, in dem er mir mitteilt, er habe auf Anordnung des Reichskommissars für das Ministerium des Innern vom Oberpräsidenten die Weisung erhalten, mich sofort bis auf weiteres zu beurlauben. Ich habe mich mit einigen Zeilen von *Sahm* verabschiedet und als letztes besoldetes Magistratsmitglied, das dem ersten Groß-Berliner Magistrat angehörte — Kollege *Ahrens* und ich sind die letzten „alten Kämpfer" — das Rote Haus verlassen.

SACHREGISTER

Abbauverordnung 49
Abendgymnasium 93
Abendmusiken 170
Abendrealschule 112
Ablösungsanleihe 93
AEG-Schnellbahn 38, 40, 45, 58, 70, 79
Alexanderplatz 117, 151
Altar Hohenschönhausen 56
Amtsketten 21
Amtsstil 28
Angestellte in Vertretungskörperschaften 71
Anleiheablösungsschuld 93
Anleihewirtschaft 94
Anschaffungs-GmbH. 94, 95, 143
Antifaschistische Garde 157
Antiquitätenhandel 33
Arbeitsdienst 28, 161, 163, 172
Arbeitslager, städtische 176
Arbeitsnachweiswesen 16
Archaische Statue 72
Aschenregen Klingenberg 105
Aufsichtsräte 44
Aufstockungssteuer 152
Aufträge an ehrenamtlich tätige Bürger 20, 170
Aufwertung 69, 94
Auseinandersetzung 28, 71
Ausgemeindung 45, 56
Ausgrabungspfleger 37
Auskauf der Ladengeschäfte 18
Auslandsanleihen 70, 74
Autoanrufsäulen 83

Badehosenverordnung 175
Balkonschmuck-Wettbewerb 100
Bank für Handel und Grundbesitz 165
Bannmeile Rathaus 29
Baukostenindex 110
Bausparkassen 153

Beerdigungskosten 44
Beethoven-Ehrenmal 83, 93
Beethoven-Stipendium 92
Belebtschlammverfahren 122
„Berlin im Licht" 116
Berlin, Unbeliebteste Stadt 108, 147
Berliner Kalender 98, 103
Berliner Kraft- und Licht-AG. 160, 175
Berliner Verkehrs-AG. 118, 142, 149
Berliner Wirtschaftsberichte 52
Berlinische Bücher 100
Berufsberatung 41
Besichtigungen 15
Besoldungsordnung 23, 25
Bettennot 27
Bewag, siehe Elektrizitätswerke
Bezirksämter 11
Bezirksbürgermeister 25
Bezirksneugliederung 174, 177
Bezirksrathäuser 61
Bezirksverdrossenheit 75
Biesdorf, Gut 103
Borsig-GmbH. 165
Braunkohlenlager 86
Britz, Rittergut 61
Brotkarte 47
Bubikopf 77, 121
Buch, prähist. Dorf 61
Bucher Schloßpark 66
Bülowplatz 88
Bürgerbuch, Berliner 69
Bürgersteig-Buddelei 88
Bürgersteuer 153

Casanova-Methoden 152
Chapman-Projekt 91
Charité 86

Dahlemer Schnellbahn 111
Danatbank-Krach 163
Dankkomplexe 85

Dauerbauausstellung 102, 160
Dauerkleingärten 99
Dauerwald 73
Denkmalspflege 38
Deputationssatzungen 10, 40
Deutsche Kunstgemeinschaft 82
Deutsche Staatspartei 152
Deutsches Opernhaus, Charlottenburg 46, 62, 63, 70
Deutsches Theater 26, 36, 59, 74, 129, 154, 158, 167, 178, 179
Deutschvölkische Freiheitspartei 73
Diaghileff-Ballett 125
Direktorengehälter 133
Dirigierende Ärzte 32
Dom, Deutscher 154
Doppelnamen, Straßen- 93
Dorotheenlyzeum 121
Dramaturgen 165
Dreilinden, Kolonie 72, 89
Düppel, Fideikommiß 72, 89

Eheberatungsstellen 82, 153
Ehrenbürger 19
Ehrenmal Neue Wache 153
Ehrensold 63
Eichkamp, Exerzierplatz 123
Eigenablösungsanleihe 111
Eigenversicherung 15
Eignungsprüfstelle, psychotechnische 41
Einäscherungsgebühr 35
Eingemeindungswünsche 85
Einheitsschule 43, 82, 126
Einheitstarif 33, 90
Einmannwagen 38
Eisschrank Osthafen 127
Elektrizitätswerke 74, 89, 98, 105, 128, 142, 153, 154, 158, 160
Elektrizitäts-Union GmbH. 175
Elektrowerke 133
Elternbeiratswahlen 83
Empfänge 98
Englisches Theater 105
Ephraimsches Palais 151
Ermelerhaus 108
Erwerbslosenfürsorge 31, 35, 38, 53, 67, 84
Etatsmehrheit 119
Europahaus 64
Evangelischer Gemeinschaftsbund 73
Excelsior-Tunnel 99
Experimentiertheater 88

Fachleute 117
Fachmessen 71
Farbige Verunstaltung 78
Farblichtmusik 89
Fayencensammlung Heiland 65
Federgeld 135
Ferngasversorgung 89, 142
Fernheizwerk 89
Fernsehen 135
Festspielwochen 119, 125
Feuerwehr 14, 24, 41
Filmseminar 116
Finanzausgleich 43, 46, 77, 79, 95, 162, 169
Finanzgebarung der Städte 115, 147
Flaggenfrage 15, 34, 99, 102, 114
Fleischgroßmarkthalle 58
Fluggold 105
Flughafen-GmbH. 51, 58, 73, 90, 100
Flughafen Tempelhofer Feld 43, 58, 100
Flugplatz Johannistal-Adlershof 124
Flugplatz Staaken 122
Franz. Kirche 152
Freibad Engelbecken 87
Freibad Müggelsee 122
Freibad Wannsee 54
Freiflächenausweisung 149
Freie Deutsche Künstlerschaft-GmbH. 14
Friedhofgelände Buch 57, 139
Friedhofsoziologie 149
Friedrich-Ebert-Straße 66
Funkturm 56

Gagenetat 155
Gardelitzen 41
Gartenarbeitsschule 12
Gaswerke 142
Geburtenüberschuß 67
Gedächtnisreden 35
Gemäldegalerie, städtische 119
Gemeindeblatt 15
Gemeinschaftsschule 110
Generalbüro 12
Geschäftsordnungsdebatten 13
Geschäftszeiten-Staffelung 26
Geschlechtskrankheiten, Gesetz zur Bekämpfung 26
Gesellschaftsform der Betriebe 133
Gesellschaft für elektr. Unternehmungen 135
„Gesolei" 87

Gesundheitshaus Kreuzberg 67
Getränkesteuer 46, 153
„Goethe in Berlin" 68
Goethes Weinrechnungen 90
Graphologische Beurteilung 42
Graues Kloster 153
Große Berl. Pferdeeisenbahn-AG. 113
Große Berl. Straßenbahn 33, 113
Großkraftwerk Klingenberg 70, 89, 96
Großstadtfeindschaft 77
Grüne Woche 78
Grunderwerbsstock 80, 144, 170, 171
Grundstücksmarkt 68, 106

Hafen- und Lagerhaus-AG. Behala 37
Hakenkreuz 31
Hallenschwimmbäder 69, 101
Handelsbank-AG. 168
Handelshochschule 101
Hauptprüfungsstelle 136
Hausangestelltensteuer 12
Haus des Rundfunks 112, 156
Haushalt 29, 42, 53, 67, 79, 92, 105, 120, 132, 134, 136 ff., 161, 165, 169, 176
Haushaltsüberschreitungen 137, 139
Hausinstandsetzungs-Darlehn 69
Hausnummerierung 101
Hauszinssteuer 77
Hebräisches Künstlertheater 108
Heckenkosten 164
Heilsarmee 74
Heimstättengebiete 99
Herkulesgruppe 165
Hindenburgausschuß 166
Hirnforschung, Institut 112
Hoch- und Untergrundbahnen, Gesellschaft 20, 37, 68, 74, 79, 83, 90, 97, 113
Hohenzollern, Vermögensauseinandersetzung 62
Hospital Buch-West 141
Hundeliebhaberei 74
Hundesteuer 33

Interessengemeinschaft Staatsoper 76

Jüdenhof, Großer 113
Jungfernheide, Volkspark 63
Junkerswerke 43

Kabelwerk Oberspree 107
Kalksteinbruch Rüdersdorf 78, 113
Kammermusiker, städtischer 150
Kämmerer-Lehrling 132
Karl-Marx-Schule 179
Kasernen 21
„Katakombe" 177
Katechismus für Stadtverordnete 95
Kirchenfahnen 114
Kirchturmspolitik 85
Kleider-Vertriebs-Gesellschaft 90
Kleingärtner 99, 164
Kleinrentner 43
Kleist-Oberlyzeum 122
Koedukation 124, 132
Köpenicker 163
„König von Portugal" 114
Kommunalaufsicht 107
Kommunistische Partei, Vereinigte 10
Komödie am Kurfürstendamm 62
Konvertiten 78
Kraftdroschkensteuer 17
Kraftwagensteuer-Anteil 68, 77
Krankenexperimente 109
Krankenkasse für Beamte 68
Krankenkassenärzte 35
Kranzlerecke 106
Kreidenot 49
Krematorium Wilmersdorf 29
Kreuzungsbahnhof Hermannplatz 58
Kriegerdenkmäler 52
Kriegsversorgungs-Gesellschaften 16
Kriegsverwaltungen 30, 32
Krolloper 49, 135
Kronprinzensilber 69
Krüppelfürsorge 118
Kulturgürtel 26
Künstler-Charakter 89
Künstlerfrauen 107
Künstlerhaus 114, 161
Künstlerkolonie Wilmersdorf 94
Künstlerproletariat 73
Kunstdebatten 79
Kunstdeputation 52, 75, 80
Kunstkonsum 126
Kunstwerke, Ankäufe 72, 75, 77, 80, 81, 91, 102, 108, 112, 115, 120, 123, 124, 125, 127, 128, 132, 153, 155
Kunstwochen, Berliner 151
Kurzstreckenfahrschein 143

Ladenschlußzeiten 15
Landesberufsamt 41
Lanke, Herrschaft 138
Lastenausgleich 162
Lebensgemeinschaftsschule 53
Lehrlingsheim 72
Leibesübungen, Stadtamt für 73
Leibrentenverträge 65
Leichtkrankenhäuser 39
Letteverein 113
Leuchtsäulen 105
Lichtsignale, Verkehrsregelung 87
Lindenhof, Siedlung 33
Listenwahlen 130
Literaturpreis 111
„Los von Berlin!" 14
Luftbildplan 108
Luftschiff „Graf Zeppelin" 116, 118
Luisenstädtischer Kanal 76

Märkisches Museum 26, 39, 56
Magistrat 7, 23
Magistrats-Sitzungssaal 9
Marienfelde, Rittergut 123
Markstabilisierung 46
Marxistengesetz 179
Meliorationen 35, 150
Messeamt 147
Messe-Aufbau-GmbH. 57
Messegelände 98
Ministergärten 101
Mosaikwerke Puhl & Wagner 159
Moskauer Jüdisches Theater 110
Mittellandkanal 97, 150
Mittelstandskredite 72
Mossestiftung 31, 72
Müggelsee-Tunnel 70
Mühlendamm-Staustufe 150
Müllverbrennungs-Anstalt 66

Nachschaffende Künstler 104
Nacktkulturbewegung 179
Nackttänze 50
Nationalsozialisten 130, 131, 133, 135, 176
Naturdenkmalspflege, Kommission 110, 116
Naturschutzgebiete 122, 126
Neu-Cladow, Rittergut 118
Neulinge der Verwaltung 18
Niederschönhausen, Schloß 81
Nordsüdbahn 37, 39, 50, 58, 70, 71, 90
Normalsarg 44
Notgeld 34, 49

Notstandsaktion 140
Notstandsarbeiten 38

Obdachwesen 59, 67, 74
Oberbürgermeister 104
Oberstudienrat 21
Omnibus-AG., Allgemeine Berliner (Aboag) 112
Oper, Städtische 64, 69, 72, 76, 78, 81, 86, 88, 97, 101, 110, 111, 127, 152, 155, 162, 171
Orankesee 78
Ortsamtsstellen 24
Oskar-Helene-Heim 118
Osthafen 139
Ozeanflieger 112

Pädagogische Akademien 82
Parksysteme 22
Parochialstraße 91
Parteiwirrwar 54
Patronatsvertreter 98, 178
Personaldezernent 107
Pferdeomnibus 46
Pfingstaufmarsch 96
Philharmonie 114
Philharmonisches Orchester 22, 28, 33, 49, 78, 109, 136, 142, 179, 180, 182, 185, 187, 188, 190, 192
Planetarium 60
Platz der Republik 77
Politisierte Justiz 61
Polizeistunde 87
Polizeiwidriger Zustand 157
Postregal 41
Preiswucher 22
„Pressa" 100
Pressestelle 34
Preußenkommissar 172, 174
Provinzialkonservator 30
Provinzialmuseum 56
Püttberge 116

Radiokonzert 51
Rathauskonzert 61
Rathauswandsprüche 51
Rathenau-Brunnen 125
Rathenau-Schule 45
Ratskellermeister 25
Rattenkampftag 22
Raucherwagen 31
Rechtsauskunft, Gemeinnützige 36
Reichsbankneubau 178
Reichsfarben 179
Reichstädteordnung 70

Reichstagsbrand 179
Reihenuntersuchungen 47
Reinhardt-Bühnen 109
Reklamekongreß 127
Reklamemesse 67
Reklamewolken 94
Rembrandt-Verlag 56, 98, 103
Rennsportpersonal 126
Rentenmark 47, 48, 52
Reparaturhypotheken 83
Rettungsdienst, Gewässer 87
Ribbeckshorst, Gut 67
Richterbund, Republikanischer 81
Rieselgüter 27, 31, 33
Rodelbahn Krumme Lanke 177
Roggenwertanleihe 44
Rotbuch 77
Roter Frontkämpferbund 157
Rotgestempelte 51, 58
Rückenausschnitt 176
Ruhwald, Schloß 56
Rundfunk 49
Rundfunkhalle 56
Rundfunkoper 17
Rundverfügungen 17
Russisch-Deutsches Theater 23
Rutschasphalt 170

Sachwertanleihen 44
Sammelschulen (weltl.) 33, 110, 178
Scala, Mailänder 125
Schauspielschule 128
Scheunenviertel 88
Schießstände 156
Schillerdenkmal 64
Schillertheater 40, 45
Schlackensteinwerke 91
Schlagwort-Rastellis 164
Schloßbrücke Charlottenburg 84
Schloßpark Lichterfelde 58
Schloßpark-Theater 21
Schneeabfuhr 121
Schnellbahnprojekte 75
Schöneberger Südgelände 91, 97
Schülerkonzerte 76
Schülerkosten 121
Schulfarm Scharfenberg 163
Schulgesundheitspflege 47
Schulkino 116
Schulreform 106
Schulzahnkliniken 28
Schupoparaden 114
Schwebende Schuld 120, 122, 130, 131, 146

Sechsertarif 113
Seelensilo 118
Selchow, Rittergut 95
Sinfonieorchester, Berliner 76, 164, 167, 173
Singakademie 94
Sonderleistungen auf der Bühne 99
„Sozialistische Mißwirtschaft" 176
Spareinlagen 86
Sperlinggasse 163
Sperrgesetz 20
Spiel- und Sportplätze 22, 27, 29, 43, 70, 74, 88
Spittelkolonaden 124
Spitzenbedarf 128
Sportbanken 20
Staatsbank 134
Staaskommissar 155
Staatsoper 81
Staatssteuern, Ablieferung 174
Staatsstreich, Vorabend 170
Staatstheater-Zuschüsse 126
Stadtbank 55
Stadtbibliothek 121
Stadtgemeindeausschuß 158, 167
Stadtgoldscheine 47
Stadtgüter-GmbH. 33, 142
Stadthaus 19
Stadttheater, Finanzen 129
Stadtverordneten-Versammlung 7, 22, 81
Stadtweinkeller 109
Städtetage 14, 45, 95
Staffeltarif 33
Stargagen 155
Statistisches Amt 52
Steglitzer Rathaus 66
Sterbekasse für Beamte 68
Steuben-Gesellschaft 152
Steuern 38, 39
Stiftung „Park, Spiel und Sport" 22, 43
Straßenbahn 32, 37, 46, 51, 76
Straßenhandel 102
Streikfieber 25
Stromdiebstahl 25
Studentenwerk Berlin 64
Studienkommission, Japanische 66
Studio-Oper 118
Submissions-Ringbildung 77

Tantiemen 44
Tanzbühne Laban 51
Taschenbuch, Statistisches 52

Technische Hochschule 55
Tegeler Fließ 122
Teltow-Irredenta 48
Tempelhofer Feld 44
Tenöre 119
Theater am Schiffbauerdamm 115, 175
Theater der höheren Schulen 76
Theater in der Königgrätzer Straße 123
Tiergarten 84
Titelstürme 152
Totentanz, Marienkirche 85
Trinkgeldstreik 22
Turmhaus Friedrichstraße 45
Turnhallen 65
Turnstunden 65

Übergangsfahrkarten 101
Übermäßiger Verzehr, Steuer 35
Überorganisation 120
Überwachungsamt 39
Ulmensterben 163
Umsteigeverkehr 13
Uniformproben 41
Uniformverbot 157
Untergrundbahnen 45, 91, 111, 121, 136, 143, 161, 166
Untersuchungsausschuß, Landtag 149

Verdingungsordnung 153
Verein Berliner Künstler 75, 114, 122, 124
Verein Hoffnungstal 59
Vereinfachung der Verwaltung 40
Vereinigung Carl Schurz 152, 163
Verfassung, Berliner 5ff., 17, 18, 40, 42, 45, 47, 56, 58, 60, 117, 135, 158, 167, 174, 178, 179
Verfassungstag 32, 99, 126, 173
Verkehrsbüro 65
Verkehrsunfälle 59
Verkehrsunternehmen, Zusammenlegung 116, 118
Verkehrswissenschaft 101
Verwaltungsbezirke, Verringerung 106
Verwaltungsdeputationen 10, 166

Verwaltungsgeschäfte, Abgrenzung 10
Verwaltungshypertrophie 84
Verwaltungsseminar 19
Völkerbundsgesellschaften 96
Volksbüchereien 60
Volksbühne 49, 88, 94, 119, 135, 151, 161, 164, 168
Volkshochschule 13, 156
Volksoper, Große 32, 61, 62
Vorgärten 96
Vorstädtische Kleinsiedlungen 165

Wahlen 7, 18, 21, 23, 73, 74, 130, 172, 179, 180
Wahlkosten 148
Wahlpropaganda 86
Wannseebahn-Elektrifizierung 170
Wasserfall Kreuzberg 81
Wasserwerke 142
Wasserwerk Müggelsee 16
Wasserzollrenten 155
Weibliche Vorgesetzte 77
Weibliche Wähler 123
Werkhilfe bildender Künstler 86
Wertklausel 35
Wertzuwachssteuer 52
Westhafen 37, 46, 57, 71, 139
Wettkonzerne 20
Wirtschaftspartei 173
Wochenmärkte 102
Wohnungsämter 42, 44, 177
Wohnungsbau 83, 92, 93, 110, 116, 136, 146
Wohnungsfürsorge-Gesellschaft 50
Wohnungsluxussteuer 12
Wurlitzer Orgel 112

Zahlungseinstellung, Gemeinden 166, 177
Zentralmarkthalle 68
Ziegelei Gransee 97
Zirkusdirektor 157
Zoologischer Garten 32, 48
Züchtigung, körperliche 156
Zusammenschluß-Wirkungen 55
Zweite Klasse 143
Zwickel-Erlaß 175

NAMENSREGISTER

v. Achenbach 47
Dr. Adler, Stadtbaurat 7
Aghte, Kurt 108
Ahrens, Stadtrat 8, 159, 179, 180
d'Albert 125
Albers, Hans 123
Aman Ullah 108
Arco, Graf 51
Asch, Stadtkämmerer 151, 159
Augustin, Bez.-Bürgermeister 69

Bahn, Roma 115
Baklanoff, George 21
Baluschek, Hans 14, 75, 79
Bamberg, Hugo, Stadtv. 82
Dr. Becker, Kultusminister 82
Behrens, Peter, Prof. 151
Benecke, Stadtrat 8
Berger, W., Bildh. 108, 155
Bergner, Elisabeth 59, 74
Bernhard, Georg 72
Dr. Biesalski, Prof. 118
Bilse 34
Blech, Leo 46
Blume, Prof. 163
Dr. Bölitz, Kultusminister 43
Böss, Oberbürgermeister 7, 13, 14, 25, 27, 42, 47, 52, 54, 55, 57, 59, 63, 72, 75, 76, 78, 80, 89, 95, 99, 102, 106, 111, 113, 114, 119, 125, 129, 130, 150, 153, 154
Bote & Bock 34, 100
Bracht, Oberbürgermeister 43, 172, 173, 175
Brausewetter, Hans 20
Brecht, Bert 36, 115
Brennert, Hans 34, 175
Breuer, Peter, Bildh. 80
Brühl, Stadtrat 8
Brüning, Reichskanzler 157, 170
Brütt, Bildh. 128
Buchholz, Kustos 26

Busch, Stadtrat 23, 89, 104, 106
Butzke, Bildh. 108

Dr. Carsen 179
Dr. Caspari, Stadtv.-Vorsteher 22
Cassel, Stadtv.-Vorsteher 19
Cauer, Ludwig, Bildh. 72

Deppe, Hans 177
Diburtz, Philh. 128
Dix 79
Dominicus, Oberbürgermeister 5, 6, 8
Dove, Stadtv. 8
Dr. Dräger 163
Dr. v. Drigalski, Prof., Stadtmedizinalrat 64

Ebert, Reichspräsident 22, 65
Ebert, Intendant 162, 179
Ebinger, Blandine 36
Edthofer 20
Einstein, Albert 124, 168
Dr. Elsas, Bürgermeister 159
Encke, Bildh. 155
Engel, Georg 111
Eulenberg, Herbert 165
v. Eynern, Stadtv. 8

Fabian, Rechtsanwalt der Stadt 103
Falkenberg, Ratskellerwirt 98
Fahsel, Kaplan 63
Fehling, Jürgen 21
Felderhoff, Bildh. 102
Fink, Werner 177
de Fiori, Bildh. 155
Fitzmaurice, Major 112
Flatau, Stadtv. 167
Dr. Fölsche, Magistratskommissar 23
Frank, Stadtv. 8
Franke, Ernst, Prof. 36
Freese, Bildh. 127

187

Freund, Unterstaatssekretär 6
Friedel, Geheimrat 26
Dr. Friedländer, Walter, Bez.-Stadtrat 110
Dr. Führ 163
Fulda, Ludwig 111
Dr. Furtwängler 14, 48, 50, 87, 95, 117, 134, 150, 155, 164, 173

George, Heinrich 88
Dr. Geismar, Berta 134, 164
Gerron 129
Gianini, Dusolina 86
Gigli 125
Dr. Göbbels, Stadtv. 130, 153
Granach 36
Gregor, Hans 84
Grünberg, Josef 169, 172
Gründgens 154
Gruson, Paul, Bildh. 128
Gülstorff 20, 62, 129, 154

Haac, Handelsgerichtsrat 120
Dr. Haas, Magistratsrat 111
Haas, Dolly 177
Hafekow, Stadtamtmann 12
Hahn, Stadtbaurat 7
Harzer, Albert 125
Hass, Stadtv.-Vorsteher 63, 65, 119, 130, 157, 169, 178
Hauptmann, Gerhart 20, 162, 176
Heimann, Hugo, Stadtv. 8, 10, 26, 82
Dr. Hellpach, Prof. 108
Hengstenberg, Bildh. 102
Hermann, Paul, Radierer 75, 82
Dr. Herz, Bez.-Bürgermeister 111
Herzberg, Clemens 178
Dr. Heuer, Stadtrat 162
Dr. Hilzheimer 26, 110
Hindemith, Paul 168
Hindenburg 88, 173, 177
Hintze, Stadtrat 8, 51
Hirsch, Paul 6, 8, 18
Hitler, Adolf 151, 161, 167, 173, 177, 178
Höber, Philh. 128
Höflich, Lucie 62
Höppner, Geschw. 177
Hoffmann, A., Bildh. 120
Hoffmann, Adolf, Stadtv. 7, 8.
Hoffmann, Ludwig, Stadtbaurat 7, 13, 19, 51, 52, 57
Hofmann, Ludwig 101
Hofmiller, Josef 156

Holz, Arno 42, 56
Homolka 110
Horlitz, Stadtv. 69
Horten, Stadtbaurat 7
Hünefeld, Freih. v. 112

Isenbeck, Bildh. 102
Ivogün 155

Jeßner, Leopold 18, 80, 132
Jursch, Stadtrat 159
Jushnij 23

Dr. Käber, Stadtarchivar 100
Dr. Kahle, Bez.-Bürgermeister 67
Kaiser, Oberbürgermeister 36
Kampf, Arthur, Prof. 30
Dr. Karding, Stadtkämmerer 15, 59, 86
Katz, Stadtrat 162
Keith, Jens 51
Kermbach, Otto 98
Kerr, Alfred 168
Kestenberg, Prof. 10
Dr. Kiekebusch 26, 37, 71
Kimbel, Stadtv. 109
Kinscher, Stadtrat 159
Kleiber, Erich 46
Klenke, Magistratsrat 132
Klimsch, Bildh. 75
Dr. Klose 110
Koblenzer, Stadtrat 8, 57
Koch, Stadtv. 17
Kolbe, Georg 125
Kollwitz, Käthe 30, 79, 162
Kortner 123
Kothe, Architekt 26
Kraus, Prof. 108, 112, 132
Dr. Krause, Stadtbaurat 71
Krauß, Werner 26, 129, 154, 158, 167
Kreisler 168
Dr. Kurth 56
Dr. Kuttner, Prof. 167
Kutzleb 162

Lange, Fritz, Stadtv. 109, 159
Dr. Lange, Stadtkämmerer 88, 92, 131, 151
Langhammer, Prof. 75, 114, 122, 161
Lassalle, Ferdinand 89
Lederer, Hugo 77, 80, 81, 102, 115, 120
Legal, Ernst 132
Dr. Leidig, Stadtv. 5, 8, 17

Lemmer, Verleger 56
Letz, Stadtrat 23
Lewin-Funcke 72, 102
Lichtenstein 32
Liebermann, Max 30, 97, 102, 107
Limburg, Bildh. 108
Linxweiler, Stadtrat 159
Lion, Margot 129
Dr. Löwenstein 7, 12
Dr. Lohmeyer, Oberbürgermeister 6
Lüdicke, Stadtv. 8

Malkin, Beate 86
Mannheim, Lucie 110
Martin, Karlheinz 161
Dr. Marquardt 156
Marx, Karl 89
Matzdorf, Stadtbaudirektor 115
Maudrik, Lizzie 81
Menuhin, Yehudi 123
Merten, Stadtv. 8
Möller, H., Bildh. 75
Moldenhauer, Obermagistratsrat 132
Morgenstern, Christian 48, 164
Morin, Bildh. 91
Müller, Otto 83, 128
Dr. Müller, Werner, Magistratsrat 103
Müller-Franken, Stadtv. 8

Nalbach, Magistratsrat 131
Neher, Kasper 74
Dr. Nestriepke 161
Nikisch, Artur 10, 24
Nydahl, Stadtschulrat 87

Obst, J., Bildh. 80
Ochs, Prof. 92
Oehmann 88
Oppenheimer, M. (Mopp) 171
Oppler, Ernst 24
Orlik, Emil 169, 172, 175
Ortmann, Stadtrat 156

Pagels, Bildh. 108
Pallenberg 62
Panschow, Stadtv. 69
v. Papen, Reichskanzler 170, 178
Dr. Dr. Paproth 116
Pasetti 88
Pauli, Johannes 86
Paulsen, Harald 115, 175
Paulsen, Stadtschulrat 12, 53, 57, 61

Pawlowna 24
Pfannkuch, Stadtv. 8
Dr. Pick, Prof. 50
Pieck, Wilhelm, Stadtv. 130
Pingel, Philh. 128
Pirandello, Luigi 62, 125
Piscator, Erwin 80, 88, 94, 100, 123
Placzek, Bildh. 72, 91, 155
Platte, Rudolf 177
Dr. Plesch, Prof. 167
Dr. Pniower, Prof. 26, 30, 56, 65, 68, 98
Pölzig, Prof. 13, 156
Poetzsch, Stadtrat 8, 57
Posorek, Bildh. 120
Prietzel, Lotte 74

Dr. Rabnow, Stadtmedizinalrat 7, 51
Raucheisen, Michael 104
Reinhardt, Max 62, 109
Reuter, Stadtrat 87, 111, 160
Dr. Richter, Stadtrat 23
Ritter, Bürgermeister 7, 10, 50
Rodenberg, Julius 39

Dr. Sahm, Oberbürgermeister 158, 159, 164, 166, 178, 179
Salvatini, Mafalda 88, 99
Sassenbach, Stadtrat 13
Sausse, Stadtrat 8
Dr. Schacht 77, 103
Schade, Bildh. 120
Schaper, Dorothea, Bildh. 155
Schencker & Co. 37
Dr. Schick 57
v. Schillings 76, 173
v. Schleicher, Reichskanzler 177, 178
Dr. Schmidt, Stadtv. 8
Schmidt-Kestner, Bildh. 72
Schneider, Bez.-Bürgermeister 18
Schnitzler, Arthur 22
Schoene, Lotte 88
Scholtz, Bürgermeister 55, 154, 158
Schott, Prof. 113, 124
Schüning, Stadtrat 8
Schulz, Staatssekretär 82
Schulz-Dornburg, Marie 78
Schumann, Prof. 92
Schurman, Botschafter 115
Scnuster-Woldan 160
Dr. Seelig 10
Siemens & Halske 20, 37, 112
Dr. Singer, Kurt 80, 155
Sklarek, Gebr. 90, 128, 130, 152, 171

Slevogt 30, 168, 169, 172
Dr. Solger, Prof. 110, 116
Dr. Sonnenschein, Karl 100
Stauden-Förster 71
Dr. Steiniger, Stadtv. 8
Stolt, Stadtrat 8
v. Stosch-Sarasani 157
Straub, Agnes 154
Strauß, Richard 107, 161
Sutkowski, Bildh. 155

Tessenow, Prof. 13, 153
Thimig 20
Thorak, Bildh. 112, 115, 153
Tietjen, Heinz 65, 76, 78, 86, 88, 96, 101, 104, 155, 162
Toller, Ernst 21, 31, 108
Toscanini 125, 151
Dr. Treitel, Stadtrat 23
Trumpf, Bildh. 112, 123, 155

Dr. Wagner, Stadtbaurat 87, 117, 160
Walker, Bürgermeister (New York) 99, 127

Walter, Bruno 69, 87, 88, 92, 122, 123, 155
Wege, Stadtrat 8
Weill 115
Weise, Stadtrat 8
Weismann, Kapellmeister 173
Wenck, Prof., Bildh. 112, 123
Wermuth, Oberbürgermeister 7, 9, 10
Wermuth, Stadtv. 8
Dr. Weyl, Stadtv.-Vorsteher 7, 8, 10
Weyl, Klara, Stadträtin 8
Wille, Bildh. 120
Wille, Bruno 168
Wolff, Hermann 34
Wolff, Luise 100
Wolff, Theodor 72
Würz, Erziehungsdirektor 118
Wutzky, Stadtrat 8, 143

Zille, Heinrich 79, 80, 96, 104
Zobel, Stadtv. 73
Zubeil, Stadtv. 8
Zuckmayer, Karl 123, 176